불행 중독

오 래 된 상 처 에 맞 서 는 치 유 의 심 리 학

불행 중독

마사 하이네만 피퍼 · 윌리엄 J. 피퍼 지음 | 김미정 옮김

빌리버튼

프롤로그

여러분이 이 책을 읽기로 마음먹은 이유는 무엇인가요? 삶이 원하는 대로 흘러가지 않아 답답한가요? 여러 가지 일로 자기 자신을 끊임없이 괴롭히고, 불쾌한 일을 겪으면 훌훌 털고 일어나기가 어렵고, 가진 재능을 십분 발휘하지 못하고 있나요? 불안하고, 근심스럽고, 분노가 끓어오르고, 기분이 축 처지는데 그 이유가 무엇인지 도통 모르겠나요? 게다가 연애는 왜 이렇게 재미없는 건지, 직장 생활은 왜 이렇게 만족스럽지 못한 건지 그 해답을 찾지 못하고 있나요?

삶을 개선하려는 시도가 처음은 아닐 것입니다. 책도 읽어보고, 계획도 몇 번이나 세워봤겠지요. 하지만 이 모든 노력이 지속적인 개선을 이루지 못한 채 슬그머니 사라져 버렸을 것입니다. 그리고 더 나은 삶을 위해 고군분투하는 다른 사람들을 보며 나에게 변화할 의지가 있긴 한 건지 의심이 들었을 것입니다. 하지만 그렇다고 해서 삶을 변화시키겠다는 희망까지 저버리는 것은 옳지 못한 행동입니다.

꾸준히 운동하고, 더 열심히 일하고, 가족과 더 많은 시간을 보내고, 재정 관리도 체계적으로 해 보자는 다짐으로부터 슬그머니 멀어질 때가 있습니다. 의지가 부족해서였을까요? 아니면 충분히 관심을 기울이지 않았기 때문이었을까요? 그렇지 않습니다. 삶이 만족스럽지 못한 데에는 질병, 변화와 같이 우리가 통제할 수 없는 이유도 있습니다. 어쩌면 당신은 당신이 원하는 삶을 영위하지 못하도록 막는 것이 자기 자신임을 이미 알고 있을지도 모릅니다. 이런 실패의 원인은 당신이 스스로를 내적 싸움의 희생자로 만들어버렸기 때문입니다.

이 내적 싸움은 겉으로 드러나지는 않지만 실제로 우리 삶에 어마어마한 영향을 미칩니다. 이처럼 원하는 삶을 영위하지 못하도록 방해하거나 중요한 결심을 끝까지 지키지 못하게 만드는 내적인 힘을 우리는 '내적 불행'이라고 부릅니다. 우리는 의식적으로는 행복을 추구하지만, 무의식적으로는 내적인 균형감 유지를 위해 어느 정도 불편한 상태를 원하고 있는지도 모릅니다. 이렇게 자신의 선의를 파괴하려는 무의식적인 욕구는 여러분이 겪고 있는 여러 가지 어려움을 설명하는 열쇠가 될 수 있습니다. 과소비, 새로운 상황을 맞닥뜨렸을 때의 두려움,

상처 주는 상대와의 연애, 직장 문제 등이 그 예입니다.

때로는 목표를 정해 놓고도 스스로 그 목표를 성취하지 못하도록 제한하거나 이해할 수 없는 방법으로 그것을 파괴할 수도 있습니다. 완벽한 이상형과 어렵사리 교제를 시작했는데 별것 아닌 일로 다퉈 결국 멀어지는 것, 좋은 직업을 찾았지만 업무 마감기한을 준수하지 못해 자기 자신과 주변 사람들을 실망시키는 것 등이 이에 해당합니다. 열심히 노력해 목표를 이루었지만 기대한 만큼 행복하지 않아 곤혹스러울 수도 있습니다. 게다가 더 이상 그 목표가 예전처럼 대단해 보이지 않을지도 모릅니다. 그런가 하면 아직 이루지 못한 것 때문에 지금 이루어 놓은 것에 만족하지 못하는 이들도 있을 것입니다. 건강한 신체, 번듯한 직장, 당신을 지지해주는 사람들이 있더라도 여전히 불안하고, 이유 없이 우울할 수 있습니다.

그렇다고 당신이 평생 불행하거나 좌절에 빠져 살게 될 거라는 뜻은 아닙니다. 여러분도 삶을 즐기고 싶을 테고 대체로는 삶에 만족하면서 행복을 누릴 것입니다. 하지만 내적 불행을 가진 사람은 종종 자신의 내적 평정심을 지키기 위해 어떻게든 불편한 상태를 만들려고 할 것입니다. 불행해지고자 하는 욕구는 눈에 띄게 심각한 문제를 불러일으키기도 하지만, 아주 미묘한 방법으로만 그 모습을 드러낼 수도 있습니다. 또한 생활 전반에 영향을 끼칠 때도 있지만, 때로는 아주 가끔 작은 영향을 미치는 데 그칩니다. 하지만 그것이 어떤 모습이든 관계 없이 한 가지 사실만은 분명합니다. 바로 그러한 불행 때문에 마땅히 누려야 할 기쁨을 누리지 못하고 있다는 것입니다.

이 책은 낙관적이면서도 현실적인 책입니다. 긍정적인 변화를 이룰 효과적인 방법과 자기 발전을 막는 힘에 대항하는 법을 함께 다루고 있습니다. 방향을 제시하는 책은 많습니다. 하지만 그 책들은 독자들이 끝까지 따라올 거라고 굳게 믿고 있기 때문에 여러분이 낙오될 때에는 아무런 도움도 제시하지 못합니다.

반면에 우리는 내적 불행에 관여되면 변화를 이루기 어렵고 자꾸만 후퇴할 수밖에 없다는 점을 잘 알고 있습니다. 당신이 이 기나긴 여정에서 흔들리고 추진력과 방향을 상실할 때에도 우리는 그 곁에 머무를 것입니다. 나아진 상태를 유지하는 것이 왜 어려운지, 반전된 상황을 성장의 기회로 삼으려면 어떻게 해야 하는지 그 방법을 제시하는 것이 우리의 주된 목표 가운데 하나입니다. 우리가 제시하는 여러 가지 설명과 지침을 충분히 이해한다면 더 나은 삶을 지속하는 힘이 자신에게 있다는 사실을 깨닫게 될 것입니다.

그런가 하면 자신의 문제를 놓고 심각하게 고민하는 것은 아니지만 심리학에 관심이 있어서 이 책을 선택한 이들도 있을 것입니다. 자신과 타인을 더 잘 이해하고 싶어서일 테지요. 그런 분들께도 이 책은 매우 유용할 것입니다. 이 책을 통해 여러 정보를 얻게 되길 기원합니다.

내적 불행의 시작

누구나 행복하고 충만한 삶을 살 수 있는 잠재력을 가지고 태어납니다. 하지만 대부분 그 잠재력을 꽃피우는 방법을 모릅니다. 몇 해 전, 우리는 한 가지 작업에 착수했습니다. 사람들이 자신이 원하는 삶을 살지 못하는 이유를 알아내고 그들을 도울 방법을 찾는 것이었습니다.

어떤 전문가들은 인간이 이기심, 공격성, 식탐 등을 가지고 태어나며, 이러한 특성들이 불행한 삶을 초래한다고 주장했습니다. 이러한 잘못된 인식은 수없이 많은 해를 끼쳤습니다. 어떤 전문가들은 부모에게 아이를 성인의 축소형이라고 생각하고 원치 않는 특성은 이른 시기부터 억제하도록 교육할 것을 권하기도 했습니다. 하지만 이는 지나친 요구로, 아이가 자신과 타인에게 너무 많은 것을 기대하는 사람으로 자랄 위험이 있습니다.

부모로서 경험한 것과 임상 사례, 연구를 종합한 결과 우리는 한 가지 사실을 깨달았습니다. 아이들은 단지 사랑받고 사랑하길 원하는 낙관주의자로 세상에 태어날 뿐이라는 것입니다. 그런데 이런 아이들이 왜 성인이 되면 자신을 사랑하고, 만족스러운 관계를 만들고, 즐겁게 일하고, 행복한 삶을 즐기는 데 어려움을 겪게 되는 걸까요?

우리는 아이들이 세상을 바라보는 독특한 방식에서 그 해답을 얻을 수 있었습니다. 구체적으로는 아이들이 자신이 받는 양육의 질을 평가하는 방식에서 답을 도출할 수 있었습니다.

아이들은 부모를 자신을 돌봐주는 완벽한 존재, 자기에게 가장 좋은 것만을 주고자 하는 사람들이라고 믿습니다. 그리고 아이들은 자신을 사랑하고 돌봐주는 이와 똑같은 사람이 되고 싶어 합니다. 따라서 보호자들이 자주 곁에 없거나 잘못된 양육법을 따르거나 아이들에게 너무 많은 것을 기대하면 아이들은 자신도 모르는 사이에 자신이 느끼는 불행이 사랑과 동등하다고 여기게 됩니다. 결국 아이들은 스스로 그 불행을 다시 만들어 내면서 행복해지려고 합니다. 이러한 불행과 행복에 대한 혼동은 성인기에 접어들 때까지 지속되어 내적 불행의 원인이 되어 행복과 삶의 성취를 방해할 수 있습니다.

여러분은 긍정적인 방향으로 변화할 수 있습니다. 진정한 즐거움을 향한 목마름은 절대 사라지지 않기 때문입니다. 타인을 사랑하고, 또한 사랑스러운 존재라고 믿으며 건설적이고 적절한 선택을 해나간다면 진정한 즐거움을 찾을 수 있습니다. 이렇게 얻은 진정한 즐거움은 삶을 단단하게 지켜주며 결코 해를 끼치지 않습니다.

만약 당신이 내적 불행에 처했다면 이 책이 큰 도움이 될 것입니다. 이 책에는 내적 불행의 영향에 대한 여러 정보가 담겨 있습니다. 당신의 내적 안녕은 내적 안녕처럼 보이지만, 사실 그것보다 열등한 행복의 여러 형태, 그 이면에 자리하고 있습니다. 이러한 사실을 자각하면 가짜 행복의 가면을 쓴 불행을 넘어서 진정한 행복을 선택할 수 있습니다.

우리가 발견한 사실들은 다양한 장면에서 검증되었습니다. 아동, 청소년, 성인을 대상으로 한 심리 치료, 다양한 내담자와 작업하는 정신건강 전문가들을 대상으로 한 상담, 치료할 수 없다고 간주했던 청소년들의 치료에서 우리의 접근법이 성공적이라는 사실을 발견했습니다. 이는 우울증, 인간관계, 체중 조절, 직장 문제 등에도 똑같이 적용되었습니다. 여기서 우리는 한 가지 중요한 사실을 깨달았습니다. 일단 내적 불행이 낱낱이 드러나고 그 영향이 썰물처럼 빠져나가는 것을 직접적, 지속적으로 확인하면 행복과 충족감이라는 타고난 권리를 다시금 주장할 수 있게 된다는 점입니다.

불행 중독

이 책의 기본 전제는 다음과 같습니다.

'중요한 사회적 변화나 억압이 없는 상태에도 불구하고 사람들이 자신들이 원하는 삶을 영위하지 못하는 이유는 내적 불행을 안고 있기 때문이다.'

이는 개인의 노력을 저해하는 학습된 욕구를 인지하고 극복할 전략을 세울 수 있도록 도와줍니다. 내적 불행은 고통을 안겨줄 수도 있습니다. 이에 짜증, 분노, 수치심으로 대응하기보다는 연민의 마음을 가지고 대응하라고 당부하고 싶습니다. 내적 불행은 의지, 선천적 기질, 성격 결함 등의 약점에서 비롯되는 것이 아니기 때문입니다. 역설적이게도 내적 불행은 즐거움을 행복을 추구하는 긍정적이고도 선천적인 소망에서 시작됩니다. 이러한 건설적인 욕구는 어린 시절부터 왜곡되어 불행해지고자 하는 무의식적인 욕구로 변할 수 있습니다. 무엇이 이러한 왜곡을 일으킬까요? 어린 시절에 체벌당하거나, 인정받지 못하거나, 무시당하거나, 지나친 기대를 받으면서 자랐다면 스스로를 위로하고자 익숙한 불행을 만들어 내려고 합니다. 이 과정에서 왜곡된 행복을 추구하게 되는 것입니다.

《불행 중독》이 제시할 메시지는 시간이 흐르더라도 그 힘이 약해지거나 사라지지 않으며 자기 파괴의 강력한 유혹에서 당신을 영원히 보호해줄 것입니다. 손을 뻗으면 닿는 곳에 타고난 권리인 행복이 자리하도록 해줄 것입니다. 이 행복은 삶의 여러 기복 앞에 취약하지 않으며, 긍정적이고 만족스러운 선택으로 가득 찬 삶으로 당신을 이끄는 내적인 안녕으로 이루어져 있을 것입니다.

이 책의 구성

이 책은 총 2부로 구성되어 있습니다. 〈1부. 불행이란〉에서는 불행을 만들어 내려는 욕구가 언제부터 나타나며, 이러한 욕구가 우리의 삶을 어떻게 방해하는지 자세히 묘사합니다. 예를 들어 내적 불행은 언짢은 기분, 만족스럽지 못한 인간관계, 진지한 결심을 끝까지 이루지 못하는 무능함 등을 유발할 수 있습니다.

〈2부. 행복 선택하기〉에서는 기분과 건강을 증진하고 직업적인 만족감을 높이며, 친밀한 관계를 찾아 즐길 수 있도록 내적 불행에 관한 깨달음을 어떻게 사용하는지, 그 방법을 단계적으로 제시합니다. 상황의 반전이 실제로 치료의 일부가 될 수 있다는 사실을 배운다면 더 이상 불행의 순간을 수치와 패배로 물들이지 않아도 됩니다. 우리는 효과적인 전략을 통해 여러분의 노력을 무참히 파괴했던 여러 기복을 넘어설 수 있도록 도울 것입니다.

이 책에는 실제 일화가 제시되어 있으며 이야기에 등장하는 내담자들의 이름과 정보는 모두 가명으로 처리되었습니다. 또한 누군가 '우리를 보았습니다'라고 표현한다면 이는 우리 두 사람 중 한 사람을 뜻합니다. 우리 두 사람 가운데 누가 그를 상담했는지는 내담자의 사생활 보호를 위해 밝히지 않겠습니다.

차례

프롤로그 ··· **4**

1부

불행이란

나는 왜 이런 어른이 되었을까? ··· **19**

01 혼란스러운 불행과 행복 사이 ··· **27**

02 체벌의 장기적인 영향 ··· **48**

03 내적 불행은 부모의 책임이 아니다 ··· **65**

04 관계에 갈등이 필요한 이유 ··· **71**

05 당신이 인간관계에 어려움을 느끼는 이유 ··· **73**

06 사랑받기 위한 투쟁 ··· **84**

07 로맨틱 시기의 중요성 ··· **88**

08 양육 문제를 넘어서서 ··· **103**

09 사랑, 일, 건강을 스스로 파괴하는 경향 ··· **118**

10 섭식 중독, 알코올 중독, 섹스 중독, 일 중독 ··· **131**

2부

행복 선택하기

회복의 단계	… 139
11 고통스러운 감정에서 자신을 놓아주기	… 151
12 고통스러운 감정은 어린 시절에 학습된다	… 159
13 진정한 향상의 길	… 177
14 건강한 신체 유지하기	… 183
15 무엇을 변화시킬 것인가	… 191
16 친밀함에 기초한 관계 형성하기	… 212
17 부정이 긍정을 앞설 때	… 241
18 떠나야 할 때	… 249
19 직장에서도 행복하기	… 282
에필로그	… 334

1부

불행이란

나는 왜
이런 어른이 되었을까?

자신이 바라는 사람이 되지 못하고, 원하는 삶을 살지 못하도록 가로막는 방법에는 여러 가지가 있다. 다음의 사례들을 보면서 하나 이상 해당한다고 여겨진다면 당신은 내적 불행을 어느 정도 안고 있는 것이다.

내적 불행은 여러 사람에게 각기 다른 방식으로 영향을 끼친다. 때문에 경미한 영향을 끼칠 때가 있는가 하면, 때에 따라서는 아주 무거운 영향을 끼쳐서 사람을 무능력하게 만들 수도 있다. 그래서 어떤 이들은 삶의 일면에서만 그 영향을 받지만, 다른 어떤 이들은 그 영향으로 인해 일상생활 전반에 지장을 겪을 수도 있다.

사례 1 끈기가 없어요

이 유형의 사람들은 무엇이든 끝까지 완수하지 못한다. 어떤 내담자는 이렇게 토로했다. "의사가 제게 고혈압이니 체중을 줄여야 한다고 조언했어요. 하지만 도무지 살을 뺄 수가 없어요. 어느 정도 뺐다 싶으면 또 그만큼 쪄 있어요."

사례 2 쉽게 낙심해요

한 여성은 다음과 같이 털어놓았다. "금요일에 상사가 제 보고서를 혹평했어요. 그 후로 그가 던진 말들을 머릿속에서 지울 수가 없더라고요. 주말 내내 마음이 너무 아프고 수치스러워서 가족들과 대화조차 할 수 없었어요. 제가 과잉 반응하고 있다는 건 알아요. 하지만 비참한 마음을 떨쳐 버릴 수가 없어요."

사례 3 늘 모든 걸 물거품으로 만들어요

한 대학생은 우리에게 다음과 같이 말했다. "과제를 끝내기 위해 뼈빠지게 노력했어요. 그런데 과제 제출일에 과제를 기숙사에 두고 나온 거예요. A 학점을 받을 수 있었는데 놓치고 말았어요."

사례 4 다 된 죽에 코 빠뜨려요

한 테니스 선수가 우리를 찾아왔다. 그는 경기마다 대부분 상당한 점수 차로 우세를 보였지만, 꼭 실수를 저질러서 게임에 지거나 그 실수를 수습하기 위해 어마어마한 노력을 기울여야만 했다.

사례 5 성취를 못 즐겨요

한 변호사는 자신이 다니던 법률 사무소의 파트너가 되기 위해 일주일에 70시간씩 즐겁게 일했다. 하지만 그가 꿈꿔온 대로 그 법률 사무소의 파트너가 된 직후부터 그는 자신의 일에 지루함과 불안함을 느끼기 시작했고 직업을 바꿀까 진지하게 고민하게 되었다.

사례 6 인간관계가 어려워요

한 여성은 자신을 그다지 원하지 않는 사람들에게 자꾸 마음이 이끌려 상처받는다고 털어놨다. 또 한 남성은 친구나 애인을 사귈 때 학대를 일삼거나 약물에 중독되었거나 또는 그를 비참하게 만들 것이 분명한 이들에게만 끌린다고 말했다.

사례 7 사랑하는 사람을 실망시켜요

한 건설업자는 꿈에 그리던 여성을 찾는 데 수년을 보냈고 마침내 이상형을 찾아 사랑에 빠졌다. 하지만 그는 그녀의 영화 취향, 옷차림 등에 대한 딴지를 거는 등 사소한 일로 그녀와 자주 싸우게 되었다.

사례 8 업무를 제대로 완수하거나 제때 마친 적이 없어요

한 내담자는 업무를 완수하는 것, 더욱이 제시간에 완수하는 것에 어려움을 느낀다고 말했다. "업무를 미루는 일이 다반사예요. 게다가 좀처럼 일에 집중하지 못해요. 어떤 일을 철저하게 마친다는 것이 어렵게 느껴져요. 특히 마감 시간을 맞춘다는 건 저한텐 정말 어려운 일이에요!"

사례 9 지나치게 열심히 일해요

한 회계사는 은퇴가 다가오자 곧 자신에게 어마어마하게 많은 여유 시간이 생긴다는 것에 공포를 느껴 우리에게 도움을 요청해 왔다. 그는 직장에 있지 않으면 불안하고 걱정스러운 나머지 하루 정도 휴가를 내는 일도 엄두 내지 못하는 상태였다. 당연하게도 여가를 즐기거나 가족과 시간을 보내는 건 꿈도 못 꿀 일이었다.

사례 10 위험한 활동을 즐겨요

한 열정적인 오토바이 경주 선수는 경주 중에 목숨을 잃을 뻔한 경

불행 중독

험이 많았다. 그런데 그의 첫 아이가 태어날 때가 되자 이렇게 위험한 일을 하다가는 아이가 자라는 것을 못 보게 될까 걱정되기 시작했다. 하지만 오토바이 경주를 그만두면 다시는 그 스릴을 느낄 수 없다는 것 때문에 쉽사리 포기할 수 없어 고민 중이라고 했다.

사례 11 이유 없이 기분이 나빠요

사업을 경영하는 한 여성은 뚜렷한 이유도 없이 자꾸만 불안하고 우울한 기분이 들어서 우리를 찾아왔다.

사례 12 열정이 느껴지지 않아요

한 여성은 충족감과 목표를 느끼고 싶어 이직을 밥 먹듯 해댔고, 지속적인 관계가 아닌 일시적인 관계를 이어나갔으며, 여러 활동을 시도해 보기도 했다. 그럼에도 계속해서 만족스럽지 않자 그녀는 도움을 구하러 왔다. "저는 아무리 놀라운 사건을 접해도 이를 열정적으로 느끼지 못합니다. '그래서, 어쩌라고?'라는 생각만 들어요."

사례 13 슬픔이 가시질 않아요

"저는 몇 년 전 심각한 비극을 겪었습니다. 그런데 몇 년이 지나도 그 경험으로부터 회복되지 않아요." 3년 전에 교통사고로 남편을 잃은

한 여성은 날이면 날마다 눈물이 쏟아지고 우울증이 사라지질 않자 우리를 찾아왔다.

사례 14 욕구를 조절하지 못해요

한 사진작가는 아내의 권유로 우리를 찾아왔다. 그는 매일 저녁 시간을 맥주를 마시는 데 허비하고 있었다. 그는 그것이 힘든 일을 마친 뒤 긴장을 풀 수 있는 유일한 방법이라고 둘러댔다.

이와 같은 상황, 또는 이와 비슷한 상황으로 힘든 시기를 겪어본 적이 있다면 내적 불행을 직접 경험해 본 것이다. 앞으로 읽게 될 글을 통해서 내적 불행이 선한 의도와 긍정적인 선택, 그리고 내적 평형 상태를 파괴하는 이유를 자세히 살펴볼 것이다. 그리고 이러한 내적 불행을 극복하고 행복을 선택할 수 있도록 여러 전략을 소개할 것이다.

어린 시절을 이해하면 변화할 수 있다

자, 이제 어린 시절에 겪은 다양한 일을 살펴보러 짧은 여행을 떠나자. 지난날을 되돌아보는 일이 난처할 수도 있고 어쩌면 좌절감이 느껴질 수도 있다. 하지만 어린 시절의 기억을 이처럼 중요하게 다루는 이유는 그 경험들이 계속 남아서 눈에 보이지 않는 방법으로 원하는 삶을 창조하는 능력을 방해하고 있기 때문이다. 지속적이고 의미 있는 발전을 이루기 전에 해야 할 일이 있다. 바로 우리의 행복을 막고 있는 장애물이 무엇인지 깨닫고 이해하는 일이다.

자신과 타인에 대한 부정적인 시선은 대개 말하는 것을 배우기도 전에 학습되었을 가능성이 크다. 이런 부정적인 시선은 눈에 보이지는 않지만 실재하는 것과 다름없고, 삶에 어마어마한 영향력을 행사합니다. 하지만 이 책을 주의 깊게 읽으면서 부정적인 시선의 실체를 파악하고 제거하면 삶을 원하는 방향으로 이끌어나갈 수 있다.

소크라테스Socrates, 성 아우구스티누스Aurelius Augustinus, 셰익스피어 William Shakespeare, 프로이트Sigmund Freud와 같은 사상가들은 어린 시절의 경험이 삶의 전반에 깊은 영향을 끼친다는 사실을 일찍이 깨달았다. 하지만 우리에게 가장 큰 영향력을 행사하는 경험은 언어를 미처 배우기도 전에 일어난다. 때문에 아이들 마음의 본질은 여전히 미스터리로 남아 있다.

하지만 우리는 모든 아이들이 부모를 사랑하고, 자신의 부모가 완벽한 존재이며, 자신에게 온전히 헌신한다고 믿는 낙관주의자로 세상에 발을 들여놓는다는 사실을 발견했고, 이를 통해 어린아이들의 경험을 들여다볼 수 있는 하나의 창이 열렸다. 아이들의 시선을 새롭게 이해하게 되면서 아이들이 자신들이 받는 양육의 질을 제대로 평가하기란 불가능하다는 매우 중대한 결론을 얻을 수 있었다. 우리의 가장 중요한 발견은 바로 이것이다. 우리 인간은 선천적으로 관심받기를 원한다.

그렇다고 해서 우리가 여러분의 부모님과 그 밖의 다른 사람들을 비난하려는 건 아니다. 그들은 당신을 돌보는 데에 최선을 다했을 것이고, 늘 가장 좋은 것을 주려고 했을 것이다. 그러나 우리가 더 나은 삶을 살기 위해서는 어린 시절의 경험이 현재에 영향을 끼치는 이유와 방법을 이해해야 한다.

불행 중독

01

혼란스러운 불행과
행복 사이

지난 수 세기 동안 서구 문화에서는 갓난아기는 죄를 안고 태어나거나 선천적으로 반사회적인 특성이 있어 자기 부모를 교묘하게 조종하는 경향이 있다고 믿어왔다. 하지만 우리는 연구를 통해 이러한 견해가 근본적으로 잘못되었다는 사실을 알게 되었다.

위의 견해 외에도 그릇된 세 가지 대중적인 시각이 있는데, 하나는 아이들은 완전한 백지상태로 태어나기 때문에 생후의 모든 경험을 수동적으로 받아들인다는 것이다. 다른 하나는 아이들은 완전무결한 상태로 태어나지만, 세상의 죄악으로 더럽혀지거나 파괴된다는 견해이며, 마지막 하나는 아이들은 각자 성격을 가지고 태어난다고 바라보는 시각이다.

하지만 사실 모든 신생아는 자신의 부모를 무척 사랑하고 인간관계를 낙관적으로 바라보며 세상에 태어난다. 더불어 자신이 너무나도 사랑스럽기 때문에 부모들이 기꺼이 자신을 돌보아줄 것이라고 확신한다. 또한 자신이 경험하는 것은 부모들이 자신을 위해 해준 것이기 때문에 자신에게 꼭 필요하다고 믿는다. 이처럼 아이들은 한 점 의심도 없이 부모를 전적으로 사랑하기 때문에 부모들과 똑같이 자라길 원하고, 부모가 자신을 대하는 방식 그대로 자기 자신을 대하려고 한다.

다시 말해 아이들은 처음부터 반사회적이거나, 교묘하거나, 응석받이가 될 경향을 타고나는 것이 아니며, 의존적이거나 백지상태이거나, 자신과 부모 사이를 구별하지 못한 채로 태어나는 것도 아니다. 덧붙여, 특정 유전자가 어떠한 성격을 유발하는 것도 아니다.

행복이라는 권리

모든 아이는 사랑을 주거나 받는 느낌, 즉 내적 행복의 공급원을 가지고 태어난다. 그 증거로 앞을 보지 못하거나 듣지 못하는 아이일지라도 생후 몇 주만 되어도 미소를 지을 수 있게 되고, 생후 3개월 정도가 되면 기쁘고 특별한 표정 몇 가지를 지어 보일 수 있게 된다. 아기들이 부모를 위해서 아껴둔 그 표정은 부모가 자신을 사랑하는 것을

불행 중독

느낀다는 것과 자기 자신과 부모에 대해 매우 즐거워한다는 사실을 보여준다.

올바른 정보를 토대로 적절한 양육을 받아 선천적인 안녕을 유지하며 자란 아이들은 이후 그들의 인생에서 일어나는 갖가지 기복에도 좀처럼 휘청거리지 않는다. 물론 커다란 상실과 낙심을 경험할 때에는 슬픔을 느끼겠지만, 안정적인 내적 행복을 갖춘 사람들은 일이 마음대로 풀리지 않는다고 해서 자신과 타인을 불쾌하게 만들지는 않을 것이다. 이러한 사람들은 일부러 불행해지려고 하지 않으므로 매사에 적절한 결정을 내릴 수 있고, 그 선택에 따라 일관적으로 행동할 수 있다.

모든 사람이 갖고 태어난 행복을 누릴 권리는 사랑하고 사랑받고자 하는 내적 신념을 지속시키는 일종의 자양분이 되어 준다. 그 결과로 우리는 평생 다양한 능력을 발휘하며 살아갈 수 있게 된다. 건강을 돌보는 능력, 변치 않는 친구와 배우자를 선택하는 능력, 잠재력을 끌어내고 이를 즐기는 능력, 실패와 불행을 겪어도 다시금 일어나는 탄력성, 자신의 아이들에게도 이러한 내적 행복을 전달해주는 능력 등이 바로 그것이다.

거의 모든 성인이 이러한 잠재력을 갖추고 있다. 비록 어린 시절에 습득했어야 할 행복을 놓쳐버렸다고 할지라도, 아직 늦지 않았다. 이제 어떻게 하면 스스로 그 행복을 다시금 창조할 수 있을지 배워볼 것이다.

혼란의 근원

향상된 삶을 위해 노력하고자 한다면 그 첫 번째 단계로 '왜 지금은 나 자신을 전적으로 책임지지 못하는가', 그 이유를 이해해야 한다. 때때로 우리는 스스로 삶을 불행하게 만들기도 한다. 우리가 직면하는 이 불행의 이유는 부모를 향한 사랑 때문에 행복과 불행 사이를 혼란스러워 했기 때문이다. 어째서 그러한 일이 벌어졌는지 알기 위해서는 유아 시절 세상을 바라보던 방식을 이해해야 한다.

타고난 흉내쟁이

출생의 순간, 당신은 미소 지으며 말을 걸어오는 부모의 얼굴에 시선을 맞춘 뒤, 곧이어 그들의 목소리를 알아채고 그 부드러운 음성에 편안함을 느꼈을 것이다. 당신은 아직 자기 얼굴을 한 번도 본 적 없음에도 부모의 표정을 그대로 따라 하는 놀라운 재능을 가진 아이였다. 예를 들어 아버지가 입을 크게 벌리고 혀를 내밀면 그것을 보면서 어떻게 하면 그와 같은 표정을 만들어 낼 수 있을지를 알아냈다.

부모와 똑같아지려는 욕구는 단지 그들과 같은 모습을 갖고 싶어 하는 데서 그치지 않는다. 아이들은 부모를 사랑하고, 그들이 완벽하다고 생각하기 때문에 그들과 완전히 똑같아지길 원하는데 그중 한 가지 방법은 부모가 느끼게끔 해준 것을 그대로 돌려주는 것이다. 배가 고파서 울면 음식을 가져다주고, 졸려서 울면 잠들 수 있도록 도와준 부모처럼 사랑과 헌신으로 자신과 다른 사람들을 대해야겠다는 강력한 욕구가 점차 발달된다.

아이의 타고난 낙관주의를 지키기 위해 부모는 자녀의 정서적 욕구를 충분히 채워주어야 한다. 그러한 환경에서 아이들은 자신이 받은 다정과 친절함을 재창조하여 스스로 행복해지는 법을 배운다. 아이들의 내적 행복은 자신이 사랑받을 수 있고 사랑할 수 있다는 깊은 확신에서 생기며, 이 확신은 부모의 적절한 반응을 통해 끊임없이 확인되어 탄탄하게 세워진다. 확고부동한 내적 행복은 타고난 권리로, 그 행복을 소유한 이가 알든 알지 못하든 관계없이 스스로를 보호함으로써 삶을 힘겹고 불행하게 만들지 않는다.

하지만 부모가 아무리 좋은 의도를 가지고 대했을지라도 자녀를 이해하지 못해 정서적인 욕구가 채워지지 않았다면 어떻게 될까? 흔한 예로는 어딘가 불편해 울고 있는 아이를 내버려 둔다거나, 아이에게 너무 많은 것을 기대한다거나, 지나치게 훈계하는 경우가 있다.

아이가 우는 이유는 불행해서다

부모가 '아이들이 울 때는 울다 지쳐 잠들도록 두라'는 유명하지만 해로운 조언을 따랐다고 가정해 보자. 아이를 울게 놔두는 것이 오히려 아이에게 안도감을 주며, 이것이 인격 형성에 도움이 된다고 믿는 경우도 여기에 해당한다. 아기들이 다 그렇듯 어린 당신도 피곤하거나 지쳤을 때 잠들 수 있도록 누군가가 달래주기를 원했을 것이다. 하지만 당신의 부모님은 아기가 우는 것은 부모를 마음대로 조종하려는 수작이라는 말을 들었을 수도 있고, 우는 행위를 통해 폐활량을 키우거나 긴장을 완화하는 중이니 괜찮다고 생각하고 있었을지도 모른다. 또는 우는 것도 잠들기 위한 하나의 방법이라고 들었을지도 모른다. 하지만 이 가운데 진실은 단 하나도 없다. 아기도 성인과 똑같은 이유로 운다. 바로 불행하기 때문이다.

부모님이 작은 침대에서 우는 당신을 그저 내버려 뒀다고 생각해 보라. 부모가 시야에서 사라졌을 때, 아기는 자신이 사랑받고 있다는 확신이 무너져 슬펐을 것이다. 그리고 이내 두 가지 이유로 더 울게 된다. 우선 극도로 졸린데 소화도 안 되고 여러 가지 이유로 불편하기 때문에 운다. 그리고 이 세상 그 무엇보다 사랑하는 사람들이 우는 자신을 구하러 오지 않는다는 사실 때문에 비참해 운다. 도움을 바라며 더 크게 울어보아도 응답은 없다. 아기는 결국 부모님의 관심을 끌려는 시도를 포기하고 슬픈 채로 잠들게 된다. 이렇게 아기가 잠들면 부모는 위의 조언이 맞았다고 결론 짓는다. 하지만 아이에게 의지할 사람이 있다는 사실을 알려주는 대신 다른 방법(그냥 잠드는 것)을 선택하게 하면서 부모가 간과한 사실이 하나 있다. 이로 인해 아이가 장차 자신의 삶을 힘들고 불편하게 만들고자 하는 욕구를 갖게 될 수 있다는 점이다.

졸리거나 배고프거나 피곤해서 우는 아이들을 그대로 내버려 두면 이 아이들에게서 미묘한 변화가 일어난다. 울도록 방치된 아이들은 자신의 불행이 바람직한 일이라고 생각하게 된다. 부모가 자신이 불행하길 원한다고 생각하기 때문이다.

이와 같은 과정은 조금 더 성장한 어린이들에게서도 나타난다. 짜증을 내는데 부모가 이를 이해할 수 없다고 판단해 무시할 때에도 위와 같은 현상이 나타난다. 아이들은 자신이 위로받지 못할 때에도 부모가 이상적인 사랑을 제공하고 있다고 믿기 때문에 자신이 느끼는 불행을 행복과 혼동하게 된다.

이러한 잘못된 생각이 여러 차례 반복되면서 아이들은 오히려 이 불행에 안정감을 느끼게 되고, 그것이 삶을 유지하는 데 필요한 자기 가치감으로 굳어버린다. 그 결과 자신도 모르는 사이에 불행할 때 행복을 느끼는 성인으로 자라난다. 다시 말해서 이들은 진정한 행복을 경험하고자 하는 선천적인 욕구 이면에 이와 경쟁하는 내적 불행을 키우게 되는 것이다.

어린 시절을 떠올려 보자. 당신이 울음을 터뜨렸는데 아무도 대응해주지 않았다면 어린 당신은 위로받지 못한 불행한 상태가 부모님이 바라는 최상의 상태라고 믿었을 것이다. 그리고 이 불행한 느낌이 곧 진정한 행복일 거라고 결론지으며 자연스럽게 그 기분을 다시 느끼고 싶다는 강렬한 욕구를 느꼈을 것이다. 이렇게 자라면서 불행이야말로 부모님이 진정 원하는 것이라는 무의식을 가지게 되었으므로 행복한 기분을 느끼면 자신도 모르게 '부모님을 실망시키고 말았다'고 생각하게 되었을지도 모른다.

따라서 어린 나이에 정서적으로 충족되지 않은 아이들은 두 가지 서로 다른 내적 안녕의 원천으로부터 영향을 받기 시작한다. 하나는 사랑하고 사랑받는 느낌, 즉 선천적인 즐거움이고, 또 다른 하나는 부모가 자신에게 주려고 했던 느낌이라고 오인하여 무의식적으로 되찾으려 하는 것, 즉 불행이다.

불행 중독

아주 어린 아이들은 다른 사람이 어떤 감정을 느끼고 있는지 잘 판단하지 못하며, 자신에게 필요한 관심과 실제로 받고 있는 관심이 어떻게 다른지 비교할 기준도 갖추고 있지 않다. 울고 있을 때 위로받지 못하는 경험이 반복되면 아직 행복을 느끼는 최상의 방법이 무엇인지 잘 알지 못할지라도 아주 실제적인 내적 갈등이 발생한다. 진정한 행복을 느끼고 싶었지만, 동시에 자신에게 가짜 행복(행복으로 가장한 불행)을 제공할 필요 또한 느끼는 것이다.

잠들지 못할 때, 배고픈데 아직 밥 먹을 시간이 되지 않았다고 아무것도 주지 않았을 때, 배가 너무 아플 때, 형제와 장난감 때문에 다투었을 때 등 울도록 방치된 각각의 상황 자체는 그렇게 나쁜 것이 아니다. 하지만 이 모든 상황으로부터 비롯되는 결과는 같다. 마음속 깊이 숨어 있던 행복으로 가장한 불행을 끄집어내 자기 자신을 위로하는 것이다. 이런 사실을 이해하는 것이야말로 내적 불행에서 회복해 인생을 다시금 살아나가는 첫걸음이다.

아이들이 어른과 다르게 행동하는 이유

아이들은 자신이 가장 원하는 것이 무엇인지 부모가 알아채고 신뢰할 만한 방법으로 그에 대응하기를 원한다. 하지만 안타깝게도 모든 욕구를 충족시키기란 어려운 법이다. 다른 여러 이유도 있겠지만, 부모가 어디선가 '아이에게 성숙한 행동을 기대해야 한다'는 말을 듣고 따랐기 때문일 수도 있다. 자주 불안하고 스스로가 무능하다는 느낌이 들어 고통스러운가? 그렇다면 당신은 어릴 때 지나친 기대를 받고 자랐을 가능성이 크다. 그로 인해 자신이 부모님과 어른들을 자주 실망시킨다고 느끼면서 자랐을 것이다.

부모(또는 선생님)는 아이가 맡은 일을 잘하는 편이라고 판단되면 좀 더 빨리, 더 상급의 교육을 시키는 것이 좋겠다고 생각한다. 대부분의 부모는 자녀가 어린이로서 보여준 사회적 행동을 성인이 되어서도 그대로 보일 것이라고 생각한다. 여덟 살짜리 아이가 게임에서 졌다고 짜증을 내면 부모들은 '성격을 얼른 고쳐줘야겠어. 그렇지 않으면 승패를 받아들이지 못하는 어른이 될 거야'라고 생각한다. 이처럼 부모들은 바람직한 덕목(관용, 책임감)을 이른 나이에 배워두지 않으면 나중에는 절대로 배울 수 없을 것이라는 잘못된 조언을 따른다. 때문에 대부분의 아이는 아주 어릴 때부터 정직하고, 형제와 사이좋게 지내며, 지더라도 화내거나 슬퍼하지 않고, 편식하지 않고, 싫은 일도 잘 해내야 한다는 강요와 기대를 받는다.

하지만 어른들이 알지 못했던 사실이 하나 있다. 아이의 마음은 어른의 마음과는 무척 다르다는 점이다. 어른은 분노하거나 다른 이들에게 인정받지 못했을 때에도 상대방의 행동을 이성적으로 판단할 수 있다. 하지만 어린아이는 기대에 부응하지 못해 벌을 받거나 비난을 당하면 비록 화가 나고 슬프더라도 여전히 부모가 하는 것은 뭐든 옳고 자신이 잘못되었다고 믿는다. 그 결과 자신의 불행은 모두 부모가 의도한 것이라고 믿으며, 성장한 뒤에도 부모가 자신을 대한 것과 같은 방식으로 자신과 다른 이들을 대한다. 그리고 그것이 가장 행복한 것이라고 결론 내린다.

어른들은 주변의 잘못된 조언을 듣고 아이들을 성인처럼 성숙하게 행동하도록 만들려고 시도했지만, 아이들에게 있어 일상의 행복은 '원하는 것을 원하는 때에 얼마나 얻을 수 있느냐'에 달려 있다. 그래서 성인처럼 행동할 수가 없다. 두 살배기가 다른 아이들과 자신의 장난감을 같이 가지고 노는 것이 거의 불가능한 이유, 세 살배기 아이가 비 오는 날 밖에 나가 놀 수 없다고 우는 이유가 이것이다. 또한 여섯 살배기에게 사탕을 몇 개 먹었냐고 물어보면 거짓말하는 것, 여덟 살배기 아이가 게임에서 졌을 때 주체하지 못하고 화내는 것도 이러한 이유다.

아이들은 하는 일이 잘되면 자존감이 높아지고, 부모님을 실망시키게 되면 매우 속상해한다. 이 사실을 부모가 알았더라면 좀 더 편안한 방식으로 위로해줄 수 있었을 것이다. 아이가 부모를 속이거나 거짓말했을 때 이해해주고 공감해주어도 그 아이가 당장 이기적이고, 정직하지 못하고, 패배를 인정하지 못하는 사람으로 자라는 것은 아니다. 아이는 그로부터 비록 모든 일이 바라는 대로 되지 않더라도 여전히 자신을 사랑해주는 사람이 곁에 있고, 그들에게 이해와 위로를 받을 수 있다는 사실을 서서히 배워나갈 것이다. 그리고 타인을 돌보고 자신의 것을 나눌 줄 아는 어른으로 자랄 수 있다. 이런 것 역시 부모를 흉내 내며 배우는 것이다.

어른들은 아이의 마음을 잘 모르기 때문에 아이의 나이에 맞지 않는 성숙함을 기대할 수도 있다. 문제는 아이도 그들의 생각이 옳으니 따라야만 한다고 여겼을 것이라는 점이다. 아이에게는 자신이 할 수 있는지, 할 수 없는지 결정할 판단력이 없으므로 결국 과한 결과물을 기대하게 됐을 것이고, 실패를 받아들이는 일이 아주 힘들게 느껴졌을 것이다. 이처럼 지나친 기대는 아이의 마음속 깊은 곳에 가짜 행복(아주 오래전에는 행복과 혼동하던 그 불행)을 안겨다 준다.

아이에게 불가능한 것을 기대할 때

제니퍼는 여론 조사 회사에 근무했다. 그녀는 직장 동료인 캐롤과 함께 인구 표본을 선택하고, 직접 현장에 나가 인터뷰한 후, 얻은 자료를 컴퓨터에 입력하여 분석하는 일을 맡았다. 각 단계마다 오류가 발생할 위험이 수반되는 일이었다. 제니퍼는 캐롤 밑에서 일했기 때문에 도움이 필요할 때, 특히 정보

불행 중독

를 수집하고 분석하는 과정에서 문제가 발생할 때마다 캐롤을 찾았다. 캐롤은 항상 제니퍼를 기꺼이 도와주었다.

그런데 사무실 비서인 질에게 듣자 하니, 캐롤이 동료들과 상사에게 '제니퍼는 바라는 것이 너무 많고 배우는 게 느리다'며 불평을 토로했다는 것이다. 이 이야기를 들은 제니퍼는 망연자실해 심각하게 자책했다. 스스로를 무능하게 느끼면 느낄수록 제니퍼는 캐롤에게 더 많은 도움을 청하게 되었고, 캐롤이 자신에 대해서 불평한다는 말도 더욱 자주 듣게 되었다.

제니퍼는 그 직업을 얻으려고 많은 노력을 기울였고, 분명 그 일을 즐길 수 있을 것이라고 생각해왔는데, 이제는 그 일이 자기 일이 아닌 것 같다고 느끼기 시작했다. 결국 회사를 그만둘까 고민하는 시점에 그녀는 우리에게 상담을 요청해 왔다.

사실 제니퍼는 매우 똑똑하고 그다지 일손이 느리지도 않았다. 하지만 그녀가 자신의 능력을 끈질기게 의심하고 있기 때문에 그 능력이 가려지고 있는 것이었다. 비록 제니퍼는 자신이 친구들에 비해 똑똑하다고 생각한 적이 한 번도 없었다고 말했지만, 사실 그녀는 학창시절 내내 굉장히 좋은 성적을 받는 학생이었다.

"저는 항상 모든 과목에서 낙제할 것 같다는 불안감을 느꼈어. 그래서 공부를 많이 하고도 좋은 점수를 받으면 무척 놀랐죠."

제니퍼는 자녀에 대한 기대치가 확실하게 정해져 있는 가정에서 자랐다. 늘 예의 있게 행동해야 했고, 학교에서는 꼭 좋은 성적을 받아야 했다. 또한 집안일 자주 도왔고, 부모님이 안 계실 때는 어린 동생들을 돌봤으며 그렇게 많은 기대를 받으면서도 불평하지 못했다. 이 모든 것이 제니퍼의 부모가 제니퍼에게 세워둔 기대였다. 제니퍼는 부모님을 존경했고, 그들이 자신을 신뢰하는 것에 감사하면서 그들이 세워둔 기준에 맞추려고 최선을 다했다. 때때로 그 기준에 미치지 못했을 때에도 제니퍼는 그 기준들이 어린 자신에게는 가혹하다는 생각은 추호도 하지 않았다. 그저 스스로를 책망하면서 부모님을 실망시켰다는 사실에 수치심을 느낄 뿐이었다. 이렇게 보면 제니퍼가 캐롤의 비판을 액면 그대로 마음 깊숙이 받아들인 것도 놀랄 일은 아니다.

제니퍼는 자신이 어린 시절부터 스스로에게 비현실적인 기대를 적용해 왔다는 사실을 깨달았을 때, 이렇게 어린 시절을 이해하고 나면 그 즉시 무능력감이 사라질 것이라고 생각했다. 하지만 그 느낌이 도무지 사라지지 않고 상담이 지속되자 제니퍼는 우리의 작업이 자신이 맞지 않는다고 느꼈고, 자신이 좀 더 빨리 나아지지 않아서 우리가 자신에게 실망했다고 생각했다. 우리가 당신이 느끼는 무능력감은 하루아침에 사라지는 것이 아니라고 설명하자 제니퍼는 놀랐다.

제니퍼는 부모의 방식대로 자기 자신을 대하고 있었다. 스스로를 무능력하다고 느낄 때마다 마음속 깊은 곳에서는 자신이 보살핌을 받고 있으며 충분히 가치 있다는 것을 느끼고자 했다.

"제가 실제로 할 수 있는 만큼의 기대를 받으며 자랐다면 지금과는 얼마나 달랐을지 이제 좀 알겠어요."

제니퍼는 우리와 함께 상담하면서 캐롤을 이해하게 되었다. 캐롤은 제니퍼의 업무 수행 능력을 정확히 평가하지 못했고, (어쩌면 캐롤 자신의 내적 불행 때문에) 제니퍼의 능력을 과소평가해 논리적이고 선한 동기로 도와준 것이라는 사실을 이해하게 시작되었다. 제니퍼는 자신처럼 복잡한 일을 막 배우기 시작한 사람이라면 누구든지 길잡이가 필요하다는 사실을 깨달았고, 그간 자신이 캐롤에게 한 질문들이 엉뚱하거나 불필요한 것이 아니었다는 사실을 알게 되었다. 그후로 제니퍼는 멘토의 역할을 해줄 수 있는 다른 편한 상대에게 조언을 구했다. 얼마 되지 않아 제니퍼는 회사에 캐롤이 아닌 새로운 파트너를 요구했고, 자신의 업무 수행 능력과 자신감이 높아지면서 처음으로 일을 완전히 즐기게 되었다.

어떤 목표를 달성하기 위해 엄청난 노력을 기울였는데 정작 성취한 뒤에는 그것을 자랑스러워하지 못하고 노력이 부족했던 몇 가지 요소에만 관심을 쏟은 경험이 있는가? 그렇다면 어린 시절에 받아들인 완벽주의적 기준을 성인이 된 지금까지 가지고 온 셈이다.

부모들이 자녀가 아주 뛰어나기를 바라거나 어른같이 행동하길 바랄 때, 자녀들은 자기도 모르는 사이에 부모가 바라는 것이 완벽한 것이라는 잘못된 결론을 내린다. 그 결과 자라면서 부모의 잘못된 기준보다도 더 어려운 요구 사항을 스스로에게 부과하면서 자신이 아주 잘하고 있다고 여긴다. 만약 당신이 자신과 타인에게 지나치게 엄격한 잣대를 제시하는 사람이면 가장 먼저 이러한 기대의 뿌리가 무엇인지 규명해야 한다. 그래야만 내적 불행에서 스스로를 해방하고 자신감을 느끼며 살아갈 수 있다.

아이들은 부모가 대놓고 그들에게 무엇을 요구하지 않을 때에도 부담감을 느낄 수 있다. 부모가 심하게 우울하거나 약물에 중독되었거나 그 밖의 이유로 제 기능을 하지 못할 때, 아이들은 부모가 자신에게 사랑과 관심을 주지 않는 것을 다르게 해석할 수 있다. 부모가 자신에게 도움을 원하고 있으며, 그들을 책임지지 못하면 그들 역시 자신을 돌보지 않을 것이라고 말이다.

이런 상황에 처한 아이들이 제 기능을 하지 못하는 부모에게 긍정적인 관심을 얻는 방법은 하나뿐이다. 바로 부모에게 정서적 버팀목이 되거나 실질적인 도움을 주는 것이다. 다시 말해 자신의 나이를 넘어서는 행동을 하려고 한다는 것이다. 예를 들어 요리, 청소, 동생 돌보기 등 자질구레한 일을 짊어지면서 부모에게 긍정적인 반응을 얻어내

불행 중독

려고 한다. 부모를 즐겁게 해주거나 돌보아줌으로써 부모의 기분을 나아지게 하고, 이로써 부모에게 정서적인 양육을 받을 수 있다고 착각할 수도 있다.

하지만 이 아이들이 전형적으로 배우는 것이 무엇인가가 가장 중요하다. 이러한 아이들은 자신이 바라는 것을 부모에게서 받아내기를 포기하는 순간 부모가 자신에게 잘해준다고 느낀다.

이러한 아이들이 성인이 되면 어딘가 문제성이 짙은 친구나 연인을 만나 그 관계에서 기쁨을 찾으려고 할 수 있다. 그들은 일방적인 사랑이 요구되는 관계에서 가장 편안함을 느끼고, 친구나 연인을 돕는 데 완전히 헌신한다. '구원자' 역할을 하는 이들은 그 관계에 모든 것을 바치지만, 실상 그 관계에서 상대에게 받는 것은 별로 없다는 사실은 간과한다. 또한 이러한 유형의 사람들은 그 관계가 일방적이라는 사실을 알면서도 문제적인 친구나 연인을 자신이 변화시킬 수 있다고 믿는다. 뿐만 아니라 구원자 역할을 하는 사람들 가운데 어떤 이들은 원래 인간관계에는 베푸는 사람이 따로 있고, 그 방향이 일방적인 것이 정상이라고 여기기도 한다.

부모에게 잘보여야 한다는 강박관념

30대 초반의 주디는 약혼자 톰과 함께 살고 있었다. 톰은 자기가 가진 모든 것을 번번이 도박에 탕진하는 사람이었다. 주디는 톰이 도박 문제를 극복하도록 돕는 것이 자신의 의무라고 느꼈다. 주디는 톰에게 봉급의 일부를 자신에게 맡기라고 설득했지만, 그럴 때마다 톰은 몹시 화를 냈다. 톰이 가진 돈을 모두 잃고 주디에게 돈을 요구하면 주디는 어쩔 수 없이 모아둔 돈을 그에게 주고 말았다. 톰이 집세의 절반을 부담하지 못했기 때문에 주디는 그만큼을 더 벌어야 했고, 결혼식 준비금과 집 마련에 필요한 비용을 마련하기 위해서 직장에서 몇 시간씩 더 일했다.

주디는 톰을 있는 그대로 받아들이는 것이 그를 진정으로 사랑하는 것이라고 생각했지만, 한편으로는 그와 결혼하면 자신은 가정을 위해서 돈을 버는 데 온 인생을 바쳐야 한다는 사실에 부담을 느꼈다. 게다가 결혼 후에는 톰의 도박 빚이 얼마가 되었든지 법적으로 자신이 그것을 갚아줘야 할 책임이 있다는 사실 역시 주디를 매우 고민스럽게 했다. 톰의 빚은 그동안 쌓아온 주디의 신용을 잃게 만들고 재정상의 어려움을 불러일으킬 것이 뻔했다.

주디의 친구들은 톰의 도박 문제를 잘 알고 있었기 때문에 결혼하기 전에 전문가의 도움을 얻기를 권했다. 우리를 만나자마자 주디는 자신이 알코올 중독자인 아버지 아래에서 자랐다고 말했다.

"아버지가 술을 마실 때면 저는 아버지 눈에 띄지 않으려고 발소리를 죽이고 다녔어요. 그렇게 제 어린 시절을 다 보낸 것 같아요. 아버지가 저를 보며 웃어준다거나 제 머리를 쓰다듬는 일은 제가 샌드위치와 신문을 가져다드릴 때,

불행 중독

그리고 빈 그릇과 접시를 치울 때뿐이었어요."

주디의 어머니는 남편의 문제에 매번 변명을 늘어놓았고, 아이들에게 아빠를 좀 내버려 두라고 하면서 "직장에서 힘들게 일하고 오셨는데 집에서라도 여유롭게 보내고 싶지 않겠니?"라고 말했다고 했다.

우리와 함께한 첫 시간에 주디는 톰과 자신의 관계에 굉장히 방어적인 태도를 취했다. 주디는 여전히 즐거웠던 시절, 자신에게 잘 다정했던 톰의 모습에만 머물러 있었다.

그런데 주디는 곧 "선생님은 제 친구들처럼 톰에 대해서 부정적이지는 않네요?"라고 물어왔다. 우리는 톰과의 관계에 대한 결정이 전적으로 주디에게 달려 있으며, 우리는 단지 주디가 진정으로 원하는 것이 무엇인지 발견하도록 도와줄 뿐이라고 답했다. 그러자 주디는 혼란스럽다고 털어놓았다.

"톰을 그대로 두자니 제가 이기적이고 믿음직스럽지 못한 사람이라는 생각이 들어요. 저는 톰이 정말 걱정되거든요. 톰과 헤어진다면 그가 무척 그리울 거예요. 하지만 계속해서 톰을 도와주고 빚도 갚아주어야 한다고 생각하면 그건 또 싫어요."

주디는 톰이 나아질 거라고 스스로를 달래면서 부정적인 감정을 억눌러 왔다. 하지만 2년이라는 시간이 흘렀음에도 그는 더 많은 빚을 졌을 뿐이고 주디는 점점 더 희망을 잃어갔다.

우리는 주디가 자신의 감정을 다른 사람과 공유하는 것을 힘겨워한다는 사실을 깨달았다. 자신을 힘들게 하는 사건 자체는 털어놨지만, 자신의 감정에 대해서는 그 무엇도 표현하는 법이 없었고, 그것을 표현해야 하는 순간이 오면 이내 화제를 바꾸었다. 주디의 이러한 패턴에 대해 이야기했더니 우리에게 부담을 주기 싫어서 그러는 것이라고 했다. 우리가 종일 다른 사람들의 부정적인 감정을 들어준다는 사실을 알고 난 후부터 자신의 문제로 우리를 괴롭히는 것이 더욱 싫어졌다고 주디는 말했다.

우리는 주디가 무의식적으로 자신의 문제에 대한 도움 구하기를 포기하고 우리를 돌보면서 좀 더 나은 기분을 느끼려고 하고 있다고 말해주었다. 마치 아버지에게 했던 것처럼 말이다. 또한 우리는 주디에게 필요한 것을 기꺼이 제공할 준비가 되어 있다고 명확하게 밝혔다.

처음에 주디는 우리를 신경 써주지 않고도 도움을 얻을 수 있다는 사실을 믿기 어려워했다. 하지만 조금씩 자신의 생각과 감정을 공유하면서 그것이 우리에게 끼칠 영향은 염려하지 않게 되었다. 자신의 필요가 채워지는 즐거움을 경험하자 주디는 톰과의 관계가 더욱 만족스럽지 못하다고 느꼈다. 그리고 결국 본인에게 돌아오는 것은 하나도 없는데 톰을 돌보는 데 자신의 여생을 다 쓰기는 싫다는 결론에 이르게 되었다.

누군가를 구제해준다는 생각에 기초한 관계는 수년간 지속되는 경

우도 있다. 구원자 역할을 하는 사람이 상대방의 문제를 전적으로 책임지면서, 상대방이 변하지 않으면 자신의 노력을 배로 기울이면서 그 문제에 대응할 수도 있다. 구원자 역할을 하는 사람은 자신이 필요로 하는 것을 희생할 때의 고통과 진정한 사랑에서 비롯되는 행복을 혼동하면서 어린 시절을 보냈기 때문에 이와 같은 관계에 남아 있을 때 자신이 옳은 행동을 한다고 생각한다.

상대방을 구제하는 관계에 이끌리는 사람이라면 〈16. 친밀함에 기초한 관계 형성하기〉를 참조하기 바란다. 위 파트에서는 그러한 관계를 규명하고 관계를 증진시키는 데 필요한 전략과 길잡이를 제시하며, 언제 어떻게 그 관계에서 벗어나야 하는지 설명하고 있다.

02
체벌의
장기적인 영향

어린 시절에 체벌 받은 경험이 있다면 그 시절에 느낀 감정을 돌이켜 봄으로써 현재의 삶이 왜 바라는 대로 펼쳐지지 않는지 원인을 찾아볼 수 있다. 체벌이란 아이의 행동을 조절하는 데 따라오는 불쾌한 결과이다. 여기에는 아이들이 자기 자신을 무능력하고 창피하고 버릇없는 아이라고 느끼게 만드는 것도 포함된다. 아이를 인정하지 않는 것, 매사에 제한 시간을 두는 것, 특권을 제한하는 것, 실패하도록 내버려 두는 것, 구구절절 잔소리하는 것, 매질 등도 체벌에 포함된다.

어른이 된 지금까지도 당시에 받았던 체벌이 행동을 조절하고 인격을 형성하는 데 마땅히 필요한 것이었다고 생각하고 있을지 모른다.

하지만 우리가 발견한 사실에 따르면 모든 체벌은 해롭다. 자신과 타인을 향한 엄격한 징계자가 되고자 하는 욕구를 형성하기 때문이다. 아이들은 자신의 부모는 완벽한 존재이므로 자신에게 가장 좋은 것이 무엇인지 안다고 믿는다. 그래서 자주 벌을 받는 아이들은 자신도 모르게 체벌에 수반되는 불행은 바람직하다고 결론 내리게 된다. 또한 아이들은 자신의 부모를 모방하고자 하는 선천적인 욕구를 가졌기 때문에, 체벌 받으면서 느꼈던 가짜 행복을 다시 만들어내고자 한다. 하지만 이는 불행을 초래하는 행동일 뿐이다. 이 아이들이 성인이 되면 스스로에게 가혹하게 대하는, 즉 자학적인 성향을 보이는 사람이 되거나 자신에게 나쁘게 대하는 이들과 친구나 연인이 될 수도 있다.

체벌과 방임을 대신할 긍정적인 방안

체벌함으로써 얻으려는 결과는 오히려 부모가 부정적인 과정을 피할 때 훨씬 더 효과적으로 얻을 수 있다. 아이를 키울 때 반드시 주의해야 할 일이 있다. 아이들은 미숙하므로 충분히 보호해야 한다는 것이다. 아이가 아플 때에는 약을 챙겨 먹이고, 차에 태울 때는 좌석에 안전하게 앉혀야 한다. 욕실에서 장난감을 가지고 놀면 위험할 수도 있으니 하지 말라고 가르쳐야 하고, 형제의 방을 어지럽히게 둬서도 안 된다. 하지만 아이가 이러한 사항을 지키지 않았다고 해서 반드시 벌을 줄 필요는 없다.

아이를 체벌하거나 비난하지 않고 안전하고 올바르게 지키는 방법을 가리켜 우리는 '사랑의 규제'라고 부른다. 사랑의 규제는 아이를 향한 온정과 칭찬을 빼앗지 않으면서 아이의 행동을 조절하는 것이다. 시간 제한, 특권 제한, 체벌, 그리고 기타 징계의 형태는 모두 '품행이 좋지 못한 아이들에게 잘해주면 나쁜 행동을 조장하게 된다'는 가정을 기초로 한다. 체벌은 아이들에게 해가 된다. 아이들의 내적 안녕을 근원적으로 방해하기 때문이다. 체벌은 아이들을 비참하게 만들며, 체벌당한 아이들은 자신이 바라는 것에 더 끈질기게 매달리게 될 수도 있다. 반면 사랑의 규제는 비록 자신이 원하는 것은 포기해야 할지도 모르지만, 부모와의 관계에서만큼은 언제나 즐거움을 누릴 수 있다는 점을 아이들에게 분명히 알려준다.

사랑의 규제는 아이들이 자신의 부모, 그리고 중요한 성인과의 관계(예를 들어 사제관계)에서 필요로 하는 온정과 친밀감을 보존해준다는 점에서 벌보다 낫다. 아이가 사랑의 규제를 적용하는 부모를 따라할 때 자신에게 진정한 행복을 제공하는 능력이 발달하는데, 이러한 능력은 다른 고통스러운 정서로 오염되지 않고 그대로 남는다.

아이가 혼자 걸을 수 있을 만큼 자라면 부모는 잠시 다른 일을 하다가 돌아왔을 때 아이가 그 장소에 그대로 있으리라고 기대할 수 없게 된다. 그전까지 양육에 있어 가장 큰 어려움은 아이가 불편해할 때 무엇을 해주어야 할까 하는 것이었지만, 이제는 아이가 원하는 것과 부모가 원하는 것이 다를 때 어떻게 해야 하는가를 고민하게 된다. 그리고 이러한 딜레마는 아이가 성인기에 접어들기까지 계속된다.

물론 아이의 입장에서 혼자 움직일 수 있다는 것은 아주 스릴 넘치는 일이었을 것이다. 거실 탁자에 놓인 물건들을 언제라도 집을 수 있고, 살랑살랑 흔들리는 고양이의 꼬리를 잡아당길 수도 있고, 엄마, 아빠처럼 전자레인지에 음식을 넣고 요리를 시도할 수도 있다. 이때 부모가 아이에게 온갖 호기심이 있지만, 아직 너무 미성숙한 나머지 자신의 행동으로 인해 자신이 위험에 처하거나 타인에게 피해를 끼칠 수도 있다는 것을 모른다는 사실을 이해하고 있다면 어떨까? 그렇다면 아마 그들은 아이가 안전하도록 집안을 꾸미고, 위험한 상황에는 아이를 제지할 수 있을 것이다. 또한 이후 학습에 지대한 영향을 끼칠 그 호기심도 꺾지 않을 것이다. 아울러 아이도 부모님이 원하는 것을 다 들어줄 수는 없지만, 애정을 가지고 다른 활동을 통해 자신을 행복하게 해줄 것이라는 점, 그리고 서로의 의견이 다르더라도 애정과 칭찬을 잃지 않을 수 있다는 점을 배웠을 것이다.

체벌, 아이를 난폭하게 만드는 길

부모는 아이들이 어른처럼 행동하고, 어른처럼 사회적 덕목을 실천하도록 해야 한다는 조언과 여러 가지 훈육 방법으로 이러한 비현실적인 기대를 강요해야 한다는 조언도 들었을 것이다. 이러한 방법에는 아이를 비난하고 무시하는 언행에서부터 매 행동에 시간 제한 두기, 방임하기, "안 돼!"라고 소리 지르기, 매질하기 등등 다양한 벌이 있다. 이타성, 안전 규칙 준수, 타인 존중 등을 행하지 않는다는 이유로 아이에게 벌을 주는 것은 오히려 그러한 가치를 가르치는 데 있어 가장 비효율적인 방법이다.

아이들이 이해할 수 있는 것은 그리 많지 않다. 아이들은 꽃병을 깨뜨리면 다칠 수 있다는 사실을 모르고, 뜨거운 것에 손을 대면 아프다는 것을 모르며, 동물들도 사람과 같이 괴로워한다는 것을 몰라 막 대할 수도 있다. 마찬가지로 부모에게 혼날 때에도 그들이 왜 자신에게 화를 내고 벌을 주는지를 알지 못한다.

아이들은 부모를 동경하기 때문에 비록 그들이 벌을 주는 것이 싫더라도 벌을 받는 것이 옳다고 느낀다. 그리고 점차 자라며 자신이 무언가 잘못을 저질렀을 때 부모가 그랬던 것처럼 자신을 비난하고 벌줌으로써 스스로 옳다고 믿는다.

부모가 아이를 벌주는 이유는 아이가 안전하게 행동하고, 물건을 소중히 다루고, 예의 바르고, 책임감 있고, 다른 사람들에게 친절한 사람이 되었으면 하는 마음에서 비롯한다. 하지만 아이는 그로부터 힘이 있어야 일을 올바르게 해결할 수 있고, 공격은 나와 의견이 다른 이를 다루는 효과적인 방법이며, 맘에 들지 않는 사람을 부정적으로 대하는 것은 좋은 것이라고 배우게 될 수도 있다.

잘못하면 벌을 받아야 한다는 생각

사라는 연하장을 제작하는 작은 회사를 운영하고 있다. 그녀는 직원들을 이끌어나가는 데 어려움을 느껴 우리에게 도움을 요청해 왔다. 사라는 사업을 성공시키려는 자신의 노력이 인사 문제 때문에 전부 물거품으로 변한다는 사실을 깨닫게 되었다. 예를 들어 한 직원이 실수를 저지르면 자기도 모르게 격분해 몇 주 동안이나 그 직원에게 차갑게 대했다. 이러한 싸늘한 기운은 다른 직원들에게도 영향을 끼쳤고, 결국 직원들도 사라에게 차갑게 대하다가 다른 직업을 찾아 떠났다.

사라는 우리와 상담하면서 부지불식간에 자신이 어릴 적 벌 받을 때 겪은 것을 직원들에게 그대로 행하고 있음을 알게 되었다. 이제 사라는 자신이 직원에게 실망하면 이전에 자신의 부모가 그랬던 것처럼 그들에게 벌을 주면서 안정감을 느껴왔다는 사실을 깨달았다.

힘겨운 시간이었지만, 사라는 누군가 자신이 좋아하지 않는 일을 저질렀을 때 분노를 통해 안정감을 찾는 행동을 그만두었다. 사라는 직원들과 마주 앉아 의견을 주고받으며 소통하는 분위기를 만들고, 이를 통해 발전의 길을 모색하는 방법을 배웠다.

몇몇 양육 전문가들은 아이들이 성인의 행동, 매너, 도덕성을 습득하도록 하려면 아이들이 결점을 보일 때마다 혼내고 벌주라고 조언한다. 혹시 당신의 부모님이나 주변 어른들이 당신에게 그렇게 대하지는 않았는지 생각해 보자. 어린 당신은 자신이 아이처럼 행동한 것 때문에 벌을 받았다는 사실을 알 길이 전혀 없었을 것이다. 하지만 분명히 기분이 좋진 않았을 것이다. 예컨대 당신이 가진 것을 다른 아이들과 나누라고 강요당하거나, 원하는 장난감을 못 가져서 울고 있는데 그만 울라고 숫자를 세거나, 거짓말을 했다가 좋아하는 물건을 빼앗겼을 때 말이다. 또한 게임에서 져 화를 낸다고 방에서 나오지 못하는 벌을 받거나, 제시간에 방 청소를 끝내지 못했다고 외출 금지를 당했을 때도 짜증이 났을 것이다.

하지만 언젠가부터는 기분이 좋지 않고 억울하더라도 부모의 기대에 부응하지 못한 자신이 잘못했으므로 벌 받는 것이 타당하다고 생각하기 시작했을 것이다. 그리고 시간이 지남에 따라 무엇에 실패하면 자기비판으로 반응하고, 당신의 요구대로 행동하지 못하는 다른 사람을 벌하고 비난하면서 안정감을 느끼게 된다.

아이들에게 과한 재제를 가하면

교사인 트레이시는 4학년 수업만 들어가면 이해할 수 없을 정도로 짜증이 나고 화가 치밀었다. 트레이시는 학년 초에 아이들에게 일련의 기대치를 정해 놓고 아이들이 이를 따라오지 못하면 큰 좌절감을 느꼈다. 트레이시가 세워둔 규칙은 다음과 같다.

쉬는 시간이나 협동 학습 시간 외에는 다른 학생들과 이야기하지 않기, 다른 친구들 방해하지 않기, 말하려면 반드시 손을 들고 말하거나 자신이 호명될 때에만 말하기, 쪽지 주고받지 않기……

규칙을 하나라도 어긴 학생은 벌을 받았고, 규칙을 자주 어기면 숙제를 많이 내주었다. 때로는 교장 선생님께 불려가거나 방과 후에 학교에 남아 나머지 공부도 해야 했다. 그러나 이 모든 조치가 먹히지 않자, 트레이시는 강도를 더욱 올려 한 학생이 규칙을 어기면 반 전체 학생이 책상에 머리를 대고 10분간 침묵하게 했다. 그러자 얼마 되지 않아 수업 시간의 대부분이 벌주는 시간이 되어버렸다. 하지만 아이들의 규칙 위반은 줄어들지 않았다. 자신이 평정심을 유지하지 못하고 아이들에게 소리 지르고 있다는 것을 알게 된 트레이시는 이제는 정말 이 상황을 통제할 수 없다고 여기고 우리를 찾아 왔다.

처음에 트레이시는 자기가 얼마나 화가 나는지에만 초점을 맞추어 말했다.

"제 학생들은 규칙들을 완벽하게 따를 수 있는 아이들이에요. 그 애들이 규칙을 어기는 건 순전히 저를 골탕 먹이기 위해서라고요."

보통의 4학년 학생들이 지키기에 그 규칙들이 너무 많은 자기 절제를 요구하는 것은 아닌지 묻자 트레이시는 맹렬히 반대했다. 트레이시는 훨씬 많은 규칙을 지켜야만 했던 자신의 어린 시절 이야기를 늘어놓았다. 예를 들면 그녀가 초등학교에 입학하기도 전부터 그녀의 부모님은 절대로 어른에게 말대꾸를 해서는 안 되며, 남을 방해해서도 안 되고, 매일 깨끗이 방을 청소하고, 침구를 가지런히 정리해야 하며, 음식도 남겨서는 안 된다고 가르쳤다. 이 규칙을 하나라도 어기면 트레이시는 벌을 받았다. 트레이시가 자라면서 벌의 형태는 외출 금지, 용돈 제한 등으로 변했다.

"저는 부모님의 방법이 제가 올바르게 행동하도록 가르쳐 주었다고 믿어요. 그런데 왜 똑같은 방식이 제 교실에서는 지켜지지 않는지 도무지 이해할수가 없어요."

물론 트레이시 부모님의 의도는 트레이시가 또래 아이들처럼 행동하는 것을 벌주는 것은 아니었을 것이다. 하지만 불가피하게 그러한 일이 일어났을 거라고 트레이시에게 설명하자 그녀는 매우 혼란스러워했다. 트레이시는 언제나 부모의 기준에 맞추려고 했고, 만약 그것을 만족시키지 못했을 때에는 수치스러웠다고, 이 규율은 모두 적합한 것이며 자신은 그것들을 모두 충족시키려고 정말 최선을 다했다고 말했다. 더군다나 트레이시는 이 규율을 지킬 때 매우 고결하고 행복해진 듯한 기분을 느꼈다.

점차 아동 발달에 대해 이해하기 시작한 트레이시는 자신이 어린 시절에 여러 가지 벌을 받은 이유는 아이 특유의 호기심, 열의, 미성숙함으로 인한 행동 때문이었지 정말 버릇없이 굴어서 벌받은 것은 아니었다는 사실을 알게 되었다. 또한 트레이시는 어린아이가 거짓말하는 것이 정상이라는 사실에 매우 놀랐다.

"제가 일곱 살 때였을 거예요. 제 기억으론 그때 부모님께 거짓말을 했던 것 같아요. 엄마가 식탁에 케이크 한 조각을 남겨 두셨는데 저는 그걸 먹고도 절대 제가 그런 게 아니라고 맹세했거든요. 결국 부모님이 제 방에서 케이크 부스러기를 발견하셨고 그 벌로 2주간 용돈을 깎으셨어요."

트레이시는 매우 곤혹스러워했다.

"우리 부모님이 아이들은 원래 거짓말을 하며 자란다는 사실을 아셨다면 아마 제가 그렇게 범죄자 같은 기분을 느끼게 두지 않았을 거예요. 그리고 그렇게 벌을 주시지 않았더라도 저는 정직한 사람으로 성장했을 거예요."

이 사실을 깨달은 트레이시는 새로운 관점을 교육 현장에 적용하기 시작했다. 트레이시는 그동안 자신이 학생들에게 지나친 기대치를 세우는 것이 관심을 보이는 방법 중 하나라고 믿었지만, 이제는 그것이 잘못되었음을 잘 알게 되었다.

　트레이시는 자신이 세운 규칙을 다시 살펴보고 아이들의 창의력과 열의를 제한하는 규칙은 없앴다. 다른 아이들을 방해해서는 안 된다거나, 반드시 손을 들고 이야기해야 한다는 규칙을 없애자 수업 시간에 토론이 더 활발해졌고 아이들도 수업에 보다 적극적으로 참여하게 되었다.

　이제 트레이시는 그 규칙들을 단지 참고사항으로 생각하기로 했다. 때때로 누군가가 규칙을 위반할 때에도 벌을 주기보다는 주의를 주고 수업을 계속 진행하는 방법을 택했다. 물론 오래된 사고방식이 슬쩍 고개를 들어 아이들에게 화를 내고 벌을 주고 싶은 충동에 사로잡힐 때도 있었다. 하지만 그때마다 트레이시는 자신이 과잉 반응을 했다면서 학생들에게 사과했다.

　수업의 변화를 체감한 트레이시는 몹시 감동했다. 이제 트레이시는 교도관 같은 선생님이 아니라 함께 수업을 만들어나가는 파트너 같은 선생님이 되었다. 게다가 교실 예절 기준을 강요할 필요가 없어졌기 때문에 더 창의적인 교수법에 집중할 시간도 확보할 수 있었다. 트레이시의 수업을 듣는 학생들은 나날이 자신들의 가능성을 꽃피웠고, 즐거운 그룹 활동을 방해하는 반 친구들을 서로 조용히 시키기도 했다. 수업이 고통이 아니라 즐거운 일이 되자 트레이시는 상담의 초점을 옮겨 스스로에게 지나친 것을 기대하려는 욕구, 그리고 자신의 삶을 방해하는 타인에게 너무 많은 것을 요구하는 자신의 욕구를

불행 중독

탐색하기 시작했다.

당신이 어린 시절에 자주 벌 받는 아이였다면 부모님이 당신이 느끼길 기대한 교훈과는 매우 다른 교훈을 배웠을 것이다. 그리고 아마 그것은 '실수를 저지르면 고통받는 것이 당연하다'는 깨달음이었을 것이다. 하지만 부모님이 바란 것은 단지 당신이 올바르게 자라는 것이었다. 그들도 당신이 지나치게 비판적인 사람으로 자라기를 바라지는 않았을 것이다.

스스로에게 크게 실망했을 때

조는 직장에서 매우 열심히 일했는데도 승진 대상에서 제외되었다. 이 일로 조는 수치심 때문에 매우 힘들어했고, 아내에게 이 사실을 알리면 그녀가 실망할까 봐 차마 이야기를 꺼내지도 못했다. 이러한 스트레스로 인해 복통을 앓기 시작했는데 2주가 지나도록 낫질 않고 심적 고통도 사라질 기미가 보이지 않자 조는 도움을 청했다.

우리와 처음 만난 날, 조는 승진에 실패한 것 때문에 수치스러워했고 '직장에서 느낀 실망'에 관해서만 이야기했다. 하지만 점차 조는 진심을 털어놓을 만큼 우리와 신뢰 관계를 쌓았다. 우리는 이 시점에서 조의 수치심이 우연한 것이 아니라 스스로 위로하는 방법 중 하나라는 점을 설명했다. 조는 어릴 적

부모님에게 혼나며 느꼈던 고통스러운 감정을 다시 만들어냄으로써 스스로를 보호하려고 애쓰고 있었던 것이다.

이처럼 고통을 가중시키는 방법으로 자기 기분을 나아지게 하려고 했다는 사실을 이해하자 조는 이 상황에 좀 더 건설적인 방법으로 대처할 수 있게 되었다. 직장에서 업무를 더 잘할 방법을 찾았고, 발전 기회가 많은 다른 직업을 찾아보기도 했으며, 아내에게 승진이 누락됐다는 사실도 털어놓았다. 다행히 조의 아내는 남편의 입장을 이해해주었다.

일이 조금이라도 잘못되면 스스로 불행을 만들어낸다는 사실을 깨닫는 것이 조에게는 무척이나 중요했다. 이 사실을 알고 나서부터 조는 실망스러운 일이 발생하면 자신이 고통 받아야 마땅하다고 느끼는 습관적인 감정과 자신을 분리할 수 있게 되었다.

그동안 조는 크게 상심할 때마다 악몽을 꾸기도 했다. 물론 깨어 있는 내내 자신을 고문하는 것보다 악몽을 꾸는 편이 훨씬 나았다. 자신을 고통스럽게 만들고자 하는 조의 욕구를 해소할 더 적절한 통로이기 때문이다. 우리는 악몽은 조가 계속 나아지고 있다는 신호이니 걱정하지 않아도 된다고 이야기해주었다.

어떤 남성은 실수를 저지르면 자신은 무엇을 먹을 가치도 없다고 느껴 며칠 동안이나 아무것도 먹지 않았다. 이처럼 신체적 처벌을 동반한 벌을 받으며 자란 이들은 성인이 되어서도 자신이 무엇을 잘못했다고 느껴지면 '우발적으로' 스스로에게 상처를 입히는 행동을 반복하기도 한다. 한 미혼 여성은 동생의 약혼 소식에 축하하는 마음보다는 화가 나고 질투가 샘솟자 죄책감을 느꼈다. 그다음날, 그녀는 '우발적으로' 자기 발 위에 큰 상자를 떨어뜨려서 발을 다쳤고 그다음 주 내내 목발을 짚고 다녀야 했다. 그녀가 자해한 이유는 어렸을 때 받던 신체적 처벌을 다시 만들어내 자신이 가치 있는 사람임을 느끼기 위함이었다. 하지만 그녀는 이 사실을 깨닫지 못했다.

다시 한번 말하지만, 아이들은 자라면서 점차 수그러질 행동 때문에 벌을 받기도 한다. 사실 그 행동들은 사랑의 규제를 통해 더욱 잘 가르칠 수 있다. 멋진 그릇이나 엄마의 진주 목걸이에 손을 뻗으려는 아기, 뭔가를 한 번 잡으면 절대 놓는 법이 없는 아기, 기저귀를 떼지 않는 아이, 게임에서 지면 버럭 화를 내고 토라지는 아이, 그리고 해야 할 일을 곧잘 잊어버리는 청소년들. 이는 모두 그 나이에 맞는 행동이다. 나이에 맞게 행동한 것 때문에 벌을 받는다면, 아이들은 성인들과 엄격한 기준에 자신을 비추어 보고 그에 맞게 행동하지 못한 자신을 심하게 나무라게 된다. 그리고 그 아이들이 성인이 되면 그냥 넘어갈 수도 있는 사소한 실수에도 자신을 과도하게 비판할 가능성이 크다. 한 내담자는 아는 사람의 이름을 잘못 부른 작은 실수 때문에 스스로를 비난하고 몹시 우울해했다. 다른 내담자는 상사가 자신의 보고서에서 몇 가지 문법 오류를 지적한 날, 밤을 꼬박 새워 자책했다.

부모뿐만 아니라 다른 성인들과의 관계에서 영향을 받았을 수도 있다. 엄격한 부모 아래서 자랐더라도 자신을 이해해주고 연민으로 대해준 선생님 또는 어른들이 있었다면 스스로를 엄격하게 대하려는 충동을 가라앉힐 수도 있었을 것이다.

반면 엄격한 규율과 훈육을 중요시하는 어른들에게서 자랐다면 자기비판 충동은 더 강화되었을 것이다. 선생님이 수치심과 무력감을 느끼게 만들었을 때도 있었을 것이고, 때로는 기대치 않았는데 친절하게 대해 놀란 기억도 있을 것이다. 이 모든 경우가 어린 여러분에게는 아주 강력하고 영향력 있는 순간들이었다.

엄격한 기준에 맞추어 자란 성인들은 자신이 바라던 대로 일이 풀리질 않을 때 자존감 회복을 위해서 자신과 타인을 거칠게 대하게 된다. 당신도 일이 잘못되면 자신이나 다른 사람을 화나게 만들지는 않는지 돌이켜보자. 만약 그렇다면 무의식적으로 부모에게서 받은 익숙한 감정을 다시금 느끼려고 하는 것이다. 이 고통스러운 행동을 고치려면 먼저 자신이 이런 느낌과 행동을 통해 스스로 위로하려고 한다는 것을 깨달아야 한다. 이상하게 들릴지도 모르겠지만, 종종 자신과 타

불행 중독

인의 화를 돋우는 행동을 저지른다면 당신은 그것을 통해 스스로를 사랑받는 존재, 가치 있는 존재라고 느끼려는 것이다.

내적 불행은 수치심이나 자기 비난의 원인이 아니다

학습된 불행의 욕구를 '내적 불행'이라는 단어로 표현하는 것은 다음의 사실을 강조하기 위해서다. 한 번 행복과 불행을 혼동하기 시작한 아이들은 자신의 내적 평정심을 유지하기 위해 자꾸만 불행의 방법을 동원한다. 누군가 내적 불행에 처했다고 해서 그 사람이 도덕적으로 약하거나 의지가 없는 사람이라는 뜻은 아니다. 내적 불행은 어릴 때부터 나타나는데 아이들은 자신이 느끼는 혼란을 알아챌 방법이 없다. 또한 자라나면서 스스로 이 사실을 발견하는 것 역시 어렵다. 다시 말해 내적 불행은 의도적인 선택이 아니라는 말이다.

내적 불행에 직면했다고 해서 수치심, 당황, 실망감을 느낄 이유는 없다. 다만 이 글을 읽으면서 행복이라고 오해한 불행에서 빠져나와 진정한 행복을 갈망하는 타고난 욕구를 추구하는 데 필요한 도구를 얻길 바란다.

어떤 사람들은 자기 자신을 불행하게 만들려는 욕구가 있다는 사실을 부정한다. 이것도 내적 불행의 흔한 예이다. 자신이 내적 불행 속에 있다는 사실이 당황스러워 자신을 비판하고픈 느낌이 든다면 내적 불행이 긍정적인 경험 위를 덮쳐서 부정적인 영향을 준 것이다. 내적 불행은 수치스러운 것이 아니며 그것을 깨닫는 것 자체가 진정한 행복을 찾는 첫 번째 단계이다. 내적 불행에 처했다는 것이 자신의 자유 의지로 불행을 선택했다는 말은 아니라는 점을 명심하자.

불행 중독

03

내적 불행은
부모의 책임이 아니다

　　지금 자신이 원하는 삶을 살지 못하는 이유가 부모님의 실수 때문이라는 사실에 불편함을 느낄 수도 있다. 더욱이 부모님께서 이미 돌아가신 경우라거나 어린 시절에 대한 기억에 즐거움밖에 없고 현재에도 부모님과 친밀한 관계를 유지하고 있는 사람들이라면 특히나 불편할 것이다.

　　의도치 않게 해를 입힌 것과 그것의 윤리적 책임을 감수하는 것은 매우 다른 문제다. 의도치 않게 동료들에게 감기를 옮길 수도 있지만, 그들이 아픈 것은 당신의 책임이 아니다. 이와 마찬가지로 부모가 여러 면에서 자녀의 내적 불행 욕구 발달의 원인이 되었다고 해서 그들을 비난해서는 안 된다. 오랜 기간 여러 부모와 상담한 결과, 자녀를 학대하는 부모조차 진심으로 자녀에게 해를 끼치거나 그들의 인생을 망치고 싶어 하지는 않았다.

자녀 양육에 관한 조언 가운데 많은 것이 부정확하고 해롭기까지 하다. 이는 출생부터 청소년기에 이르기까지 아이들의 마음이 어떻게 변화하고 발달하는지 잘 알지 못하거나 오해하고 있기 때문이다. 부모들은 자녀가 최선의 방법으로 인생을 시작하도록 돕고 싶었지만, 아이들이 어떠한 존재인지에 관해서는 잘못된 개념에 의존하고 있었을지도 모른다. 게다가 부모님도 한때는 아이였기 때문에 자신이 받았던 양육 형태를 그대로 자녀에게 전달했을 수 있다.

물론 어떤 부모들은 자신의 정서적 고통 때문에 자녀를 제대로 돌보지 못한다. 예를 들어 알코올 중독이나 심각한 정신 질환을 앓고 있는 부모는 충분한 사랑과 관심으로 아이들을 키우는 것이 거의 불가능하다. 부모 노릇을 제대로 하지 못하는 이들은 양육에 대하여 지나치게 걱정하기도 한다. 예를 들어 어떤 부모들은 자녀가 어떻게 발달해 가는지 지켜보면서 끊임없이 아이 주변을 맴돌고 방향을 지시한다. 이로 인해 아이들은 스스로 생각하고 학습하는 것을 어려워하게 되며 자신의 노력은 언제나 충분하지 못하다고 느끼게 된다. 뿐만 아니라 의사결정에 어려움을 겪는 어른으로 자라거나 정반대로 타인의 조언은 그 무엇도 수용하지 못하는 어른이 되기도 한다.

또 어떤 부모들은 자녀의 작은 불행도 견디지 못한다. 때문에 이런 부모들은 아이들이 슬픔을 표현하지 못하도록 조종할 수도 있다. "장난감이 망가졌다고 울면 쓰니? 엄마가 새 걸로 사줄 테니까 울지 마." 당신이 이런 말을 자주 하는 부모라면 이 경우에 해당한다.

이런 부모들은 건강과 안전상의 이유로 아이의 행동을 규제해야 할 때에도 아이가 원하는 대로 하도록 내버려두기도 한다. 예를 들어 이제 막 걸음을 떼는 아이는 자동차에 타려면 아기용 좌석에 앉아야 한다. 하지만 이런 부모들은 아이가 거기에 앉지 않으려고 떼쓰면 그냥 허용해준다. 이런 부모 아래에서 자란 아이들은 종종 자신과 타인을 위험으로 몰아가는 잘못된 행복(행복을 가장한 불행)에 중독되기도 한다. 이들은 많은 사람들이 불편해하고 두려워하는 상황에 오히려 만족감과 들뜬 기분을 느낀다.

어떤 부모들은 자녀의 성취를 이용하여 자신의 자존감을 지키려고 한다. 이런 부모들은 자녀가 1등을 하지 못하면 몹시 화를 낸다. 그 예로 어떤 이는 유소년 야구 리그에 출전한 자녀가 퇴장당하자 심판과 싸우기까지 했다. 이러한 부모 아래에서 자란 아이들은 아무리 노력했더라도 최고가 아니라면 그 결과에 절대 만족하지 못한다.

또 어떤 부모들은 자녀가 자신의 발자취를 그대로 따라가며 자라기를 원하는데, 본인은 이 사실을 미처 깨닫지 못할 수도 있다. 이러한 부모 아래서 자란 자녀들은 부모의 말에 무조건 순종하려고 애쓰거나 그러한 상황에 몹시 압박을 느껴서 반항할 수도 있다. 어느 경우든지 이 아이들은 모두 스스로 결정을 내리는 행복을 거의 경험하지 못한다.

부모의 말에 따르지 않는 것에 대한 두려움

론의 아버지는 유망한 법률회사를 운영하는 변호사였다. 론이 태어날 때부터 론의 아버지는 그를 자신의 '판박이'라고 불렀다. 론이 자라면서 그의 아버지는 론과 친구들이 함께 있는 자리에서 "우리 론은 언제 다 커서 아빠 회사에서 일할 거니?"라고 묻곤 했다. 물론 론도 대학교에서 지질학 수업을 들으며 대륙의 진화에 지대한 흥미를 갖게 되기 전까지는 자신은 나중에 아버지의 뒤를 따라 변호사가 될 것이라고 확신했다.

자신이 법학보다 지질학을 더 좋아한다는 사실이 더 분명해질수록 론은 더 큰 죄책감을 느꼈다. 그래서 집에 가기를 피하기 시작했고 극도로 우울해졌다. 결국 론은 학교생활 상담소에 찾아갔다. 거기서 만난 카운슬러는 아버지가 매우 실망할 것이라는 론의 짐작이 틀릴 수도 있다고 지적하며 아버지와 직접 대화를 나눠보라고 제안했다. 론은 결국 자신의 딜레마를 아버지에게 털어놓았다. 물론 론의 아버지는 그의 이야기에 충격을 받고 자신의 꿈이 이루어지지 않을 것이라는 점에 실망했지만, 자신의 꿈보다는 론이 행복할 수 있는 직업을 찾기를 바란다고 확실히 말해주었다.

론은 자기가 아버지의 삶을 망칠지도 모른다고 생각하며 두려워한 것이 근거 없는 공포였다는 사실에 큰 안도감을 느꼈고, 좋아하던 지질학 분야에서 직업을 갖게 되었다. 물론 론의 아버지는 그의 성취를 진심으로 축하해주었다.

이 짧은 일화는 자녀를 향한 부모의 바람이 얼마나 강력한 결과를 불러일으키는지 잘 보여주며, 동시에 근본적으로 아이들의 마음은 부모의 마음을 전부 알 수 없다는 사실도 알려준다. 론은 아버지가 자신이 아버지와 똑같은 길을 걷길 바란다는 점만 보았다. 즉, 아버지의 일부만을 경험한 것이다. 그 결과 론은 어른이 된 뒤에도 아버지가 원하는 것이 순종이라고 믿었다. 론은 아버지가 자신의 행복을 가장 가치 있게 여기고 있다는 것을 알 방법이 없었다.

마지막으로, 자녀의 욕구를 만족시킬 방법을 알면서도 외부적인 상황 때문에 그렇게 해주지 못하는 부모들도 있다. 예를 들어 이 세상에는 통제할 수 없는 일들(전쟁, 빈곤, 중병이나 사망)이 수없이 많이 일어나며, 이때 아이들이 혼자 남겨지는 것은 어쩔 수 없는 일이다. 그러나 이렇게 남겨진 아이들은 부모가 그들을 홀로 두고 싶어 했고, 따라서 이 상황을 긍정적으로 느껴야만 한다고 생각해 내적 불행에 사로잡히게 된다.

지금까지 내적 불행을 안고 살아왔더라도 부모님을 비롯한 주변의 어른들을 사랑하고 존경하며 살아갈 수 있다. 설령 원하는 삶을 누리지 못하는 근본적인 원인이 (의도치 않게도) 대부분 부모님의 행동에서 비롯되었다고 해도 말이다. 인생의 주인이 되어 삶을 변화시키려면 다른 이들에게 비난의 화살을 돌리거나 변명거리를 만드는 것은 그만두고 '불행 욕구의 원인이 무엇인가' 그것을 먼저 이해해야 한다.

04

관계에 갈등이
필요한 이유

내적 불행은 인간관계를 즐기지 못하도록 만들 수도 있다. 대부분 어린 시절부터 좋은 관계 형성을 위해 필요한 것이 무엇인지 생각하고 스스로 목록을 만들며 살아간다. 만약 잘못된 목록을 설정했다면 다음의 결과를 불러일으킬 수도 있다.

- 친구나 연인을 만드는 것 자체가 어렵다.
- 친구나 연인으로 잘못된 사람을 선택했지만, 그 관계를 차마 끝내지 못하고 의미 있게 만들기 위해 엄청난 정서적 에너지를 투자한다.
- 괜찮은 친구나 연인을 선택했지만, 자주 다투거나 서로에게서 흥미를 잃어버려 관계를 파괴한다.

하지만 다행인 것은 관계의 문제는 대체로 우리 안에 있다는 사실이다. 다른 사람을 변화시키는 것보다 나 자신을 변화시키는 것이 훨씬 쉽다.

앞서 우리는 사람들이 자기도 모르게 내적 불행을 만들어내는 몇 가지 원인에 대해 이야기했다. 이러한 내적 불행은 인간관계를 관리하는 능력에 영향을 끼칠 수도 있다. 내적 불행을 가진 이들은 자신의 고통에 무감하고 자신의 실수에 거칠게 반응하기도 하며 때때로 의지할 수 없는 상대를 만나 행복하지 않은 관계를 이어나가게 될 수도 있다. 또는 자신이 좋은 친구나 연인이 될 수 없다고 생각하거나, 친구나 연인에게 정서적으로 공감하는 것에 어려움을 느낄 수도 있다.

이어지는 5~10장에서는 가치 있는 관계를 망치는 원인에 대해 이야기하려고 한다. 이는 주로 ①애정과 관심을 원하는 자녀를 부모가 거부할 때 ②부모가 자녀들을 차별 대우할 때 ③부모가 로맨틱 시기(이와 유사한 용어로는 '남근기' 혹은 '오이디푸스기'가 있으며 3~5세 시기를 말한다—옮긴이 주)에 있는 아이들의 행동을 잘못 이해할 때 일어난다.

05

당신이 인간관계에
어려움을 느끼는 이유

부모들이 들어봤을 법한 잘못된 조언 가운데 특히 인간
관계 형성에 해로운 결과를 초래하는 것이 하나 있다. 부모가 아이와
지나치게 친밀하게 지내거나 매사에 긍정적으로 반응하면 나중에 아
이가 매우 의존적인 사람으로 자랄 수 있다는 경고가 바로 그것이다.
우리는 그간 부모와 자녀 간의 거리를 의존과 독립의 개념으로 잘못
이해해왔다. 예를 들어 아이가 부모와 떨어져서 혼자 노는 것은 독립
적인 행동이고, 아이가 부모와 함께 놀고 싶어 하면 지나치게 의존적
이라고 여기는 것이다. 아이들이 때에 따라 부모와 함께 놀기를 원하
거나 혼자 놀려고자 하는 것은 모두 정상적인 욕구이며, 아이의 독립
수준과는 전혀 관련 없다.

사실 아이들은 선천적으로 부모에게 의존하게 되어 있으며 부모와 친밀하게 지내며 느낀 즐거움을 통해 자신과 타인을 돌볼 수 있는 사람으로 자라게 된다. 부모와의 강렬한 애착은 발달상의 성취이며 그 어떤 약점도 되지 않는다. 진정한 독립은 부모와 자녀 사이의 물리적인 거리로 판단할 수 있는 것이 아니라 바깥세상으로부터의 실망에 쉽게 무너지지 않는 지속적인 내적 안녕을 일컫는다.

이러한 근본적인 안녕감, 즉 내적 안녕은 부모와 그밖의 어른들이 아이들의 애정에 관한 강렬한 욕구를 만족시켜줄 때 발생한다. 부모와 자녀 간의 친밀감이 부족하거나 거리감이 있으면 이를 잘 형성할 수 없다.

첫돌을 맞이할 즈음은 발달상 매우 중요한 시기다. 이 시기에 부모가 아이 곁에 있어 준다면 아이는 행복을 느낀다. 또한 관심을 받고 싶어할 때마다 애정을 가지고 반응하거나, 노력한 일을 칭찬해주거나, 함께 놀며 시간을 보낸다면 아이는 자신이 세상에서 제일 행복한 사람이라고 느낄 것이다. 그 후로 약 2년간은 아이와 깊은 애착 관계를 형성하는 시기이므로 부모가 긍정적이고 열정적으로 아이를 대한다면 친밀한 관계에 대한 욕구가 발달되어 아이가 성장하는 과정에 큰 도움이 될 것이다.

하지만 이 시기 부모와 자녀 사이의 거리감을 아이가 이겨내야만 장차 독립적인 사람으로 성장할 수 있다는 조언을 따랐다면 아이는 슬퍼하며 오히려 이전보다 더 많은 관심을 받고 싶어 할 것이다. 그러면 부모는 아이가 의존적인 성격이 되었다고 생각해 이전보다 더 거리를 두게 되고, 결국 아이는 부모에게 관심과 애정에 바라는 것은 잘못된 일이라고 결론 짓게 될 것이다. 아이는 부모에게 사랑받기 위해 그들을 기쁘게 해주려 애써도 보고, 그 공허함을 채우기 위해 스스로 노력도 해보았을지 모른다. 그러나 부모에게 관심을 요구해서는 안 된다는 불행한 느낌을 행복과 혼동했다면 그 불행을 다시 만들어내고자 하는 욕구가 발생했을 것이다. 이로 인해 어른이 되어서도 안정적이고 긍정적인 인간관계를 맺거나 자녀를 올바르게 양육하는 데에 어려움을 느끼게 될 수도 있다.

독립적인 성격에 대한 강요

스탄은 자신의 인간관계에 불행과 좌절을 일으키는 일정한 패턴이 있다는 사실을 깨달았다. 스탄은 누군가를 사랑하게 되면 그 사람에게 온 마음을 다하는 사람이었다. 꽃도 선물하고, 멋진 레스토랑에도 데려가고, 하루에 두세 번씩은 꼭 전화로 이야기를 나눴다.

하지만 그 사람이 자신의 애정에 보답하는 순간 그의 관심은 뚝 끊어졌다.

누군가 스탄을 몹시 사랑해주면 그는 불편함을 느꼈다. 스탄은 상대방이 자신에게 의존하기 시작하면 그들의 태도가 자신을 불편하게 만든다는 이유로 연락을 두절하고 새로운 사람을 찾아 나섰다.

스탄은 독립적인 연애 상대를 만나는 것이 왜 이렇게 힘든지 모르겠다고 불평했다.

"다들 처음엔 굉장히 독립적인 사람인 것 같아도 시간이 지나면 저에게 마구 달라붙고, 요구하는 것도 많아지더라고요."

스탄이 높이 평가하는 왜곡된 독립의 개념에 따르면 누군가와 깊은 관계를 원하거나 요구하는 것은 옳지 못했다. 스탄은 친밀한 상호 작용보다 서로 단절된 채 지내는 거짓된 즐거움을 선택할 때 훨씬 더 편안하다고 느꼈다.

상대방을 원하고 함께 있으려는 감정이 있어야 건강한 관계를 유지할 수 있다는 우리의 조언에 스탄은 매우 놀랐다.

"어릴 때 제가 부모님께 놀아달라고 떼쓰면 그분들은 제게 '어른스럽게' 행동하라고 말씀하시면서 제 요구를 거절하셨어요. 제가 '어린아이'처럼 굴지 않을 때에만 저의 요구를 들어주셨죠. 제가 혼자 놀며 아무것도 바라지 않으면 정말 좋아하셨어요."

스탄은 부모님이 바라던 대로 독립적이고 어른스러운 아이처럼 행동하려고 무척 애썼다. 물론 그도 관심과 애정을 원했지만 그것을 참을 때마다 자신이 자랑스럽고 부모님과 가까워진 것처럼 느꼈다.

상담이 계속되자 스탄은 자신이 우리와의 상담을 무척 고대하고 있다는 것을 발견하게 되었다. 그러자 우리와의 관계에 의존하고 있는 스스로에게 화가 치솟았다. 하지만 시간이 지나면서 스탄은 이 감정이 건강하고 정상적이며, 수치스럽거나 남자답지 못한 것이 절대 아니라는 점을 깨닫게 되었다. 그리고 이러한 이해를 자신의 연인관계에도 적용할 수 있게 되었다. 스탄은 수잔이라는 여성을 만나서 그녀에게 애정을 표현했고, 예전과 같은 감정이 나타날 때에도 즉시 헤어지는 것을 택하기 보다는 우리에게 도움을 구했다.

스탄에게 나타난 가장 중요한 변화는 좋은 관계에 대한 자신의 오래된 가정을 의심하게 되었다는 점이었다. 이제 스탄은 잘못된 행복과 진정한 행복을 혼동하는 대신 친밀하고 진정한 관계를 찾기 시작했다. 그는 수잔이 자신과 좀 더 많은 시간을 보내고 싶어 할 때 수잔에게 싫은 감정이 생기더라도 그것을 표현하지 않았다. 시간이 지나면서 스탄은 점차 수잔의 애정 표현을 좋아하게 되었다. 그리고 자신 또한 수잔에게 점점 더 큰 애정을 느낀다는 사실을 받아들이고, 수잔에 대한 감정을 수용하게 되었다.

내적 불행으로 인해 친밀한 관계를 형성하고 유지하는 데 어려움을 겪는 사람들도 의식적으로는 가까운 관계를 원하며 그 관계를 높이 평가한다. 하지만 무의식적으로는 어릴 적 겪은 부모와의 관계처럼 거리감을 만들고 지키기 위해 상대방의 헌신에 반발한다.

자꾸 아버지와 비슷한 사람을 만나게 될 때

회계 이사로 일하고 있는 낸시는 이상형을 만나려고 온갖 노력을 기울였다. 낸시가 원한 것은 결혼해서 가정을 꾸리는 일뿐이었다. 그녀는 친구들에게는 비밀로 하고 남성 회원이 많은 자전거 동호회, 하이킹 동호회에 참여하곤 했다.

그렇게 종종 건실해 보이는 상대와 데이트도 하고 좀 더 관계를 발전시켜 보고자 했는데 관계가 깊어지려고 할 때마다 상대방이 먼저 연락을 끊어버렸다. 낸시는 이 부정적인 신호를 무시하고 계속 전화를 걸었고, 데이트할 때마다 좀 더 같이 있자고 요구했다. 상대방이 연락도 하지 않고 바쁘다는 핑계만 대자 낸시는 그가 자신에게 더 이상 관심이 없다는 사실을 직면해야만 했다. 이런 고통스러운 경험이 계속되자 낸시는 무척 낙심해 냉소적인 태도를 갖게 되었다. 새로운 관계를 시작하기를 주저하게 되었고 대부분의 사회 활동도 끊어버렸다.

낸시는 자신도 모르게 깊은 관계를 두려워하는 남성들을 자꾸 선택하고 있다는 우리의 말을 듣더니 불가능한 일이라며 의심했다.

"아니, 처음 만나는 사람인데 그런 사실을 어떻게 알아요?"

낸시는 장기적인 관계를 원하는 사람을 만나기 위해서 자신이 얼마나 노력했는지 장황하게 설명했고, 대부분의 남성도 같은 마음이었다고 주장했다. 하지만 사실 낸시도 자신이 좋아하는 남성 유형이 정해져 있다는 점을 인식하고 있었다. 게다가 그들은 관계가 깊어지기 시작하면 도망가버린다는 점에서 비슷했다.

문득 낸시는 일 중독에 빠져 집에 들어오는 일이 드물었던 아버지에 대한 경험이 자신의 삶에 엄청난 영향을 끼쳤다는 사실을 깨달았다. 어린 낸시는 아버지에게 학교 행사에 와 달라거나 영화관에 같이 가달라고 간곡히 부탁해 보았지만, 그럴 때마다 아버지는 너무 바빠서 그럴 수 없다고 말할 뿐이었다. 그러면서 낸시의 아버지는 "누군가는 식구들이 먹고살 수 있도록 돈을 벌어야 하지 않겠니"라고 낸시를 설득했다. 그뿐만이 아니었다. 낸시는 아버지가 자신을 껴안아주거나 뽀뽀해주었던 기억이 전혀 없다고 말했다. 낸시의 아버지는 낸시의 애정을 불편해하는 듯했다.

낸시는 자신이 아버지의 태도에 상당한 영향을 받았다는 사실을 납득하기 시작했다. 마음을 다 주는 진실한 관계를 찾고 있다고 생각했지만, 무의식적으로는 아버지와 같은 냉담한 태도가 정당하며 관심을 원했던 자신의 행동은 부적절하고 어린애 같다고 받아들이고 있었다. 그리고 이 갈등을 해결하기 위해서 그동안 자신도 모르게 아버지처럼 정서적 거리감을 보이는 남자에게 매력을 느낀 것이다. 그 남성들이 그녀의 아버지처럼 낸시의 곁을 떠나버린 것은 그리 놀랄만한 일이 아니었다.

낸시는 우리와의 상담이 매우 안정적이고 유익하다고 생각하며 기뻐했지만, 한편으로 그녀의 내적 불행 때문에 우리와의 긍정적인 관계에 아주 불편한 기분을 느꼈다. 스탄의 경우처럼 그녀는 우리가 자신을 의존적인 하지만 사람으로 만든다고 비난했다. 그녀는 이러한 부정적인 감정에 놀라기도 했다. 결과적으로 낸시는 자신이 친밀하고 헌신적인 관계를 맺을 준비된 사람을 피해왔다는 사실을 깨달았다.

시간이 지남에 따라 낸시는 데이트 상대에 관한 자신의 직관을 무시하려고 노력했다. 왠지 잘못을 저지르는 것 같아서 마음이 편하지 않았지만, 그래도 노력했다. 그리고 이전에는 데이트 상대로 고려하지 않았을 만한 상대가 데이트 요청해도 피하지 않고 그 사람을 알아가려고 노력했다. 이러한 데이트는 의외로 즐거웠을 뿐더러 관계가 깊어질 기미가 보여도 데이트 상대가 도망치지 않았다.

하지만 그런 남자와 데이트 할 때면 그 사람에 대한 관심이 식어버리곤 했다. 우리는 정말로 그 사람이 싫어서 관심이 없어지는 것인지, 아니면 친밀함에 대한 학습된 혐오로 그렇게 되는 것인지 확실히 알 수 있을 때까지는 부정적인 감정에 이끌려 행동하지 말라고 격려했다.

낸시는 데이트 상대에게서 아무런 잘못도 발견할 수 없었다. 그제야 낸시는 지금껏 자신이 친밀함에 대한 문제로 갈등을 겪었다는 사실을 인정하게 되었다. 이것은 중요한 전환기였다. 낸시는 얼마 지나지 않아 교제하고 있는 연인과 진실한 관계를 즐기게 되었고 그것에 감사해하며 지냈다.

연인관계가 진정 헌신적인 시기에 도달하기 전까지 친밀함, 즉 행복을 파괴하려는 무의식적인 욕구가 겉으로 드러나지 않는다. 결혼할 때 사람들은 이 사람이야 말로 진정한 사랑이라고 확신하지만, 막상 결혼식 다음 날 눈을 뜨면 덫에 걸린 것처럼 혼란스러운 감정이 들고 도대체 왜 저 사람과 결혼했는지 회의감을 느끼곤 한다. 이는 이상한 일이 아니다. 하지만 이러한 부정적인 감정이 내적 불행의 표현이라는 것을 깨닫지 못한다면, 그 결혼 생활은 오래 가지 않아 파괴될 수도 있다.

상호의존에 불편함을 느끼는 경우

짐은 아내로부터 이혼을 요구받아 우리를 찾아왔다. 그는 분명 아내를 사랑하고 있으며 이혼을 원치 않았다. 하지만 결혼식을 올린 그날부터 아내와 그저 동거하며 지내던 예전이 가장 행복했다고 느낀 것은 사실이었다. 물론 결혼 전에도 그들은 아주 만족스러운 성생활을 누려왔지만, 아내가 짐의 애정을 더욱 바라고 있는 지금, 짐은 밀실 공포증을 느낄 만큼 부담감을 가지고 있었고 아내에게 자주 짜증을 냈다. 사랑 없는 결혼 생활에 실망한 아내는 짐에게 이혼하자고 했다. 짐은 결혼 생활을 유지하고 싶었지만, 아내가 바라는 게 너무 많아서 힘들다고 토로했다.

시간이 지나 우리에게 좀 더 솔직한 마음을 털어놓을 수 있게 된 짐은 아내가 자신에게 기대고 애정을 바라는 것이 너무 혼란스럽다고 이야기했다. 짐은 그녀와 결혼하는 것으로 자신의 애정을 충분히 보여주었다고 생각했는데 아내는 끊임없이 애정을 표현하며 사랑을 '증명'해주길 원하고 있다며 이는 이치에 맞지 않는다고 말했다.

짐이 느끼는 감정에 대해서 좀 더 이야기해 달라고 부탁하자 그는 아내를 포함한 타인과 어느 정도 거리를 두고 있어야 편안함을 느낀다고 털어놓았다. 그는 어린 시절에 부모님의 관심 없이 오랫동안 혼자서 잘 놀았을 때 칭찬받은 기억이 있다고 했다. 아주 가끔 도움을 요청할 때조차 그의 부모는 스스로 조금 더 노력해 보라며 그의 요청을 들어주지 않았다. 짐이 글을 읽을 수 있게 되자 그들은 더 이상 짐에게 책을 읽어주지 않았다. 어느 날 네 살배기였던 짐이 무릎에 앉혀달라고 떼쓰자 부모님은 너는 이미 다 큰 아이라면서 그를 뿌리쳤다. 짐은 부모님이 자신이 얼마나 독립적인 아이인지 다른 사람들에게 자랑할 때마다 아주 기쁘고 자랑스러웠다고 했다.

짐의 부모님은 사랑과 관심을 받고 싶은 짐의 건강한 욕구를 매우 불편하게 느낀 듯했다. 친밀함을 거부하는 부모님의 모습을 그대로 닮게 된 짐은 자신도 모르게 독립적인 것은 강한 것이고, 애정을 원하는 것은 약한 것이라고 확신하게 되었다. 물론 짐은 여전히 친밀하고 긍정적인 관계를 갈망하고 있었

불행 중독

다. 모든 사람이 그렇게 태어나기 때문이다.

친밀함과 상호의존을 불편해하는 자신의 태도 때문에 건강한 결혼 생활을 유지하고자 하는 바람이 좌절되었다는 사실을 깨달은 짐은 비로소 인간관계의 기쁨을 추구해 보기로 마음먹었다. 그는 아내에게 그녀를 행복하게 해줄 수 있는 남편이 되기 위해 최선을 다하겠노라고 약속하고 이혼을 보류했다. 다행히도 그의 아내는 그가 우리와 상담하는 동안 기다려주기로 했다.

당신은 친구나 연인과 너무 가까워지는 것이 불편한가? 혹은 관계가 조금 가까워지면 도망가 버리는 사람이나 연애 중에도 다른 사람에게 눈길 주는 사람과 연애하는 경우가 많은가? 그렇다면 어린 시절에 학습한 친밀함에 대한 부정적인 감정을 지속하고 있는 것이다. 물론 그 당시에 당신은 너무 어렸기 때문에 어른들이 당신을 독립적인 사람으로 만들기 위해 잘못된 방법을 썼다는 사실을 알 수 없었을 것이다. 하지만 다행히 마음속 부정적인 감정들을 바꾸기에 아직 그리 늦지는 않았다.

06
사랑받기 위한 투쟁

부모들은 자신도 모르는 사이에 자녀들 가운데 한 아이를 편애할 수 있다. 성별에 따라 아이들을 편애하기도 한다. 아들과 공을 던지며 노는 데는 몇 시간을 보내는 아빠도 공을 '잡는' 놀이를 즐거워하는 딸에게는 똑같은 시간을 투자하지 않으려고 할 수 있다. 그런가 하면 엄마는 딸과 함께 요리하고 이야기 나누는 데 많은 시간을 보낼 수는 있어도 아들에게 요리를 가르쳐주는 데에 시간을 할애하는 것은 꺼릴 수 있다.

때때로 아이에게서 아끼는 사촌이나 싫어하는 이복 자매의 모습이 떠오르면 자기도 모르게 자녀를 그 사람처럼 대하게 될 수도 있다. 어떤 가정은 공부를 잘하는 아이만 자랑스러워하고 나머지 아이에게는

불행 중독

실망을 숨기지 않는다. 아이들이 태어난 순서도 영향을 끼친다. 부모들은 첫째 아이와 가장 깊은 친밀감을 느끼거나 막내 아이를 가장 예뻐하기도 한다.

부모가 이러한 방식으로 아이를 차별할 때, 아이들은 사랑받을 때 느끼는 진정한 행복과 부모로부터 사랑받거나 그렇지 못할 때 느끼는 불행을 혼동하게 된다. 이에 따라 아이들은 이 익숙한 불행을 다시금 만들어내 느끼고자 한다. 더불어 아이들은 부모님의 사랑을 다른 형제들과 함께 누리기에는 너무 부족하다는 것을 학습하기 때문에 인간관계는 희소한 자원을 두고 경쟁하는 것이라고 여기게 된다. 따라서 자신의 형제자매를 경쟁자로 바라본다. 이 태도는 성인이 될 때까지도 계속된다.

외모 강박에서 벗어나다

세 자매 가운데 막내로 태어난 시몬은 눈에 띄게 예쁜 아이였다. 시몬의 엄마는 한 번도 자기 자신이 매력적인 사람이라고 생각해 본 적이 없는 사람이어서 그렇게 예쁜 아이를 자신이 낳았다는 사실에 감동했다. 아이들을 차별할 의도는 없었지만, 그녀는 항상 시몬에게 가장 비싼 옷을 사주었고, 시몬의 머리를 손질하고 멋지게 만들어주는 데 가장 많은 시간을 할애했다. 시몬도 엄마의 각별한 사랑을 좋아했다. 물론 자신이 특별한 사람이라는 느낌은 그저 예쁜 외모에서 오는 것이라는 불행은 전혀 눈치채지 못했다.

성인이 된 이후에도 시몬은 이 내적 불행에서 헤어나질 못했다. 치장하는 데 많은 시간을 보냈고, 사람들에게 자신의 외모를 칭찬할 것을 끊임없이 요구했다. 좋은 친구를 사귀는 것은 시몬에게 너무 어려운 일이었다. 시몬은 자신과 외모로 경쟁이 되지 않는 친구들만 골라 사귀었고 그들에게 끊임없이 추앙을 요구했다.

하지만 노화가 시작되자 시몬은 난관에 부딪혔다. 갖가지 성형 수술을 시도하고, 어마어마한 돈을 들여 좋은 옷을 사 입어도 젊었을 때만큼 칭찬과 사랑을 받을 수 없었다. 예쁜 외모로 누리던 잘못된 행복에 중독된 시몬은 점차 우울해졌다.

몇 개월 동안 멋지게 차려입고 상담에 참여했던 시몬은 우리가 자신의 외모에 대해 언급하지 않자 자신에게 관심이 없다고 생각해 매우 언짢아했다. 우리는 화내고 좌절하는 그녀에게 도움이 되어 주려고 계속 노력했고, 마침내 시몬은 다른 사람에게 관심을 받는 더 나은 방법이 있다는 사실을 깨닫기 시작했다. 그녀는 점차 자신의 외모에 온 신경을 기울이는 대신 즐거움을 추구할 더 의미 있는 방법을 탐색하기 시작했다. 도자기 수업을 수강하는 동안 시몬은 여러 다른 학생들과 친분을 맺었는데, 그들과 함께 하는 시간이 특히 즐거웠다. 그들과 함께 있는 몇 주간, 시몬은 단 한 번도 자신과 그들의 외모를 비교하지 않았고, 그 사실에 무척 기뻐했다.

부모에게 비교적 관심받지 못한 아이들이 성인이 되면 잘못된 행복을 찾아다니면서 부모의 사랑을 보상받으려고 노력할 수도 있다. 그리고 이들은 자신이 맺는 모든 인간관계에서 칭찬을 받으려고 애쓴다. 이들은 타인의 추앙을 얻는 데 온 마음을 다 쏟아버리기 때문에 일방적이고 어려운 인간관계를 지속하게 될 수도 있다.

편애의 대상이 아니었던 아이들은 때때로 열등감에서 오는 고통을 느끼고자 욕구가 발달되기도 한다. 이들은 이 느낌이야말로 자신이 느껴야 마땅한 것이라고 생각하며, 이것을 행복과 혼동한다. 그래서 성인이 되면 자신보다 뛰어나며 추앙받는 사람들, 즉 자신이 열등감을 느끼는 상대를 찾아 사귀고, 자신이 두각을 드러내는 데에는 전혀 관심을 보이지 않는다. 이런 태도가 그들의 내적 불행은 충족시킬 수 있지만, 진정한 행복과 긍정적인 관계를 바라는 욕구는 충족되지 않는다.

이처럼 부모가 아이들을 평등하게 대하지 않으면 그 아이들은 성인이 되어도 자신들의 어린 시절을 가득 채운 질투와 경쟁, 자만심, 열등감 등을 일으키는 관계를 선택한다.

07

로맨틱 시기의 중요성

의미 있는 관계를 맺지 못하거나 불만족스러운 인간관계 때문에 삶이 충족되지 않는다면 그 주된 원인은 어린 시절에서 찾아볼 수 있다. 아동 발달 연구자들은 아이들이 세 살 무렵부터 이성 부모에게 관심을 받으려고 노력한다는 사실을 오래전에 발견했다. 이 시기를 '로맨틱 시기'라고 부르며 세 살부터 여섯 살 무렵을 가리킨다. 이 시기의 아이들은 이성 부모와 특별하고 독점적인 관계를 맺고 싶어 하며, 동성 부모의 역할을 차지하려고 하면서도 동성 부모가 화를 내고 자신을 미워할까 봐 두려워한다. 이러한 소망과 두려움은 강렬한 경쟁의식, 변덕, 사소한 일에도 예민하게 반응하는 성격, 초인적인 힘과 완벽한 지식을 소유하려는 욕심 등 각종 난해한 행동의 원인이다.

이 시기에 벌어지는 가족 사이의 역동을 파악하지 못한 부모는 아이의 행동을 도무지 이해할 수 없어 스트레스에 시달릴 수도 있고, 심한 경우 그런 행동은 비난받아 마땅하다고 여길 수도 있다. 이 시기의 아이들은 난생처음으로 강렬한 정서를 경험하는 중이기 때문에 매우 예민하다. 부모가 아이의 로맨틱 시기를 어떻게 대처하느냐에 따라서 아이가 긍정적이고 의미 있는 관계를 형성할 줄 아는 성인으로 자랄 수도 있고, 반대로 갈등투성이에 불행한 관계 중독인 성인으로 자랄 수도 있다.

로맨틱 시기에 있는 아이들이라고 해서 모두 이성 부모와 완벽한 성인 관계를 추구하는 것은 아니다. 아이들은 단지 부모를 통해 볼 수 있는 사회적인 관계를 모방하고 있을 뿐이다. 아이들은 엄마 아빠의 로맨틱한 관계에 굉장히 두루뭉술한 개념을 가지고 있는데, 여기에서 말하는 개념에는 소유, 애정, 독점 등이 포함된다.

로맨틱 시기의 아이들이 성적인 관심이나 접촉을 추구하는 것은 아니다. 하지만 비극적이게도 아동 성범죄자들은 이 시기 아이들의 행동을 성인의 관점에서 바라보며 성적인 것이라고 이해한다. 그리고 그 아이들이 먼저 자신을 유혹했다고 반박한다.

한부모 가정이거나 부모의 사이가 서로 좋지 않은 상황도 차후에 논의하겠지만, 여기서는 우선 양부모가 괜찮은 관계를 유지하고 있는 경우를 중심으로 살펴보도록 하겠다.

아이들은 세 살 무렵 부모님이 자신을 제외하고 둘이서만 특별한 관계를 맺고 있다는 사실을 깨닫는다. 그리고 이 재미있는 일에 자기도 끼고 싶어 한다. 아이들은 이성 부모를 자기 편으로 만들어서 동성 부모가 받는 관심을 자기 것으로 만들고자 한다. 부모의 관계가 정확히 어떠한지 아이들은 아직 이해하지 못한다. 그들은 단지 이성 부모의 애정을 원하는 것뿐이다.

그렉이라는 어린 아들을 둔 여성이 남편에게 노래를 잘 부른다고 칭찬하자 그렉은 곧바로 목청을 높여서 노래 부르기 시작했다. 사랑받고자 하는 아이들의 욕구가 정상적이라는 점을 이해한 부모들은 위와 같은 아이들의 노력을 아낌없이 칭찬해준다. 아마 이러한 경우 그렉의 부모는 "우와! 우리 그렉은 목소리가 정말 좋구나. 다른 노래도 더 해보지 않을래?"라고 말해주었을 것이다.

반면 아이를 너무 자신만만하게 키워서는 안 된다는 잘못된 조언을 따르는 부모들은 대개 부정적으로 반응할 것이다. "그렉, 네가 항상 모든 사람의 관심을 독차지할 수는 없어. 그리고 네가 모든 일을 잘할 수는 없다는 점도 배워야 한단다"라고 말이다.

이성 부모에게 칭찬을 바라고 한 일을 비난받고 놀림당한 아이들은 대개 자라면서 감정을 겉으로 드러내지 않는 사람이 된다. 뿐만 아니라 이성의 긍정적인 관심을 받으려는 시도를 아예 포기하거나 자신의 노력을 모두 다른 사람의 공으로 돌리며 편안함을 느낄 수도 있다. 이에 관한 가장 유명한 예시는 바로 《시라노 드베르주라크Cyrano de Bergerac》에 있다. 시라노는 자신은 사랑받기에 전혀 매력적이지 못하다고 믿어 다른 남성을 부추겨 자신이 사랑하는 여성에게 구애하도록 도왔다.

또한 칭찬받으려고 애쓴다는 이유로 비난당하고 놀림받은 아이들은 때때로 칭찬받고자 하는 욕구에 더욱 매달려서 이전보다 더한 노력을 기울인다. 그리고 성인이 되면 칭찬에 대한 끝없는 욕구 때문에 다른 사람들을 의도치 않게 소외시킬 수 있다.

3~6세의 아이들이 자신이 동성 부모의 경쟁자라고 믿는 데에는 이유가 있다. 아이들의 마음은 미성숙해 엄마 아빠 사이에 존재하는 사랑과 헌신의 본질을 깨달을 수 없기 때문이다. 또 아이들은 비현실적인 자기 이미지를 가지고 있어서 자신과 부모님 사이의 지적 성숙, 신체적 규모, 힘의 차이를 미처 깨닫지 못한다.

당신도 아마 자신이 부모님보다, 특히 동성 부모님보다 더 강하고 더 똑똑하다고 주장하곤 했을 것이다. 아이가 자신의 능력을 과대평가하는 것이 정상적이고 일시적인 현상이라는 사실을 부모가 이해하고 있었다면 그에 맞장구치며 다정하게 대해주었을 것이다. 일찍이 아이의 환상을 깨려고 노력하지 않더라도 언젠가는 정서적인 상처 없이 스스로를 바라보는 관점이 생긴다.

하지만 이러한 시기에 부모들이 모욕을 주거나 놀리고 비판하면 아이들은 상처를 받을 뿐만 아니라 세상에서 가장 사랑하고 존경하는 사람들에게 칭찬받을 만한 능력이 자신에게는 없다고 확신하기 시작한다. 이런 부모 아래에서 자란 아이들은 성인이 되어도 자신의 능력에 매우 지나친 관심을 가지거나 성공을 자랑스러워하지 못할 수도 있으며, 타인의 건설적인 비판을 받아들이지 못할 수도 있다. 그뿐만 아니라 부모의 태도를 그대로 학습해 다른 이들을 칭찬하는 것을 어려워할 수도 있다.

칭찬받으며 자라지 못한 아이

마이크는 최근 2년간 세 번이나 직장을 잃을 뻔했다. 그는 자신이 '지나치게 예민한' 사람이라는 것을 알고 있다고 말했다. 그는 칭찬받는 것을 보람으로 삼는 사람이었고, 다른 이들에게 칭찬받으면 세상을 다 가진 것처럼 기뻐했다.

불행 중독

하지만 모든 업무의 공로를 독차지하려는 마이크 때문에 협력 업체 사람들은 눈살을 찌푸리곤 했다. 마이크는 자신에 대한 비판을 전혀 수용하지 못했다. 상사나 고객이 업무의 개선 방향을 제안할 때마다 그는 자신을 강하게 방어하면서 다른 사람을 비난했다.

마이크가 직장 사람들에게 보이는 예민한 태도는 우리와의 치료 중에도 나타났다. 그는 우리의 충고를 하나하나 짚어가며 우리가 자신을 비난한다고 여겼다. 그는 우리가 자신의 잘못은 금세 찾아내면서 노력한 것은 칭찬해주지 않는다며 어릴 적 그의 아버지와 똑같이 행동한다고 비난했다.

마이크의 어린 시절 이야기를 들어보니, 마이크의 아버지는 아들의 로맨틱 시기를 받아들이지 못한 것이 분명했다. 마이크의 아버지는 자기 힘을 과시하려는 어린 아들의 태도를 빨리 꺾어야 한다고 생각했다. 그래서 그는 마이크에게 "마이크, 너는 그 자만심을 꺾어야만 해"라고 말하곤 했다. 마이크는 아버지가 "마이크, 너는 네가 생각하는 것만큼 대단한 사람이 아니야"라고 말한 기억이 많다고 말했다.

우리는 마이크가 우리의 생각을 물을 때까지 기다렸다. 마이크는 우리가 자신의 편이며, 자신을 돕고자 한다는 사실을 아주 서서히 깨달았다. 우리가 그를 깎아내리려는 것이 아니라 돕기 위해 그의 내적 불행을 발견하고 지적했음을 그는 비로소 믿기 시작했다. 마이크는 바로 자기 자신이 스스로에게 가장 나쁜 비판자라는 사실을 발견했다.

마이크는 의식적으로는 아버지가 자신을 비판하던 방식에 무척 화가 났다. 하지만 무의식적으로는 아버지와 똑같은 사람이 되면 그에게 사랑받을 수 있을 것이라고 생각하고 있었다. 그 결과 마이크는 스스로를 매우 엄하게 대하는 어른으로 성장했다. 마이크가 건설적인 비판에 지나치게 예민한 것은 당연한 일이었다. 그러한 비판을 들으면 지금까지 두려워했던 것들이 기정사실처럼 확실하게 드러난다고 느꼈기 때문이다. 그리고 자기비판은 정서적으로 무척 고통스럽지만, 아버지와 같아지는 과정의 하나였다. 자기 아버지처럼 되는 것은 곧 아버지에게 사랑받는 방법이기 때문에 긍정적인 느낌이 들었던 것이다.

마이크의 자기비판 욕구는 서서히 줄어들었다. 반면 자신에 대한 건설적인 생각 및 감정과 함께 그의 내적 안녕감은 점차 자라났고, 다른 이들의 의견을 수용할 수 있게 되었다. 직장 상사나 고객들의 비판을 받아들이는 것은 여전히 어려웠지만, 이제는 그 모든 것이 자신을 도와주려는 마음에서 온다고 받아들일 수 있었다. 마이크는 좋은 아이디어로 업무를 도와주는 이들에게 칭찬을 베풀 수 있을 만큼 안정되었다. 치료 이후 마이크는 업무 수행 능력이 증진되었을 뿐만 아니라 이전보다 자신의 일을 훨씬 더 즐길 수 있게 되었다.

로맨틱 시기의 또 다른 특징이 있는데 이는 성인이 된 뒤의 인간관

계에도 영향을 미칠 수 있다. 바로 동성 부모가 자신에게 보복할 것이라고 믿고 두려워하는 것이다. 아이들은 동성 부모보다 자신이 더 매력적이라고 믿기 때문에 이성 부모가 자신의 사랑에 반응해주지 않으면 동성 부모의 방해 때문이라고 결론 내린다. 이 시기의 아이들이 동성 부모에게 자주 화를 내고 거부감을 나타내는 이유도 바로 여기에 있다.

이 시기를 겪는 아이들은 이성 부모와 함께라면 지루하고 귀찮은 일도 할 수 있지만, 동성 부모와는 자신이 가장 좋아하는 게임조차 하기 싫어한다. 이 시기의 특징을 이해하지 못한 동성 부모들은 아이가 자신을 거부한다고 생각해 상처를 받는다. 그리고 동성 부모의 보복을 걱정하고 있는 아이에게 서운함을 드러내고 자신의 상처를 표현한다. 이 시기의 아이들에게 분노를 가지고 의사소통한다면 아이의 두려움을 더욱 확신시키는 것밖에는 되지 않는다. 이렇게 자란 아이들은 성인이 되어서도 자신이 친구나 연인에게 거절당할 것이라고 지레짐작해 친밀한 관계에 어려움을 겪곤 한다.

늘 자신이 최우선이어야 하는 사람

엘렌은 친구를 사귀는 데에는 별문제가 없었지만, 친해지고 나면 반드시 갈등에 부딪혔다. 엘렌은 늘 친구들의 신의와 헌신을 의심했다. 친구가 다른 친구와 만나거나 누군가와 데이트를 한다고 하면, 엘렌은 그가 자신을 싫어해서 같이 있고 싶어 하지 않는다고 생각했다. 그래서 그 친구에게 거리를 두고 차갑게 대했고, 그 친구도 엘렌의 불친절한 태도에 화가 나 엘렌과 멀어지게 되었다. 이러한 결말은 엘렌의 의심을 확인시켜 주었다.

과거를 돌이켜보던 중 엘렌은 남성들과의 관계는 항상 만족스러웠는데 여성과는 단 한 번도 긍정적이지 못했다는 사실을 깨달았다.

엘렌은 어린 시절부터 엄마와 매우 힘든 시간을 보냈다고 털어놓았다. 엘렌은 아빠와 훨씬 친밀하게 지냈는데 이 때문에 엄마가 항상 서운해했다. 엘렌의 엄마는 엘렌이 아빠에게는 시시콜콜한 이야기까지 털어놓는데 자신에게는 그렇게 하지 않아서 상처받는다고 몇 번이나 말했다. 하지만 엘렌은 엄마가 그 정도는 참아줘야 한다고 생각하고 있었다.

치료가 계속되자 엘렌은 우리가 자신보다 다른 내담자들을 더 신경 써준다면서 우리를 비난했다. 엘렌은 우리가 총애하는 사람이 따로 있다고 확신했고, 자신은 그 사람들 가운데 속하지 않는다는 쓰디쓴 결론을 내렸다.

엘렌은 '인간관계는 한정된 관심을 두고 서로 경쟁하는 것'이라는 관점을 가지고 있었는데 이는 그녀의 엄마로부터 학습한 것이었다. 우리는 가능한 한 이 사실을 부드럽게 지적하려고 노력했다. 처음에 엘렌은 자신이 싫어하는 엄마의 특성을 물려받았다는 생각에 분노했다. 하지만 우리는 어린아이가 엄마와 친밀감을 느끼는 방법은 엄마와 똑같이 행동하는 것밖에는 없었다고 설명해 그녀를 이해시켰다.

엘렌은 우리가 다른 내담자들을 상대하는 것에 여전히 서운해했다. 하지만 점차 우리가 자신에게도 충분한 관심을 기울이고 있다는 점을 알게 되었고, 관계란 누군가의 관심과 주의를 끌기 위해 투쟁하는 것이 아니라 건설적인 즐거움을 얻을 기회라는 사실 역시 깨닫기 시작했다. 엘렌은 친구들을 소유하려는 태도를 버리려 노렸했고, 그 결과 친구들과의 관계를 회복할 수 있었다.

아이들의 로맨틱 시기를 이해하지 못하는 이성 부모는 자신을 더 좋아하는 아이의 태도에 짜증으로 반응하거나 배우자에게 미안함을 느낄 수도 있다. 그래서 자신을 더 좋아해주는 아이에게 고마워하지 않고, 동성 부모와 함께 책도 읽고 놀이도 해야 한다고 주장할 수도 있다. 하지만 이성 부모에게 거절당한 아이들은 이성에게 감정을 잘 드러내지 않고 수줍음을 타는 성인으로 자란다.

로맨틱 시기: 현재의 인간관계를 보여주는 청사진

로맨틱 시기는 부모가 자녀, 배우자, 친구, 낯선 사람을 대하는 방식을 자녀가 그대로 배우는 관계의 이상Relationship Ideal으로, 아주 중요한 시기다. 이러한 동일시는 중요한 사람들과 똑같은 사람이 되려는 시도로, 아이가 성인이 되었을 때의 행동 양상을 보여주는 청사진이다.

앞서 말했듯, 이 시기의 아이가 이성 부모를 선호하는 것은 일반적인 현상이며, 언젠가 아이 스스로 그 단계에서 빠져 나온다는 점을 부모들이 이해하고 기다린다면 대개 이 시기를 무난히 보낼 수 있다. 걱정과는 달리 동성 부모가 자신에게 보복하지 않는다는 것을 경험한 아이들은 자신과 다른 의견을 가진 사람들과 친밀하게 지내는 관계 모델을 발견하고 삶에 적용한다.

로맨틱 시기를 바람직하게 보내면 아이들은 한 가지 사실을 깨닫는다. 자신이 동성 부모의 자리를 대신하지 못하는 이유는 자신의 단점이나 부모의 사랑에 결함이 있어서가 아니라 엄마 아빠가 서로 헌신적으로 사랑하기 때문이라는 것이다. 부모가 관심을 가지고 자신을 돌보도록 만들 수는 있지만, 그들의 방식을 모두 모방할 수는 없다는 사실을 깨달은 아이들은 자신이 지닌 힘을 매우 현실적으로 생각할 수 있게 된다. 이러한 깨달음은 부모 사이의 사랑을 방해하기보다는 부모·자녀 관계에 속하는 것이 훨씬 행복할 것이라는 중요한 인식을 심어준다. 이를 이해한 아이들은 성인이 되어도 가까워질 수 없는 상대방을 좇거나, 복잡한 우정 관계 또는 삼각관계에 빠져들지도 않는다.

유감스럽게도 부모가 이혼했거나 부부 사이가 안 좋은 가정의 아이들은 성인이 되었을 때 잘못된 관계에 빠질 가능성이 있다. 예를 들어 어릴 때부터 동성 부모가 부재했거나 이성 부모로부터 과도한 애정을 받고 자란 아이들은 자신이 동성 부모를 이겼다고 판단할 수도 있다. 이 경우 관계에서 오는 기쁨은 힘겹게 노력하여 얻어내 누리는 것이라고 믿으며 자랄 가능성이 있다.

부적절한 관계에 이끌리다

성공한 건축가인 로저는 이미 연인이 있거나 결혼한 여성에게만 매력을 느꼈다. 그러나 그 여성들이 로저를 위해 연인을 떠나면 로저는 갑자기 흥미를 잃고 그 여성을 떠났다. 이 악순환은 계속되었다. 심지어 로저는 두세 번 정도 친구의 연인에게 구애하기도 했다. 그 당시에는 사랑에 빠진 나머지 우정보다 그 여성들이 더 가치 있다고 확신했다. 하지만 결론적으로는 소중한 우정도 잃고 여성과도 오래지 않아 헤어지는 결과를 초래했다.

로저의 부모님은 로저가 다섯 살이었을 때 이혼했다. 로저의 어머니는 "이제 네가 이 집의 가장이야. 내가 의지해야 할 사람도 바로 너란다"라고 말하곤 했다. 로저의 어머니는 자신이 입을 옷이며 인테리어까지 어린 로저와 상의했다. 로저는 자신이 그렇게 가치 있는 사람으로 여겨지는 것이 자랑스럽고 즐거웠다. 하지만 돌이켜 보면 로저는 때때로 어머니를 기쁘게 하기 위해 버거운 책임을 감당해야 했다. 부담감에 시달린 로저는 고등학교 이후 집에 가지 않으려고 몇 날 며칠을 밖에서 보내기도 했다.

로저와 아버지의 관계 또한 갈등이 많았다. 로저는 어머니가 자신을 집안의 가장으로 대했기 때문에 자신이 아버지보다 더 우월하다고 느꼈다. 그러나 동시에 아버지가 돌아와 자신이 짊어지고 있는 책임을 덜어주기를 간절히 바라기도 했다.

"저에게 사랑이란 오직 승자와 패자가 있는 시합에 불과했어요."

로저는 차츰 좋은 관계는 다른 사람의 연인을 쟁취하는 것이 아니라 현재 만나고 있는 사람에게 마음을 다하는 것이라는 점을 깨닫고, 노력하여 연인이 있거나 기혼인 여성들을 유혹하고자 하는 욕구를 제어했다.

처음에 로저는 연인이 없는 여성들에게서는 도무지 매력을 느낄 수 없다고 불평했다. 우리는 그것은 이전에 제3자를 이기며 느꼈던 익숙한, 그러나 잘못된 쾌감을 그리워하고 있기 때문이라고 지적했다. 로저는 승리감에 중독되어 있었는데, 이 느낌은 다른 사람을 사랑하는 것과는 관계없으며 로저에게 고통을 안겨주는 쾌락일 뿐이었다. 로저가 연인이 있는 여성에게 흥미를 느끼는 것은 사실 그 여성들에게 진심으로 관심 있는 것이 아니라 그들을 얻음으로써 자신이 강하다는 것을 증명하고자 한 것이다.

불행 중독

로맨틱 시기를 잘 보낸 아이들은 자녀에게 변함없이 적절한 관심을 보여주면서도 서로 사랑하는 마음을 잃지 않는 부모를 모방해 의견이나 관점이 다른 타인을 만나도 좋은 관계를 유지할 수 있다. 이들은 성인이 되더라도 자신과 다른 의견을 두려워하거나 상처받지 않는다.

어린 시절부터 발달시켜온 자신의 관계 모델이 무엇인지 정확하게 규명해두면 인간관계를 개선할 수 있다. 다음의 질문에 답해보자.

	Y	N
우정이란 한정된 관심을 두고 벌이는 경쟁이라고 생각하는가?	☐	☐
질투심은 모든 관계를 고통스럽게 만든다고 생각하는가?	☐	☐
일상생활의 여러 선택(어떤 영화를 볼지, 휴가를 어디로 갈지 등)에 있어 의견이 맞지 않는 사람과 친밀한 관계를 유지하는 데 어려움을 느끼는가?	☐	☐
진지한 관계를 맺는 것이 거의 불가능한 사람들에게 매력을 느끼는가?	☐	☐
당신을 자신의 입맛에 맞게 바꾸려들거나 사소한 일로도 비판하는 친구나 연인을 선택하는 경향이 있는가?	☐	☐
휘두르기 쉬운 친구나 연인을 선택하는 경향이 있는가?	☐	☐
당신을 사랑해주는 친구나 연인에게서 쉽게 흥미를 잃거나 그 사람들과 자주 다투는가?	☐	☐
스스로를 완벽한 사람이라고 느끼기 위해서는 반드시 다른 사람이 필요한가?	☐	☐

위의 질문 가운데 하나라도 '예'라고 대답했다면 관계 모델을 진지하게 재검토할 필요가 있다.

08

양육 문제를 넘어서서

내적 불행에 빠지면 어떤 결과가 나타나는지 좀 더 자세히 살펴보기에 앞서 잠시 질문을 하나 던지려고 한다. 어떻게 어린 날의 경험이 성인이 된 현재 삶의 방식까지 영향을 미칠 수 있는 걸까? 지금 만나는 사람들과 앞으로의 경험은 삶에 어떤 영향을 미치게 될까?

안정적인 내적 안녕감과 건설적인 즐거움에 대한 욕구를 가진 사람들의 내적 평정심은 아동기 후기, 성인기에 만나는 사람들 혹은 사건에서 영향을 받지 않는다. 이와는 반대로 내적 불행을 안고 있는 이들은 살면서 경험하는 모든 것에 의해 긍정적 또는 부정적인 영향을 받고 휘청인다.

내적 안녕을 찾고자 하는 개인의 욕구는 진정한 즐거움, 또는 진정한 즐거움으로 가장한 불행, 이 두 가지를 통해서 채워진다. 따라서 만나는 사람 또는 일상에서 일어나는 일련의 사건은 개인이 내적 평정심 유지를 위해 행복으로 눈을 돌릴지 불행으로 눈을 돌릴지, 그 선택에 영향을 끼칠 수 있다.

불행을 동원한 문제 해결, 자기 파괴

내적 불행의 효과는 우리가 인식하든 그렇지 못하든 경험을 통해 우리에게 그대로 돌아온다. 이는 기분, 건강 유지 욕구, 인간관계에 대한 소망, 성공에 대한 열망 등에 동요를 일으킬 수 있다. 이러한 내적 불행을 정복하기 위해 책임감 있는 삶을 살려면 우선 다음의 단계를 거침으로써 이 불행이 어떻게 영향을 끼치는지 하나하나 알아보아야 한다.

내적 불행은 ①자존감 상실 ②고통스러운 경험 추구 ③의도적 실패 ④음주, 성공욕, 성욕 등의 욕구 조절 불가, 이렇게 네 가지 방식을 통해 삶에 부정적인 영향을 끼친다.

어린 시절에 방임되어 자랐거나 아이처럼 행동한다는 이유로 벌을 받고 비난을 당한 경우, 아마 자신은 부모님의 사랑을 받을 가치가 없다고 느껴왔을 것이다. 그리고 자신도 모르게 불행이 느껴질 때 편안해했을지도 모른다. 그것이 부모가 주려던 것이므로 그렇게 느껴야만 한다고 믿는 것이다. 이러한 무가치감에 익숙해지면서 행복으로 가장한 불행을 다시금 만들어내고자 하는 욕구가 발달되었을 것이다.

하지만 이와 동시에 긍정적인 경험을 통해 일어나는 행복을 누리고자 하는 타고난 소망 또한 유지되었을 것이다. 그리고 이 소망을 충족하기 위해서는 여러 가지 외부적인 요건에 기댔을 가능성이 크다. 이를테면 자신이 원하는 것을 원하는 시기에 얻는다거나 타인의 인정을 받는다거나 하는 일들을 통해서 말이다. 내적 평정심은 성인이 된 후에도 여전히 외부 사건에 의해 좌우될 수도 있으며 이것은 본래 취약하기 때문에 분열될 가능성도 있다.

실망감 다스리기

정서적인 안녕감이 외부에 달려 있다면 어떤 일이 잘못되었을 때 자신을 붙잡아줄 정서적인 안정망이 없는 것이나 다름없다. 내적 평정심을 잃게 만드는 원인은 펜을 잃어버리거나 콘서트 티켓을 사지 못하는 등의 사소한 일이 될 수도 있고, 사랑하는 사람이 아프거나 직업을 잃는 등 심각한 일이 될 수도 있다.

하지만 한 가지 강조할 점은 내적 평정심을 잃게 만드는 일과 사람들이 어떤 일로 실망하거나 심각한 불운을 겪을 때 느끼는 슬픔은 다르다는 점이다. 내적 불행을 안고 있는 사람들은 자신과 주변 사람들에게 무가치감, 수치심, 분노를 느끼면서 위로를 찾기 때문에 일상에서 겪는 상실에 적절한 슬픔을 보이지 못하고 복잡한 상태를 보이곤 한다.

위로받지 못하고 자란 아이들은 불행을 겪을 때 건설적인 방법으로 자신을 위로하지 못한다. 이 아이들은 자신들의 기분이 나아지도록 도와주었어야 했을 사람들이 마지못해 한 행동을 그대로 모방한다. 그래서 자신들이 바라는 것들을 망쳤을 때 오히려 잘했다고 합리화하게 된다. 하지만 사실 이 잘못된 부모들도 자녀들을 행복하게 해주고 싶을 것이다. 다만 자신의 행동이 아이의 삶 전반에 어떤 영향을 끼칠지 예상하지 못했을 뿐.

물론 부모들도 인간이니 짜증을 내거나 지칠 수 있다. 부모가 아이의 요구를 들어주지 않고 짜증을 냈더라도 이것이 아주 드문 일이었다면 아이의 정서 발달에 그다지 큰 영향을 끼치지 않는다. 하지만 아무리 좋은 의도였더라도 아이가 울 때 그대로 울게 내버려두었다거나, 관심을 바라는 아이에게 부정적으로 반응했거나, 어른스럽게 행동하기를 강요했거나, 체벌하는 방식으로 장기적인 육아를 이어갔다면 아이는 잘못된 결론을 내릴 가능성이 크다.

　어릴 때 위로받지 못하며 자란 사람은 성인이 되었을 때 작은 실수에도 과도하게 괴로워질 수도 있다. 힘겹게 싸운 테니스 경기에서 패했거나, 열심히 준비한 보고서를 퇴짜맞았을 때 겪는 상실 자체도 물론 고통스럽지만, 자신이 느끼는 실망감을 잠재우기 위해 스스로 만들어낸 슬픔, 불쾌함, 분노 때문에 또 다른 고통을 겪는 것이다.

과도한 자기비판

　칼은 열심히 준비한 영업이 실패로 돌아갈 때마다 자신이 무가치한 사람이라고 느껴져 우울에 시달렸다. 물론 판매에 실패할 수도 있다는 사실을 그도 알고 있지만, 그의 비참한 감정은 너무나 강렬해서 다시 일을 시작할 수 있는 상태를 되찾기까지 며칠이나 걸렸다. 이러한 상황이 지속되자 그는 직업적으로 심각한 위기에 직면했다.

　칼과 어느 정도 상담을 진행한 후, 그는 자기 증오의 감정이 영업 실패와는 전혀 관련 없다는 사실을 깨달았다. 그는 어린 시절의 기억을 떠올렸다.

　"어릴 때 저는 실수를 저지를 만한 상황을 피하려고 최선을 다했는데도 결과적으로 실수하게 됐을 때마다 분해서 어쩔 줄 몰랐습니다. 고등학교에 들어가서는 충분히 상급반에 들어갈 수 있었는데도 절대로 그렇게 하지 않았습니다. 항상 더 쉬운 수업을 들었지요."

칼에게는 부모에게 벌 받은 기억이 많았다. 여섯 살 무렵 칼은 닦고 있던 접시를 우연히 깨뜨렸다. 부모님은 그를 부주의하고 서툰 아이라고 혼냈고, 칼은 몇 주 동안 용돈을 모아서 새 접시를 사야 했다. 용돈을 마음대로 쓰지 못하는 것이 싫었지만, 칼은 실수에는 대가가 따른다는 원칙에 의문을 제기한 적이 단 한 번도 없었다.

이런 경험을 통해서 칼은 일이 잘못되었을 때 자신도 모르게 불쾌한 기분으로 스스로를 위로하게 되었다. 그는 부모님의 태도를 모방해 일이 잘못된 것에 대한 '대가'를 치르려고 한 것이다. 이전에는 이것이 적절한 태도라고 생각해 자기비판적인 반응을 알아차리지도 못했다. 하지만 이제 칼은 부모님이 자신을 실수에 지나치게 민감한 사람으로 키우려던 것은 아니라는 사실을 알게 되었다.

또 하나 칼이 크게 깨달은 점은 자신은 일이 잘못되었을 때마다 동료들보다, 기존의 업무 강도보다 훨씬 더 힘들게 일했다는 점이다. 칼은 자신이 실패했을 때 주변 사람들이 분노하거나 실망하지는 않는다는 점을 믿기까지 오랜시간이 걸렸다. 그동안 그는 실수를 저지르면 사람들이 자신에게 실망하므로 대가를 치러 그에 대해 보상해야 마땅하다고 믿고 있었다.

결국 자신에게 조금 더 친절해지겠다는 그의 새로운 결심은 점점 더 자라났고, 자기비판으로 자신을 위로하려는 유혹도 점차 사라졌다. 영업에 실패했을 때 실망스러운 마음이 드는 것은 여전했지만, 이제 그는 내적 균형을 지킬 수

불행 중독

있는 사람이 되었고, 자신이 사랑받을 만하고 가치 있는 사람이라는 사실도 알게 되었다. 그 결과, 실패하더라도 다음 일을 시작하는 것을 예전처럼 어려워하지 않게 되었다.

무언가 일이 잘되지 않을 때마다 스스로의 화를 돋운다면 이러한 고통을 제거하기 위해 우선 자신이 왜 그런 감정을 느끼는지부터 이해해야 한다. 원하는 직장에 지원했다가 탈락하면 누구나 실망하기 마련이다. 하지만 실망스러운 나머지 우울에 빠지거나, 스스로가 무가치하다고 느끼거나, 다른 직장에 지원할 자신감마저 잃는다면, 이는 어릴 때 '위로받던' 방식대로 스스로를 위로하려는 시도라는 점을 알아야 한다. 이러한 지식이 있어야 실제 상황보다 더 불행해지는 것을 멈출 수 있다.

성공이 당신의 가치를 결정하는 것은 아니다

자신이 사랑받을 만한 존재인지 의심하고 불안해하며 어린 시절을 보냈다면 성공을 자기 가치의 척도로 삼을 가능성이 크다. 여기서 성공이란 승진처럼 큰일일 수도 있고, 카드 게임에서 승리하기와 같은 사소한 일일 수도 있다. 하지만 그것이 무엇이든 간에 정서적으로 매우 위태로운 상황임을 증명하는 것이다. 아마 이러한 성향의 사람은 얼마나 노력했든 성공하지 못한 것은 무가치할 뿐이라고 생각할 것이다. 또한 성공하지 못했을 때 실망할 것이 될까 두려워서 매사를 경쟁적인 시각으로 바라볼 테고, 이로 인해 친구나 동료와의 좋은 관계를 유지하는 데 어려움을 겪게 된다.

지는 게 죽기보다 싫어요

제프의 취미는 골프다. 하지만 그는 골프를 할 때마다 심한 감정 기복을 보였다. 게임이 잘되면 기분이 좋았지만, 실수했을 때에는 뾰루퉁해져서 친구들과 도무지 어울리려고 하지를 않았다.

그뿐만 아니라 단지 친선 골프 경기를 할 때에도 다른 사람이 이기는 것을 참지 못했다. 제프는 팀원의 순서가 돌아오면 그에게 가서 이런저런 참견을 했다. 심지어 누가 보지 않으면 더 나은 위치에 공을 옮겨두는 반칙도 썼다. 친선 게임이니 너무 심각하게 받아들이지 말라는 친구들의 핀잔이라도 들으면 제프는 그를 제정신이 아니라는 표정으로 바라보았다. 제프는 이겼을 때 느끼는 기쁨이 너무나도 좋았고 졌을 때의 비참함은 꿈도 꾸기 싫었다.

결국 제프의 친구들은 제프가 골프하러 나가자고 전화를 걸 때면 핑계를 대면서 만남을 피했다. 제프는 나중에야 한 친구로부터 친구들이 왜 자신을 피하는지 알게 되었다. 제프가 심한 감정 기복과 옳지 못한 행동으로 친구들의 게임을 망쳤기 때문이었다.

　제프는 자신의 승부욕이 심하다는 사실은 알고 있었지만, 모든 사람이 사실 자신과 비슷하다고 확신하고 있었다. 승리보다 기쁜 것이 있다고는 도무지 상상조차 할 수 없는 듯했다. 상담이 계속되자 그는 스스로에게 끊임없이 부정적인 평가를 내려왔다는 사실을 알게 되었다. 예를 들어 골프 경기에서 실수했을 때 그는 속으로 자신을 '멍청하고 바보 같은 놈'이라고 비난했다. 어릴 때부터 끊임없이 자기비판을 일삼아 온 그가 스스로를 비난하고 그로부터 일시적인 안도감, 승리의 기쁨을 느끼는 것은 놀랄 일도 아니었다.

　제프는 자신의 마음속에 항상 자리 잡고 있던 자기비판적인 생각들을 되돌아보며 어릴 때부터 자신이 얼마나 부적절한 감정을 느껴왔는지 깨닫게 되었다. 제프의 부모님과 선생님은 항상 제프가 할 수 있는 것보다 더 많은 것을 기대했다.

　"어른들이 저를 자랑스러워할 때는 우리 팀이 이기거나 제가 A 학점을 받았을 때뿐이었어요."

　제프는 때로는 자신이 실패작이라고 느꼈으나 부모님과 선생님이 자신에게 큰 기대를 내비칠 때에는 다시금 즐거웠다고 기억했다.

　치료가 계속되면서 제프는 자신이 더 빨리 나아지지 않아 우리가 실망하거나 자신을 깔볼 것이라고 굳게 믿고 있었다. 우리는 그가 우리를 어린 시절에 겪은 어른들처럼 생각하고 있으며, 때문에 우리가 자신에게 크게 기대하고 있을 거라고 가정하며 부담을 느끼고 있다고 설명해주었다. 제프는 자신에 대한 기대치를 다른 눈으로 바라보기 시작했고, 마침내 그것이 논리적이지 못하다는 사실을 깨닫게 되었다.

제프의 자기비판의 목소리는 서서히 신빙성을 잃어갔고, 제프가 스스로에게 긍정적이고 여유로운 태도를 적용하게 되면서 승리하는 것은 이제 더 이상 정서적 안녕감의 유일한 열쇠가 되지 못했다. 그는 천천히 골프의 사교적인 면을 즐기기 시작했고, 샷을 잘못 날렸거나 퍼팅을 놓쳤을 때에도 태연하게 반응할 수 있었다. 그는 친구들에게 다시금 골프 칠 사람이 필요하면 자신을 끼워달라고 부탁했고, 자신에게 또 다른 기회가 주어지는 것에 안도감과 기쁨을 느꼈다. 이제 그는 게임이 자기 마음대로 되지 않더라도 친구들과 함께 골프를 즐길 수 있게 되었다.

어떤 일에 성공했을 때 의기양양한 기분이 물밀듯 일어난다면 당신은 지금 자신의 무능력함과 자기의심을 상쇄시키려고 성공의 기쁨을 이용하고 있는 것일지도 모른다. 하지만 문제는 성공이 항상 부정적인 감정을 누그러뜨릴 수 있는 것은 아니라는 데 있다. 게다가 성공은 한 사람의 내적 안녕감을 전부 지탱하기에는 불안정한 기초이다. 재능 있는 운동선수도 게임에서 질 때가 있고, 똑똑한 학생도 B 학점을 받을 수 있으며, 순발력 있는 사업가도 생각지 못한 일로 황당한 손실을 보곤 한다. 자기비판의 목소리를 잠재우기 위해 성공에 기대고 있다는 사실을 깨닫는 것은 결과에 관계없이 노력의 과정을 즐기는 방법을 배우는 첫걸음이 된다.

타인의 시선으로 나를 바라보는 습관

가치 판단을 외부에 의존하면 타인의 평가를 과도하게 중요하게 느끼게 된다. 자신이 주위에서 인정과 받고 있는지 끊임없이 확인하는 사람들은 자신의 외모, 직업, 사회적 관계까지도 그 사람들의 의견에 따라 맞추기도 한다. 그리고 진정 자신이 믿고 느끼는 것이 무엇인지 알기 못해 혼란스러워 하기도 한다. 이러한 행동의 이면에는 타인의 별 의도 없는 행동이나 말까지도 자신을 비판한다고 느끼게 만드는 지나치게 예민한 모습이 있다. 때문에 이들은 타인의 건설적인 제안을 도움이 아닌 굉장히 충격적인 일로 받아들인다.

타인의 의견에 지나치게 신경 써요

샌디는 한 대기업에서 여성복 의상 디자이너로 일했다. 그녀에게는 남다른 디자인 감각이 있지만 친구나 동료들이 자신의 작품을 좋아해주지 않으면 좀처럼 만족하지 못했다. 샌디는 다른 사람의 의견이 자신의 의견보다 더 가치 있다고 생각해 그들의 제안을 무비판적으로 수용했다. 샌디가 자신의 미적 판단을 믿고 따랐다면 훨씬 더 나은 작품을 만들 수 있었겠지만, 타인의 평가를 더 중요시했기 때문에 그녀의 디자인은 그녀가 가진 능력의 일부만을 보여주지 못했다. 이러한 이유로 샌디는 그다지 훌륭한 업무 평가를 받지 못했고 직업을 바꿔야 하는 것은 아닌지 고민하고 있었다.

샌디는 자녀들에게 아주 많은 것을 기대하는 가정에서 자랐다. 샌디가 그림을 그리거나 글을 쓰면 그녀의 부모님과 선생님들은 샌디의 작품을 그들이 원하는 대로 좀 바꿔보지 않겠냐고 제안했다. 글이나 그림은 미적 창조임에도 불구하고 그들은 "해는 그렇게 노란색으로 칠하면 안 돼", "이야기의 끝맺음을 좀 다르게 해 보는 것은 어떨까?" 등의 충고를 일삼았다. 샌디는 그들이 시키는 대로 작품을 고쳤고, 이렇게 하면 더 많이 칭찬받는다는 사실을 알게 되었다. 샌디는 자신의 내적 안정을 유지하는 데에 다른 사람들의 인정을 필요로 했다. 그리고 샌디는 자신의 즐거움이 아닌 칭찬을 위해 그림을 그리고 글을 썼다. 칭찬받을 때마다 너무나 행복했기 때문에 그녀는 스스로 자신의 창의력을 평가 절하하는 대가를 치르고 있다는 사실은 전혀 알아채지 못했다.

샌디는 상담할 때에도 자신의 생각과 경험을 이야기한 뒤에 즉시 우리의 의

불행 중독

견을 알고 싶어 했다. 한 예로 첫 번째 상담이 끝났을 때 그녀는 우리에게 자신이 정말 직업을 바꿔야 한다고 생각하는지 물었다. 우리는 자신의 의견은 상관없다고 생각하는 신념이 문제이며, 어떤 일을 할 것인지는 해결책과는 관계없다고 말해주었다. 그러자 샌디는 우리가 자신을 도우려 하지 않는다면서 비난했다.

샌디는 우리가 자신의 삶에 깊이 관여하여 여러 문제를 해결해주지 않는다고 불평하면서 자신의 고통과 힘겹게 싸웠다. 결국 샌디는 진정 자신을 위한 결정을 내려줄 사람은 바로 샌디 자신이라는 것을 깨달았다. 샌디의 초점이 우리의 생각에서 샌디 자신의 생각으로 옮겨가면서, 그녀는 자신의 창작물과 행동을 스스로 판단하는 자유를 경험했다. 뿐만 아니라 이러한 변화를 디자인에도 반영하며 진정한 능력을 드러냈다. 결과적으로 샌디는 직업을 바꾸고 싶지 않다고 스스로 결정했다.

불행을 위안 삼으려는 욕구

부모님이 어린 당신의 욕구를 이해하지 못했거나 여러 가지 이유로 그 욕구를 채워줄 수 없었다면, 자신도 모르게 부모님과 함께 있을 때 주로 경험한 그 익숙한 불편함을 유발해 행복해지고자 했을 것이다. 이것은 모두 부모님을 사랑하는 마음, 그리고 부모님의 방식으로 스스로를 돌보려는 시도의 결과다. 하지만 이로써 나타나는 결과는 그리 쉽게 넘길 일이 아니다. 이 방법이 진정한 행복을 불러일으킬 수도 있지만, 때로는 불행해질 게 뻔한 행동을 하면서 행복을 추구하고 있다고 믿을 수도 있다.

무의식적으로 이처럼 잘못된 욕구를 발달시켜왔다면, 정작 진정한 즐거움에서는 만족을 느끼지 못할 수 있다. 하지만 진정한 행복을 경험하고 싶은 선천적인 소망은 여전히 남아 삶에 긍정적인 변화를 일으키고자 한다. 여러분이 이 책을 읽고 있는 것도 바로 이러한 이유 때문이다. 그 결과 때때로 인생이 롤러코스터 같다고 느낄 수도 있다.

진정한 행복을 느끼는 순간에는 이제 불행은 말끔히 없어졌다고 판단할 수도 있다. 물론 사람마다 정도의 차이는 있지만 말이다. 하지만 이렇게 불행이 없어지면 다시금 그 불행을 만들어내려고 할지도 모른다. 이러한 행위를 가리켜 우리는 '즐거움에 대한 혐오 반응'이라고 부른다.

즐거움에 대한 혐오 반응은 내적 불행의 한 표현이다. 이는 어떤 면에서 보면 가장 이해하기 힘든 인간 행동을 설명해준다. 세상을 다 가진 사람들이 결국 자신이 가진 모든 것을 파괴해 버린다는 행동 말이다.

성공한 사람들이 우울이나 원치 않는 자기 패배적 행동을 보이는 것도 즐거움에 대한 혐오 반응으로 이해할 수 있다. 성공이나 즐거움

불행 중독

을 경험한 뒤에는 우울한 기분이 들기도 하고, 가까운 사람과 싸우게 되기도 하고, 무언가 가치 있는 것을 잃어버리기도 한다. 그 당시에는 이런 일들을 이해할 수 없었을 것이며 그저 '갑작스러운' 일이라고 생각했을 것이다. 하지만 이제 우리는 이러한 행동의 본질을 이해할 수 있다. 이는 스스로 내적 불행을 유발한 것이다.

이제 당신은 즐거움에 대한 혐오 반응이라는 개념을 깨닫고 이를 예상할 수 있게 되었다. 무의식적인 내적 불행에서 자신을 놓아줄 수 있게 된 것이다.

09

사랑, 일, 건강을
스스로 파괴하는 경향

목표를 설정했는데 그것을 달성할 때까지 결심을 지키기 힘들었던 경험이 있는가? 아마 모든 이들이 경험해 보았을 것이다. 처음에는 온 힘을 다했지만 금세 기운이 빠지기거나 아예 시작을 미루기도 했을 것이다. 이때 주변 사람들이 '진짜 효과 있는' 방법을 알려주면 그 방법을 시도해 보기도 한다. 이 방법은 얼마간 성공적인 것처럼 느껴지지만, 결국에는 그 방법을 지속할 의지를 잃어버리고 만다.

당신은 지금까지 내적 불행이 당신의 노력을 파괴하고, 방해하고 있다는 점을 알지 못했다. 진작 이 사실을 알았더라면 결심이 식어가고 후퇴하는 그 순간에 그렇게 낙담하지 않았을지도 모른다. 실패의 순간에도 마음을 추스르고 다시금 노력을 다할 수 있었을지도 모른다.

돈 관리에 문제를 겪어요

일레인은 재정 상태가 엉망인 채로 우리를 찾아왔다. 일레인은 한도 초과로 수표를 사용하지 못할 때가 되어서야 자신의 통장에 돈이 얼마나 있는지를 알 수 있었다. 물론 신용카드 이자가 어마어마하다는 사실을 일레인도 알고 있었지만, 언제나 한도 초과를 면치 못했다. 일레인은 공과금도 못 내기 일쑤였고, 때문에 신용도가 점점 떨어져 가지고 있는 모든 신용카드에 높은 이자가 적용됐다.

일레인은 재정 문제의 원인이 어린 시절에 있을 것이라고 예상했다. 일레인의 부모님은 재정적으로 여유 있는 사람들이었지만, 자녀에게 너무 많은 것을 해주면 아이를 망치게 될지도 모른다고 염려했다. 그래서 일레인에게 엄격하게 정해진 용돈만을 주었고, 받은 돈은 대부분 저축하도록 강요했다. 그래서 일레인은 갖고 싶은 인형을 하나 사려고 해도 아주 오래 기다려야만 했다. 일레인에게 있어 자신이 가진 돈이 얼마인지 꼼꼼히 체크하는 것은 자신이 원하는 것들을 절대로 가질 수 없다는 사실에 직면하는 것과 다름없었다.

일레인의 기억은 부모님이 자기가 갖고 싶어 했던 인형을 사주지 않았던 때에만 머물러 있는데, 우리가 보기에는 일레인의 부모님이 그녀가 어린아이로서 받아야 할 위로와 애정을 제공하지 못한 것으로 보였다. 부모님이 자신을 대한 방식을 그대로 따라하면서 학습한 내적 불행은 결국 원하는 것은 모두 구입하는 갈등으로 구체화되어 나타났다.

일레인은 자신의 신용카드를 모두 꺼내 확인하고서야 비로소 자신의 재정 상태가 무척 심각함을 알게 되었다. 상황이 정말 악화되자 일레인은 재정 플래너와 상담도 하고, 재정 관리에 관한 책도 읽었다. 그리고 신용카드로 진 빚을 갚으려고 대출도 받았다. 물론 가지고 있던 카드는 모두 잘라 없앴다. 하지만 일레인의 내적 불행은 이러한 결심을 약화시켰고, 그녀는 노력에 대한 효과를 보지 못했다. 새 신용카드를 발급받고 값을 치를 수 있을지조차 모르는 채 원하는 것을 모조리 샀다.

우리는 일레인의 재정 문제가 내적 불행 때문에 발생한다는 점을 스스로 깨닫도록 도와주었다. 비록 일레인의 표면적인 문제는 재정 관리상의 어려움이었지만, 이 문제의 결과로 일레인은 자신이 원하는 것을 살 수 있는지 없는지를 항상 걱정해야만 했다.

일레인이 시도했던 기본적인 재정 개편에는 잘못된 것이 하나도 없었다. 진짜 문제는 다른 데 있었다. 일레인은 그 방법이 효과가 있을 것이라고 가정했지만, 결심이 희미해질 때마다 경악을 금치 못했다. 자신의 노력을 파괴하려는 욕구가 얼마나 강한지 알게 되자, 그녀는 결심을 유지하는 데 문제가 있다는 점에 초점을 맞추게 되었다.

그녀는 다시금 가지고 있던 신용카드를 잘라 없애고, 새 카드를 만들라고

불행 중독

권유하는 편지도 모두 버렸다. 또한 일레인에게는 자신의 수표 복사본을 제공하는 수표장이 있었는데 상담 이후 한 달간, 통장과 수표장의 기록을 대조하여 빠진 것이 없도록 우리와 함께 작업했다. 이렇게 하면서 일레인은 다음 상담에 오기 전에 수표장의 오차가 있으면 이를 바로 잡고, 상담할 때 통장과 수표장을 함께 우리에게 보여주었다.

물론 일레인의 내적 불행이 우위를 점하여 과소비하는 경우가 생기기도 했다. 하지만 일레인은 재정 문제를 해결하겠다는 결심을 포기하지 않았다. 오히려 일레인은 자신이 과소비한 영역을 메우기 위해서 다른 지출을 줄이는 계획을 세우기도 했다.

이렇게 일레인은 차츰 빚을 갚아나갔다. 그리고 난생처음 재정적 어려움을 일으키지 않고 필요한 것과 원하는 것을 적절히 사며 지낼 수 있었다.

삶을 한 번 돌아보자. 이번에는 정말 고치겠다고 굳게 맹세했으나 지키지 못한 것이 있는가? 그렇다면 그것이 바로 당신의 내적 불행이 가장 강력한 방법으로 모습을 드러내는 영역일 것이다.

행복을 놓치지 않으려면

내적 불행은 행복할 때마다 즉각 모습을 드러낸다. 이제 직업적인 성공을 거두었거나, 새 친구를 사귀었거나 사랑에 빠졌을 때, 체중을 어느 정도 감량했을 때, 사랑하는 누군가가 행운을 겪었을 때를 생각해 보자. 행복한 순간에는 내게 주어진 이 행복을 음미하는 대신 우울해지거나 자신에게 실망하고 불안하고 짜증이 나거나, 무언가 자기 파괴적인 일을 하기도 한다. 예를 들면 신용카드를 잃어버린다든지, 주위를 제대로 살피지 않아 다친다든지, 차를 위험하게 몰다가 가까스로 사고를 피한다든지, 한도 초과로 수표를 사용할 수 없게 된다든지 하는 경우가 모두 자기 파괴적인 일의 예시다. 불행에 대한 혐오 반응은 자신의 매력을 부정적으로 느끼는 등의 경미한 반응으로 나타날 수도 있지만, 때로는 아주 심각한 결과를 초래해 생계를 위협하거나 스스로 다치게 만들기도 한다.

내적 불행의 존재를 몰랐다면 아마 좋은 기분 뒤에 불행이 따라온다는 규칙성을 알아채지 못하고 살았을 것이다. 행복과 불행은 예측할 수 없는 일이므로 자신의 통제 바깥에 있다고 단정 지으며 평생 살 수도 있다.

이미 쌓인 경험은 손쓸 수 없다는 사실에서 오는 무력감은 사람을 불편하고 불안하게 만든다. 어느 때에는 불쾌한 생각이나 기분 또는 '잘못되어 가는' 일들로 삶에서 느끼는 즐거움이 금세 사라진다는 것을 발견했을 수도 있다. 그래서 행복은 금세 날아가 버리는 것이며, 살

불행 중독

면서 너무 많은 것을 기대하는 것은 어리석은 짓이라고 생각했을 수도 있다.

하지만 진짜 문제가 되는 것은 따로 있다. 행복한 순간이 찾아오면 내적 불행은 우리 삶의 다른 영역에서 불행을 유발한다. 그리고 그것이 없을 때, 즉 행복할 때 느꼈던 원인 모를 불편한 마음을 해소하게 만든다.

자꾸 깜빡깜빡해요

멜라니는 일이 좀 잘된다 싶을 때마다 문제를 일으켰다. 특히 자신이 유능하다는 기분이 들 때마다 친구와의 약속을 잊어버리거나, 자동차 열쇠를 차 안에 두고 문을 잠그는 등의 실수를 저질렀다. 멜라니는 이 모든 일들이 행복에 대한 혐오 반응이라는 사실을 전혀 알지 못했다. 불쾌한 일들은 우연히 일어나는 줄만 알았다. 이런 일이 벌어지면 얼마간은 주의를 기울였지만, 또다시 스스로 불편할 일을 자초했다. 차 열쇠를 차 안에 두고 문을 잠가 중요한 회의를 놓친 어느 날 멜라니는 우리에게 도움을 요청했다.

우리는 멜라니에게 차 안에 열쇠를 두고 문을 잠그기 전에 어떤 일이 있었는지 생각해 보라고 했다. 멜라니는 그 사건이 일어나기 직전에 승진으로 인해 너무나 행복했다는 사실을 깨달았다. 멜라니는 행복할 때마다 그 행복이 사라질 때까지 좀처럼 누그러들지 않는 미묘한 근심에 시달렸다. 차 안에 열쇠를 두고 문을 잠근 것은 내적 안정을 회복하려는 그녀의 무의식적 욕구를 보여주는 하나의 단면에 불과했다.

멜라니의 행복에 대한 혐오 반응은 멜라니 본인도 눈치 챌 정도였다. 몇 번의 상담으로 즐거운 시간을 보낸 멜라니는 빨리 우리를 다시 만나기를 원했다. 하지만 그럴때마다 알람을 맞춰두는 것을 깜박 잊어 약속을 지키지 못했다. 한 번은 고속도로에서 출구를 잘못 찾아 20분이나 늦기도 했다. 이와 같이 기대하던 약속에 '우연히' 늦었다는 것은 멜라니가 내적 불행으로 고군분투하고 있다는 점을 확실히 보여주었다.

멜라니의 요청에 따라 우리는 그녀가 행복에 대한 혐오 반응과 맞서 싸울 수 있도록 도와주었다. 기분이 좋을 때마다 두고 나온 물건이 없는지 여러 번 꼼꼼히 확인하기, 약속이 있는 날에는 주변에 모닝콜 요청하기, 중요한 모임이나 생일 파티가 있을 때에는 날짜를 잊어버리지 않기 위해서 냉장고에 메모 붙여두기 등이었다.

멜라니는 결심한 것들을 실천에 옮겨서 행복을 누리고자 했다. 하지만 이에 대한 반응으로 자신을 불행하게 만들려는 욕구가 일시적으로 강해질 수도 있었기 때문에 우리는 이 점에 대해서 충분히 주의를 주었다. 멜라니는 여분 차 열쇠를 차 밑바닥에 붙여놓고, 약속이 있을 때에는 반드시 그 전날에 다시 한번 전화로 약속 시간을 알려달라고 친구들에게 부탁했다. 그러자 혐오 반응을 막는 데에는 성공했지만, 그때부터 피하고 싶었던 상황에 걸려드는 악몽을 꾸기 시작했다. 일례로 멜라니가 깜박할 뻔했던 점심 약속을 친구가 전화로 알려주었던 날. 그녀는 자신이 일하느라 약속을 까맣게 잊어 친구가 혼자 식당에서 기다리는 꿈을 꾸었다. 이제 내적 불행이 힘쓸 수 있는 곳이 꿈뿐이라는 사실에 멜라니는 자신이 얼마나 많이 변화했는지 알 수 있었다.

승리를 스스로 파괴하는 일

어떤 사람들은 목표를 달성할 때까지 끈기 있게 노력하지만, 애써 얻은 승리가 슬그머니 빠져나가기도 한다. 그 목표에는 조깅 시작하기와 같이 작은 목표도 있고, 회사의 경영인이 되는 큰 목표도 있다. 수개월에서 수년까지 부지런히 일한 뒤 변화가 나타날 때, 이 변화가 성공이 가져온 긍정적인 기분에 대한 혐오 반응으로 인해 나타난다고 이해하기는 힘들 것이다. 이는 과음, 위험한 행동, 우울과 같이 전혀 관계없는 것처럼 보이는 문제로 성공이 파괴되는 경우에는 더욱 발견하기 힘들다. 또한 지속적으로 성공하는데도 자신의 성취를 즐길 줄 모르는 경우 역시 그 연관성을 알아채기 힘들다.

성공을 망치고자 하는 욕구

한 기업의 중역인 세스는 밑바닥에서 시작해서 지금은 지역사회의 기둥이 된 사람이다. 그는 지역 오케스트라와 박물관 이사회에 소속되어 있었고, 정부 개혁을 위한 고위급 위원회에서도 재직하고 있었다. 뿐만 아니라 네 아이를 둔 자랑스럽고 자상한 아버지이자 아내를 끔찍이 사랑하는 남편이었다. 하지만 그는 자신의 문제를 무시하고 있었다. 그는 엄청난 부자였지만 7년 동안 한 번도 소득세를 내지 않았다. 세스는 자신이 매우 위태로운 상황에 빠졌다고 판단해 우리에게 도움을 요청했다.

세스는 아주 어린 시절에도 스스로 성공을 망치곤 했다는 것을 떠올렸다. 젊은 시절 세스는 다이빙 실력이 매우 뛰어나서 등록금이 아주 비싼 우수 대학에서 장학금을 타게 되었다. 대학교 2학년 때 학교 다이빙 팀에 들어간 세스는 보드 가까이 다이빙하기 시작했고, 결국 보드에 등을 세게 부딪쳐 척추를 다쳤다. 다이빙도 더 이상 할 수 없게 되었다. 세스는 자신이 위험한 다이빙 방식을 고수해서 부상을 입은 것이 장학금을 타고 대학 다이빙 선수를 하게 되면서 느낀 행복에 대한 혐오 반응이었다는 사실을 알지 못했다. 세스는 자신이 세금을 내지 않는 것은 대학교 때처럼 자신의 성공을 망치려는 데서 나타난 결과라는 사실을 알게 되었다.

자신을 잘 이해하게 된 세스는 내적 불행 때문에 삶을 망치지 않겠다고 결

불행 중독

심했다. 그래서 그는 변호사를 선임하여 세금을 모두 납세했고, 그에 상응하는 이자 지불, 처벌도 감수하겠다는 계획을 세워서 국세청에 적발되는 일을 면할 수 있었다. 또한 그는 자신의 재정 상태를 관리해 줄 회계사를 고용해 소득 신고를 위해 원본 데이터가 필요하면 그 데이터를 줄 때까지 자신을 닦달하라고 요청했다. 세스는 위험한 행동을 저지르고 싶은 유혹에 들게 만드는 다른 상황은 없는지 주의를 기울이는 법도 배웠다.

시간이 지나면서 세스는 고통을 유발하지 않고도 삶을 즐길 수 있게 되었다. 그의 혐오 반응은 읽던 책을 비행기에 두고 내리는 일 수준으로 경미해졌다. 그는 노력해서 얻은 삶을 망치지 않겠다고 결심했다.

이처럼 어떤 사람들은 보이지 않는 방법으로 자신의 성공을 파괴하기도 한다. 이것은 어린 시절에 학습해 불쾌감이 당연하다고 느껴지기 때문이다.

싫은 소리 하는 게 어려워요

소피는 수년간 노력하여 광고 회사를 설립했다. 그간 잡지에 글을 싣기도 하고, 전국 단위의 콘퍼런스에서 강의를 요청받기도 했다. 하지만 소피의 사업은 점차 위기를 맞았다. 고객들에게 계산서를 청구하는 일이나 이미 계산서를 청구한 사람들에게 수금하는 일이 무척이나 어렵게 느껴졌기 때문이다. 소피는 받아야 할 돈을 '쫓아다닌다'는 생각에 너무나 불편한 나머지 돈은 그다지 중요한 일이 아니라고 합리화해왔다.

소피가 기억할 수 있는 데까지 돌이켜 생각해 보니 아주 오래 전부터 자신은 가치 없는 사람이라고 생각하며 살아왔다는 것을 깨달았다. 그녀는 자기 자신을 맨 나중으로 미루면서 욕심을 버리고 살 때만 자신이 가치 있다고 느껴졌고 행복했다. 그녀는 자신이 아닌 다른 사람을 위해 일할 때마다 높은 성과를 거두었다. 소피는 어떤 좋은 아이디어를 떠올렸을 때 그 공을 자신에게 돌리는 것이 무척 어렵게 느껴졌다.

사업 초반, 소피는 계산서 청구 업무를 꽤 효과적으로 처리했다. 하지만 소피의 회사가 호감을 사고 회사 경영도 성공적으로 운영되자 계산서 청구와 수금에 큰 어려움을 겪기 시작했다. 소피는 그저 계산서를 처리하는 그 모든 과정이 싫다고 말했다. 성공을 거둘수록 자신이 받아야 하는 금액을 수금하지 않는 것이 옳다는 소피의 의식은 점점 강해져 갔다.

우리는 소피의 내적 평정심이 양립할 수 없는 두 가지 안녕감의 근원을 통해 유지된다는 사실을 설명했다. 하나는 소피 자신을 가치 있게 여기고 돌보는 진정한 즐거움이며, 다른 하나는 자신이 쓸모없다고 느끼는 데서 오는 잘못된 즐거움, 즉 행복을 가장한 불행이다. 소피의 성공은 이 두 가지 힘 사이의 균형을 깨뜨렸고, 소피는 자신이 노력해 얻은 성공을 파괴함으로써 평정심을 회복

불행 중독

하려고 했던 것이다. 자신이 가치 없다는 고통스러운 느낌을 통해서 오히려 가치를 느꼈던 소피의 내적 불행은 소피가 자신이 받아야 할 돈을 포기하면서 느끼는 즐거움 뒤에 교묘하게 숨어 있었다.

소피는 자신이 받아야 할 돈에 대해 계산서를 보내거나 청구하는 일에 신경 쓰지 않을 때에만 자신이 옳은 일을 하고 있다고 느꼈다. 그래서 소피가 우리의 말을 납득하기까지는 시간이 좀 걸렸다. 우리가 상담에 대한 계산서를 청구하자 소피가 우리가 자신에게는 관심 없고 돈만 생각한다고 결론 내린 것은 그리 놀라운 일이 아니었다. 그녀는 우리가 진정으로 자신을 생각했다면 돈을 받을 필요가 없을 것이라고 말했다. 우리가 소피를 돕고자 하는 마음은 진심이지만 동시에 우리의 전문적인 노력에 대한 대가를 받을 가치가 있다고 생각하는 것이 소피에게는 불가능한 일처럼 느껴지는 듯했다.

몇 개월이 지나자 소피는 점점 진전을 보였다. 그녀는 우리가 계속 계산서를 청구하고 있긴 하지만, 자신의 행복을 위한 헌신이 진심인 것만은 확실해 보인다고 고백했다.

소피는 노력 끝에 자신의 노력을 평가 절하하는 방법이 아닌 훌륭한 업무로 고객들에게 도움을 주는 방식을 택했다. 그리고 소피는 이제껏 자신에게 손해를 끼치는 행위가 욕심이 없는 것처럼 보여서 자신을 행복하게 만들어주었지만, 그것은 사회적인 선행이 아닌 내적 불행의 한 표현이었다는 사실을 깨달았다.

　이제 소피는 변화를 바라고 있었지만, 이 결심을 실천에 옮길 힘이 자신에게 있는지 의심했다. 소피는 우리의 제안대로 시간제로 일하면서 계산서 청구와 수금 업무 일을 할 장부 정리 담당자를 고용했다. 고객에게 계산서를 청구하지 않고 싶을 때마다, 미수금을 그냥 넘기고 싶을 때마다 소피는 우선 우리와 상의했다. 비로소 소피는 자신의 업무가 가치 있고 보상받을 만한 가치가 있다고 느끼게 되었고 행복해졌다.

10
섭식 중독, 알코올 중독, 섹스 중독, 일 중독

대부분의 중독은 내적 불행의 한 표현이며 즐거움에 대한 혐오 반응의 한 유형이라고 이해할 수 있다. 중독 현상은 매우 이해하기 어렵고 치료도 어렵다. 최근 중독이 유전적으로 결정된 화학 물질의 불균형 또는 뇌 구조의 결과라는 주장이 여럿 있었지만, 아직까지 결정적인 증거를 얻지는 못했다. 가장 강력한 증거로 제시되는 이론은 중독 현상이 우리의 뇌 속에 '내장되어' 있는 것이 아니며, 학습된 불행 욕구 때문에 생긴다는 설이다. 중독은 학습된 행동이기 때문에 심리치료 과정 또는 관계 중심의 그룹 활동에 참여함으로써 중독 행동에서 벗어날 수 있다는 것이다.

대부분의 중독 행동은 행복에 대한 혐오 반응을 유발하는 상충 욕구의 한 표현이다. 앞서 행복에 대한 혐오 반응의 한 유형으로 행복과 불행 사이를 왔다 갔다 하는 경우를 논의했다. 진정한 즐거움에는 늘 불행을 경험하고 싶은 욕구가 뒤따른다. 반면 불행을 경험했을 때에는 결과적으로 건설적인 즐거움을 찾고 싶다는 욕구가 생긴다.

중독자들은 양립해서는 안 되는 두 가지 동기를 동시에 충족시키면서 자신의 내적 안녕감을 유지한다. 다시 말해 진정한 즐거움 그리고 파괴적인 즐거움(내적 불행을 만족시켜주는 즐거움), 이 두 가지 내적 안녕감의 근원을 자신도 모르게 뒤섞으며 생활한다. 폭식증 환자의 경우 폭식할 때 생기는 비참한 기분으로 인해 식생활에서 오는 진정한 즐거움을 망쳐 버린다. 대부분 무엇에 중독되면 즐거운 경험을 극단적으로 추구하여 결국에는 불행을 유발하는 수준까지 이른다. 폭식뿐만 아니라 어떤 사람들은 과로에 중독되어 있고, 어떤 사람들은 지나치게 운동을 많이 한다. 또한 어떤 이들은 끊임없이 새로운 성적 상대를 찾아다니거나 음주에 빠진다.

잘못된 식습관

엘리너는 맛있는 음식을 끊임없이 제공하는 것이야말로 사랑의 상징이라고 생각하는 가정에서 자랐다. 유아와 아동기를 보내는 동안 엘리너가 부모님 품에 안기는 일은 드물었다. 그녀는 친밀감 부족에 익숙해졌고 스스로 위안 삼기 위해 자신의 엄지손가락을 빨았다.

좀 더 자란 엘리너는 시험을 망치거나 친구와 싸워 기분이 안 좋을 때마다 자신의 문제를 부모님에게 털어놓고 싶은 욕구를 절제하면서 그것이 굉장히 옳은 행동이라고 생각했다. 엘리너는 엄마 품에 안겨 위로받는 대신 자기 방에서 막대 사탕을 먹으며 마음을 달랬다.

청소년기에 접어들어선 엘리너는 위로가 필요할 때마다 음식을 찾았다. 체중이 점점 증가하자 그녀는 뚱뚱한 몸 때문에 운동복을 입은 자신의 모습을 보는 것이 싫어 운동도 하지 않았다. 결국 엘리너는 고도 비만에 이르게 되었다. 엘리너는 20대에 고혈압 진단과 더불어 반드시 체중을 감량해야 한다는 처방을 받았다. 하지만 스스로 식습관을 조절하지 못한 엘리너는 결국 우리에게 상담을 요청했다.

엘리너의 첫인상은 구제 불능 패배자 같은 모습이었다. 그녀는 보통 체중을 유지하는 다른 이들이 갖는 동기나 의지가 자신에게는 없다고 느꼈다. 상담을 하며 엘리너는 자신이 어릴 때 경험한 신체적 고립과 외로움을 부모님의 사랑과 행복이라고 믿으면서 자라왔다는 사실을 깨달았다. 엘리너는 사랑과 애정을 음식으로 대체하여 이러한 (불행한) 느낌을 되찾고 좋은 기분을 느끼고자 했다. 하지만 결과적으로 엘리너에게는 자신을 위로하는 동시에 비참하게 만드는 식습관만이 남았다.

하지만 먹는 즐거움은 폭식할 때의 비참한 기분과는 별개다. 우리는 이러한 사실을 엘리너에게 알려주었고, 엘리너는 자신이 음식을 고통의 수단으로 사용하고 있다는 사실을 알게 되었다. 엘리너는 '무엇을 먹고 싶은지'가 아닌 '정말 배가 고픈 것인지'를 생각하기 시작했다. 배가 고프지 않다면 다른 것을 통해서 만족을 찾으려고 노력했다. 처음에는 독서나 TV 시청 등과 같은 정적인 활동을 선택했지만, 체중이 점차 감소하면서 엘리너는 자신이 자전거 타기를 무척 좋아한다는 사실을 알게 되었다. 그래서 자전거 동호회에 가입했고, 이로써 더욱 즐거운 마음으로 체중을 줄일 수 있었다.

그런데 진정한 즐거움을 찾으려는 마음이 커질수록 파괴적인 방법으로 즐거움을 찾으려는 욕구도 같이 발생했다. 엘리너는 폭식증이 다시 시작될 것에 대비하고 있었다. 먹고 싶은 것을 한바탕 먹은 뒤에는 늘 "그것 봐, 포기하는 게 낫잖아. 넌 못 한다니까. 지금껏 그렇게 노력한 것을 다 뭉개버렸잖아"라고 말하는 내면의 목소리가 찾아왔지만, 이제는 그에 저항할 수 있게 되었다. 엘리너는 폭식할 때마다 마음을 다잡고 다시금 다이어트에 최선을 다했다. 언젠가 후퇴의 순간이 올 것을 예상하고 그 순간을 줄여나가는 방법을 배웠다. 폭식하고 싶은 욕구가 강해질 때면 음식의 양을 정해 놓고 먹으며 폭식하고 싶은 욕구를 충족시키되, 다이어트에 피해가 덜한 방법을 선택했다. 2년 뒤 엘리너는 건강한 체중에 도달할 수 있었다.

진정한 즐거움과 파괴적인 즐거움 사이의 균형은 각기 다를 수 있다. 예를 들어 도박이나 마약에 중독된 사람들은 진정한 즐거움은 거의 누리지 못하고 파괴적인 즐거움을 훨씬 더 많이 경험한다. 어떤 대상에 중독되어 있다면 자신이 파괴적인 즐거움을 바라는 욕구에 사로잡혀 있으며, 아주 어린 시절부터 자신의 행복이 이렇게 정반대의 욕구로 구성되어왔다는 사실을 깨달아야 한다. 그래야 부작용을 동반하지 않는 즐거움을 선택할 수 있다.

2부

행복
선택하기

회복의 단계

선천적인 즐거움과 낙관주의는 내적 불행의 방해에도 결코 사라지지 않는다. 당신도 중요한 여러 요소가 자신의 통제 밖에 있다고 생각했을지도 모른다. 하지만 그런 일들에 영향을 받는다고 해서 삶의 질이 흔들려서는 안 된다. 최악의 상황에 봉착했더라도 내적 평정심을 유지하고, 자신이나 타인을 불쾌하게 만들어서 위안을 찾으려는 욕구를 피할 수 있다.

내적 불행으로 고통받고 있지만, 그것이 왜 일어나는지 모르겠다면 아직까지 삶의 방식을 직접 선택할 기회가 한 번도 없었거나 노력했음에도 여러 차례 실패했을지도 모른다. 스스로를 불행하게 만들려는 학습된 (그러나 드러나지 않은) 욕구와 진정한 행복을 추구하는 능력의 충돌을 인식하면 불행에서 탈출하기가 훨씬 쉬워진다.

내적 불행이 무엇인지 아는 것도 중요하다. 그것이 무엇인지 알아야 노력 뒤에 따라오는 후퇴의 순간에 대비할 수 있기 때문이다. 여기서 말하는 후퇴란 결심한 것을 실천하는 데 수반되는 어려움을 말한다. 긍정적인 선택이 내적 평정심을 깨뜨릴 수도 있다는 점을 알게 되면 결심이 흐려지거나 다시 원점으로 돌아가더라도 낙심하지 않을 수 있다. 그리고 이런 후퇴의 순간을 실패로 보지 않고 치유 과정의 일부로 인정할 수 있다.

지금까지 자신이 하나의 방향성을 가진 일관된 존재라고 생각해 왔을 것이다. 하지만 인간은 양립할 수 없는 두 가지 동기를 가진 존재이다. 그 가운데 하나는 진정한 즐거움을 누리고자 하는 동기이고, 다른 하나는 불행(잘못된 즐거움)을 좇는 동기이다. 어떤 선택이 흥미롭다고 해서 그것이 반드시 진정한 즐거움이 되지는 않는다. 예를 들어 한 운전자가 매우 졸린 상황에서도 일정에 맞추기 위해 운전을 멈추지 않겠다고 마음먹었을 때, 본인은 그것이 올바른 결정이라고 느낄 수 있다. 하지만 사실 이 운전자는 자신의 내적 불행 때문에 안전을 우선하는 진정한 즐거움을 제쳐두고 잘못된 즐거움을 선택한 것이다.

불행 중독

홍미로운 선택지가 있을 때에는 내적 불행 때문에 그것에 끌리는 것인지 아니면 진정한 즐거움의 욕구를 채워주기 때문에 끌리는 것인지 생각해 봐야 한다. 다이어트 중인 사람이 슈퍼마켓에서 초콜릿을 보며 유혹을 느끼는 것도 이러한 예에 해당한다. 초콜릿을 먹으며 느끼는 즐거움은 건강한 체중에 도달하려는 진정한 즐거움을 방해하기 때문에 실제로는 내적 불행에 따른 것이다. 이 사실을 깨달으면 초콜릿의 유혹을 훨씬 쉽게 뿌리칠 수 있다.

회복의 단계

내적 불행을 극복하는 단계는 다음과 같다.

①시작하기(비록 시작하고 싶지 않더라도⋯⋯)

②후퇴의 순간에 대처하기

③의지가 흔들려도 포기하지 않기

④자신을 내적 불행에서 회복되고 있는 사람으로 인식하기

각 단계에는 서로 다른 계획과 조심성이 요구된다. 내적 불행을 끝내는 과정에서 진정한 향상이란 '여러 번 실패하더라도 더 많이 도전

해 결국 성공하기'이다. 그러면 여러 후퇴의 순간이 왔을 때 긍정적으로 반응할 수 있다.

시작하기(비록 시작하고 싶지 않더라도⋯⋯)

바꾸고 싶은 것이 무엇이든 이를 위해 노력을 시작하는 것 자체가 어려운 일이다. 대부분 자신이 무엇을 해야 하는지 정확히 알고 있다. 다이어트, 올바른 식습관 유지하기, 운동하기, 업무 제시간에 완수하기, 금연, 재정 관리, 사랑하는 이들과 함께 시간 보내기 등. 문제는 그 시작 시기를 계속 미룬다는 점이다. '새해부터 하면 돼', '이번 프로젝트만 끝나면 바로 시작할 거야', '여행 다녀온 뒤에 해야지'와 같은 핑계를 대며 지금만 아니라면 언제든 시작할 수 있는 것처럼 미룬다.

그리고 더 나은 삶을 위한 계획을 설정하는 것만으로도 이미 향상된 듯한 기분을 느낄 수 있다. 문제는 그렇게 쉽게 마음먹은 것은 실패하기도 무척 쉽다는 것이다. 당장 할 일이 아닌데 왜 미리 내적 불행에 시달리겠는가?

계획한 날짜가 다가오면 점점 결심이 흔들리기 시작할 것이다. 삶을 개선할 때는 반드시 불쾌한 일도 일어난다는 사실을 알게 되면 이 때문에 또다시 시작 날짜를 미루게 될지도 모른다. 그러면 뭔가 전진하고 있다는 좋은 느낌도 받으면서 노력의 첫발을 내딛을 때 부딪쳐야 하는 내적 대립도 피할 수 있게 된다. 이렇게 노력을 전혀 시작하지 않는다면 오랫동안 느끼며 살아온 그 익숙한 불편함이 살아나서 내적 불행을 만족시키게 된다.

첫발 내딛기를 자꾸만 미루는 것은 시작일이 다가오면서 내적 갈등이 점점 쌓이고 있기 때문이다. 이 때문에 특정일(새해, 휴가)이 지나면 시작하기 쉬워질 것이라는 희망을 품고는 시작을 계속 미루는 것이다. 시간이 아니라 내적 불행이 문제라면 첫 단계를 통과하는 것조차 쉽지 않을 것이다. 스스로 건설적인 선택을 하는 것은 지금껏 행복과 혼동했던 불행을 포기하는 것과 같다. 하지만 시작하고 싶을 때까지 기다린다면 아마 평생 미루게 될 것이다.

보다 쉽게 첫발을 내디딜 수 있도록 몇 가지 방법을 제시한다.

● 작은 목표부터 시작하기

아주 작은 목표를 하나 정해보자. 많은 이들이 거의 불가능한 목표를 세우고는 한두 번 실패한 뒤 포기해 버리고 만다.

예: 열흘 동안 매일 1km씩 걷기, 1.5kg 감량하기, 3개월 동안 통장 잔액 지키기, 친구나 연인과 1시간 정도 즐거운 시간 보내기, 업무

지시를 받은 날 바로 작업 시작하기 등.

- **시작일을 가깝게 정하기**(지금으로부터 2~3일 내)
- **계획을 미룰 적당한 이유가 있더라도 반드시 지키기**

  정말 하기 싫고, 지금은 시작하기에는 너무 바쁘다고 생각되고, 다음 주 혹은 다음 달에 시작하면 훨씬 쉽게 성공할 수 있을 것 같다는 생각이 들지도 모른다. 만약 이 유혹에 넘어가 버렸더라도 포기하지 말고 마음을 다잡아 보자.

- **목표를 이루었을 때 그간 내적 갈등을 겪느라 더욱 힘들게 느껴질 수도 있다는 사실을 염두에 두고 첫 단계를 과감히 시작하기**
- **시작했다는 사실을 기념하기**

목표 달성을 위한 첫 단계를 밟는 것은 매우 의미 있다. 하지만 첫 단계를 시작했다면 이제 다음 단계를 위한 준비 태세에 들어가야 한다.

후퇴의 순간에 대처하기

사람을 돕기 위해 설계된 프로그램 대부분이 모든 사람이 각 단계를 쉽게 따라할 수 있을 것이라는 잘못된 가정에 기반한다. 목표를 규명하고 첫 단계를 시작한 뒤 그저 한 걸음씩 나아나가면 된다고 믿고

불행 중독

있을 텐데, 그렇게 하다가는 첫 번째 후퇴의 순간(운동 시간을 잊고 잠들어버린 경우, 다이어트 중에 커다란 초콜릿 케이크를 먹어 치운 경우, 중요한 업무를 미루고 TV만 본 경우, 카드 값 지불을 깜빡해 신용카드가 정지된 경우 등)에 크게 낙담할 수 있다. 그리고 그다음 후퇴의 순간이 오면 너무 큰 목표를 선택했다고 결론지은 채, 모든 것을 포기하게 될 수도 있다.

내적 불행의 특성상 후퇴는 불가피할 뿐만 아니라 그 자체로 치유 과정의 일부이다. 이제는 변하고 싶다는 다짐과 진정한 행복이라는 타고난 권리가 당신에게 있다는 것을 깨닫기만 하면 된다. 그리고 그동안 느낀 좋은 느낌의 상당 부분은 오랫동안 행복과 혼동했던 익숙한 불행임을 알아야 한다.

매 순간 당신의 내면에서 양립할 수 없는 내적 안녕감을 공급하려는 시도가 벌어지고 있으며 이것이 실제 삶에 영향을 끼칠 수도 있음을 예상하고 있어야 한다. 삶의 개선은 절대 직선적으로 진행되지는 않기 때문이다. 테니스 경기 중에 1점을 잃었다고 해서 게임을 포기하지는 않는다. 1점을 잃더라도 여전히 승산이 있기 때문이다. 후퇴의 순간 역시 마찬가지다. 잃어버린 점수를 만회하기만 한다면 승산이 있다.

더불어 후퇴에 대비하고 그 순간에 무너지지 않는다면 앞으로 다가올 후퇴의 순간에도 대비할 수 있다. 다이어트 중 빵집에 들르는 바람에 그동안 해온 것을 모두 망치게 됐다고 치자. 이럴 때 '이제 살 빼기는 글렀어'라고 생각하고 자포자기하는 대신에 '이제부터는 집에 갈 때 다른 길로 가야겠어'라고 결심하면 된다.

후퇴의 순간은 목표에 도달하기 위한 길목 어디서나 나타날 수 있다. 하지만 이러한 순간을 여러 차례 겪고, 자신이 그 시기를 무난히 뛰어넘을 수 있다는 사실을 알게 된다면 이전보다 후퇴에 겁먹는 일이 줄어든다.

하지만 자신의 결심을 꿋꿋이 지키는 일은 이와는 전혀 다른 일이다. 역설적이게도 향상을 이루면 이룰수록 결심이 흔들릴 가능성은 더 커진다.

의지가 흔들려도 포기하지 않기

목표에 가까워질수록 결심이 약해지는 것을 느낄 수 있을 것이다. 이렇게 의지력이 사라지는 것은 여러 형태로 나타난다. 가장 흔한 형태는 다음과 같다.

● 변하고자 했던 이유가 사라진 경우

A는 오랜 시간 동안 갖은 고투를 겪고 나서야 끊임없이 자기를 비난했던 여성과 헤어질 수 있었다. 하지만 시간이 조금 흐르자 그

불행 중독

는 그 여성의 좋은 점만 떠올라 그녀를 떠난 것을 후회하게 되었다. 그는 고민 끝에 그녀에게 전화를 걸었고 결국 그 끔찍한 관계를 다시 시작했다.

● 목표에 도달하지 않았지만 이미 충분하다고 결론 짓는 경우

B는 4.5kg 감량을 목표로 했지만, 2.5kg을 감량하고 보니 이미 예전보다 훨씬 더 나은 것 같아 굳이 다이어트를 계속할 필요가 없겠다고 생각했다.

● 노력이 지루하게 느껴지는 경우

● 계속해서 싸워야 한다는 것에 지쳐서 모두 포기해 버리는 경우

C는 정말 오랜만에 은행 계좌의 잔액을 문제 없는 상태로 유지하게 되었다. 하지만 몇 개월이 지나자 먹고 싶은 것, 사고 싶은 것을 자제하고 잔액을 맞추는 것이 점점 힘겹게 느껴졌다. 재정 상태를 확인하려고 자리에 앉을 때마다 겪는 어려움을 더 이상 감당할 수 없다고 판단한 C는 다음번 은행 계좌 내역이 도착하자 그 서류를 서랍 속에 밀어 넣어버렸다.

목표를 향해 가는 과정에서 처음의 열정을 잃는 이유는 내적 불행 때문일 가능성이 크다. 진정한 행복을 맛보면 맛볼수록 행복으로 가장한 익숙한 불행의 욕구는 점점 더 강해진다. 긍정적인 목표에 다가갈

수록 그것의 가치가 이전만큼 중요하게 여겨지지 않는 것도 흔한 현상
인데, 이것도 위의 이유로 설명할 수 있다.

자신을 내적 불행에서 회복되고 있는 사람으로 인식하기

성공이 또 다른 성공을 불러일으킨다는 말이 있다. 내적 불행을 해
소하고 자신이 원하는 방향으로 나아가기 위해 여기서 배운 방법을 활
용하면 조금 더 행복하고 강해질 수 있다.

익숙한 불행을 통해 얻었던 잘못된 즐거움은 긍정적이고 스스로를
돌보는 선택을 할 때 느끼는 진정한 즐거움과 비교될 때 그 힘을 잃어
버린다. 무슨 일이 잘못되었을 때 분노와 자기비판으로 반응하기보다
는 자신에게 연민을 가지고 건설적인 방법으로 반응해 진정한 즐거움
을 경험하기 시작하면 분노와 자기비판에서 얻었던 잘못된 즐거움은
대부분 사라진다.

하지만 지금껏 자신도 모르게 불행을 추구하면서 그것이 행복이라
고 굳게 믿으며 살아왔기 때문에 익숙한 그 불행의 욕구가 얼마간 사
라지지 않고 곁에서 서성거릴 것이다. 이미 얻은 성공에 만족하지 않
고, 자신이 여전히 내적 불행에서 회복되고 있는 사람이라고 인식하는

불행 중독

편이 올바른 이유도 이 때문이다.

산 정상에 올라 풍경을 즐길 때에는 아래로 떨어지고 싶은 욕구를 주의해야 한다. 내적 불행은 여러 가지 다양한 면에서 당신이 이룬 성공을 망가뜨린다. 가장 흔한 예는 이미 이룬 것 가운데 일부를 포기해버리는 것이다. 성공과는 관계없어 보이는 면에서 문제를 만들어낼 수도 있다. 예컨대 우연히 몸을 다치게 한다든지 사랑하는 사람과 다투게 된다든지 이유 없이 마음이 불안해진다든지 하는 경우가 그렇다. 이렇게 나타나는 불행은 그간 느낀 행복을 망쳐놓거나 이미 얻은 것들을 유지하기 힘들게 만든다.

그토록 원하던 목표를 성취한 이후에는 그 성취를 잘 유지하고 있는지, 다른 곳에서 반사적인 문제를 일으키고 있지는 않은지 끊임없이 점검해 봐야 한다. 만약 궤도에서 이탈했다면 앞서 제시한 조언을 따르도록 하라. 즉 후퇴의 순간은 불가피하며, 후퇴했다고 해서 지금껏 이룬 성공이 없는 것이 되지는 않으므로 목표를 이루기 위해 다시금 노력해야 한다.

시간이 지남에 따라 자신이 원하는 삶을 선택하며 진정한 즐거움을 경험하고, 동시에 내적 불행을 단단히 막는 데 성공하면 오랫동안 버티고 있던 불행의 욕구는 사라질 것이다. 태어날 때부터 알았어야 할 진정한 행복을 이제야 발견했다고 생각하자. 경계를 늦추지 않고 항상 주의를 기울인다면 삶의 전 영역에서 긍정적인 선택을 할 수 있고, 목표하던 방향으로 일이 풀리지 않더라도 자신이나 타인을 괴롭게 하고 싶은 욕구를 피할 수 있을 것이다.

11

고통스러운 감정에서
자신을 놓아주기

근거를 알 수 없는 두려움, 분노, 의심, 죄책감, 염려, 우울, 급격한 기분 변화, 공포증 등에 주기적으로 고통받는 사람들은 이러한 감정은 절대 통제할 수 없는 영역이라고 마음 깊이 확신하고 있다. 물론 이러한 생각도 일리는 있다. 길을 걸어가다가 다리에 경련이 일어나면 잠시 멈추어 서서 휴식을 취하면 되지만, 정서적인 고통에는 딱 떨어지는 명백한 치료법이 없기 때문이다.

우리는 정서 안정에 훨씬 더 효과적인 방법을 제시한다. 우연히 발생한 불행 이후에도 오랫동안 사라지지 않고 계속되는 고통스러운 정서는 내적 불행의 한 표현이다. 어린 시절에 이러한 고통스러운 감정이 자신이 느껴야 할 마땅한 기분이라고 오인하며 자란 탓에 자신도 모르게 이러한 고통스러운 감정을 추구할 수 있다.

　부정적인 감정의 근원이 바로 자기 자신이라는 사실은 어쩌면 매우 놀랍고 당황스러울 수도 있다. 하지만 이는 타고난 특성이 아니라 어린 시절에 학습한 습관이므로 충분히 고칠 수 있다. 이렇게 습관적인 불행 유발의 원인을 파악하면 점차 스스로 일으킨 불행에서 자유로워질 것이다. 뿐만 아니라 긍정적인 기분과 정서를 스스로 선택하고 누릴 수 있다. 이 감정들은 이유 없이 흔들리지 않는다. 아주 심각한 사건이 일어났을 때만 영향을 끼칠 것이다.

　'적절한 불행'과 '불필요한 불행'을 구별하는 능력을 기르는 것도 고통스러운 기분을 수정하는 일의 일부이다. '적절한 불행'이란 불쾌한 사건에 현실적으로 반응하는 합당한 태도를 뜻하며, '불필요한 불행'이란 내적 불행을 만족시키는 데 사용되는 과잉 반응 또는 추구 행동을 일컫는다.

　중요한 것을 상실했을 때 슬퍼하는 것은 당연한 현상이다. 불필요한 불행이 나타났을 때의 반응은 실제 상실에 대한 반응보다 지나칠 수 있고 수개월에서 수년 동안이나 지속될 수도 있다. 이러한 반응은 일상생활에서 제 기능을 하기 어렵게 만들며, 타인을 향한 근거를 없는 분노와 의심을 일으키고, 자신이 무가치하고 비난받아 마땅하다는 판단을 부추긴다.

한 남성은 가족들과 휴가를 즐기던 중 차가 망가져서 하루 이틀 정도를 낭비했을 때 불필요한 불행을 경험했다. 아내와 아이들은 이왕 이렇게 된 김에 풀장에서 재미있게 놀면서 수리가 다 되기를 기다리자고 했지만, 그는 차 때문에 여행 일정이 지연된다는 사실에 너무 화가 나서 수리사가 차를 고치는 것만 뚫어져라 지켜보고 있었다. 내적 불행 때문에 발생한 이러한 압도적인 불안은 상황을 최대한 활용하여 남성이 가족들과의 여행을 즐기지 못하게 만들었다.

불필요한 불행은 내적 불행의 한 수단으로, 무의식적으로 고통스러운 감정을 추구할 때 나타날 수도 있다. 그 예로 소설 한 편을 펴내기 위하여 3년간 부지런히 일했던 한 여성은 출판사와 원고 계약에 성공하자 마자 바로 우울증에 걸렸다.

성격에 대한 오해

성격에 관한 두 가지 오해가 있다.

①성격은 태어날 때부터 정해져 있다.
②성격 유형을 결정짓는 특정한 뇌 화학작용이 있다.

이처럼 그릇된 신념은 성격의 결정 요인이라고 불릴 만한 선천적 특성이나 뇌 화학작용의 확실한 증거가 없는데도 오랫동안 사라지지 않고 있다. 물론 우리의 마음이라고 할 수 있는 뇌가 신체의 기초가 되는 것은 사실이다. 하지만 우리는 어렸을 때부터 행복이라고 생각하도록 학습한 것을 성인이 된 오늘날에도 추구하고자 하며 이러한 정서에 의해 개인의 많은 부분이 결정된다.

고통스러운 정서는 뇌 구조 이상 때문에 나타나는 것이다. 자신은 감정에 아무런 영향도 끼치지 못한다는 생각은 표면적으로는 위안이 되지만 이것은 동시에 자신의 기분을 스스로 조절할 수 없다는 말과 다름없는 무척 실망스러운 생각이다.

그래도 한 가지 반가운 소식이 있다. 의식하지 못하더라도 감정의 주인은 바로 자기 자신이라는 점이다. 우리에게는 스스로 내면의 강도를 향상시킬 방법이 남아 있다.

많은 이들이 급격한 기분 변화는 후천적인 것이며, 그 안에 숨은 의도가 있다는 사실을 믿지 않는다. 화나고, 우울하고, 불안한 이들은 태어날 때부터 그런 식이었거나 생물학적 결과로 그러한 고통스러운 기분이 발달했다고 생각하는 것이다.

이를 뒷받침하듯 어떤 아기들은 신체적 문제가 전혀 없는데도 짜증을 낸다. 하지만 사실 모든 아기는 엄마 뱃속에서 정서 반응을 어느 정도 결정짓는 태아기 경험을 거친다. 이 기간이 약 9개월이니 마냥 무시할 수만은 없다. 한 연구 결과에 따르면 스트레스에 시달리고 있거나 우울에 빠져 있는 여성의 태아는 특정 자극에 높은 수준의 스트레스 호르몬을 만들어내며, 이들의 스트레스 호르몬은 다른 태아들보다 더 상승된 상태로 남는다고 한다. 따라서 이 아이들이 다른 아이들보다 짜증이 잦은 점은 놀랄 일이 아니다.

만약 아이가 심하게 짜증을 내더라도 부모가 올바른 태도로 꾸준히 아이를 돌보면 그 아이는 점차 차분하고 융통성 있는 어린이로 자랄 수 있다. 성마른 성격이 그 아이들의 뇌 속에 '내장된' 것은 아니기 때문이다.

"뇌의 화학작용에 영향을 끼치는 약물이 우울, 불안과 같은 감정을 완화시키는 데 도움이 된다고 알고 있습니다. 그렇다면 고통스러운 기분에는 생화학적인 이유가 있는 것 아닐까요?"라며 궁금해할 사람도 있을 것이다.

어떤 약물이 정서적 안정을 증진한다고 해서 그 사람의 정서적 고통이 생화학적인 이유 때문이라고 말할 수는 없다. 우선 약물 효과는 '플라세보 효과placebo effect(약리학적으로 비활성인 약품을 복용했을 때 유익한 작용이 나타나는 경우—옮긴이 주)'에 의한 것일 가능성이 있다. 다시 말해서 권위 있는 누군가가 그 약물의 효능을 인정했다는 사실만으로도 사람들의 상태가 나아질 수 있다는 말이다.

게다가 약물로 사람의 정서적 고통을 완화하는 데 성공한다 해도 이것이 정서적 고통을 유발하는 원인에 직접 작용한다고 보기는 매우 어렵다. 한 화학 물질이 격렬한 정서적 고통을 가라앉혔다고 해서 그 불편한 감정의 근원이 화학적 불균형에 있다고 볼 수 있을까?

이해를 돕기 위해서 예를 들어 보겠다. 머리가 너무 아파서 진통제를 복용했다고 치자. 두통은 사라졌지만 고통을 유발한 것이 정서적 불편함이나 분노인지, 혈관 문제인지, 아니면 다른 이유인지는 알 길이 없다. 정서적 고통을 억누르는 것은 그 고통을 이해하고 치료하는 것과는 전혀 다르다. 더불어 뇌에 작용하는 모든 약물은 심각한 신체적 변화에서부터 혼란스러운 느낌에 이르기까지 다양한 부작용을 수반한다.

임상적인 증거를 통해서 우리는 정서적 고통의 주원인이 생화학적인 것이 아니라는 주장의 타당성을 알 수 있다. 이는 심리적 도움을 주는 것이야말로 삶을 불쾌하게 만드는 정서적 기복에서 개인을 자유롭게 해줄 수 있다는 증거다. 고통스러운 감정들이 태생적인 것이라면 심리치료는 아무 소용없는 일일 것이다.

우리를 포함한 여러 연구자들은 거의 모든 정서적 문제는 심리치료

불행 중독

를 통해 치료될 수 있다는 사실을 입증해 왔다. 한 번은 치료가 불가능하다는 청소년들을 돕기 위해 시범 프로그램을 설계하여 운영했다. 일리노이 정신 건강 부서에서는 폭력적이고 치료를 거부하는 십대들을 이 프로그램에 참여시켰다. 미국 내 그 어떤 치료 프로그램도 이 청소년들을 받아들이지 못했다. 때문에 우리가 그들을 만났을 때 그들은 평생 공공시설에서 살아야 하는 운명에 처해 있었다.

이 청소년들은 아주 작은 실망이나 긍정에도 살인적인 분노로 반응했다. 그들은 어릴 때부터 수많은 신체적·정서적 학대를 경험했다. 그래서 그 아이들은 행복과 불행을 혼동했고 결과적으로 자신과 타인에게 극단적으로 파괴적인 행동을 하게 되었다.

그들 가운데 한 소년은 그때까지 글을 전혀 읽을 수 없지만 다른 사람들에게는 읽을 수 있는 척해 왔기 때문에 학교에 가는 것이 두렵다고 털어놓았다. 그 말을 마친 그는 갑자기 밖으로 달려나가 치료자의 차량에 돌을 던졌다.

이 소년은 아주 오래전부터 행복과 불행과 혼동하여 불행 속에서 위안을 찾았다. 그런데 이해심 많은 성인과 수치스러운 비밀을 나누는 진정한 즐거움을 느끼자 그간 모든 이들에게 소외당하면서 느꼈던 그 불행한 느낌이 사라진 것이다. 혼란을 느낀 소년은 자신도 모르게 치료자에게 격렬한 분노를 품고 차를 망가뜨려 잘못된 즐거움(행복을 가장

한 불행)을 되찾으려 한 것이다.

치료자는 그동안 얼마나 힘들었을지 이해는 하지만, 앞으로는 그런 방식으로 분노를 표현해서는 안 된다고 가르쳐주었다. 아울러 치료자는 그 문제를 개인적으로 해결하고자 그 후로는 자신의 차량을 다른 사람들이 통행하는 장소에 주차하지 않았다. 이와 동시에 치료자는 소년이 자신의 비밀을 공유하면서 치료자와 가까워졌고, 그러한 향상에 대한 반응으로 폭력적인 행동을 저질렀다는 사실을 깨닫도록 도와주었다.

이 심리 치료 프로그램에 참여한 청소년 전원이 극적인 향상을 보였다. 비록 주 정부의 행정체계 개편으로 자금 조달이 끊기면서 프로그램을 완수하지는 못했지만, 참여했던 모든 청소년들은 사회로 돌아갈 수 있을 만큼 나아졌다.

12

고통스러운 감정은
어린 시절에 학습된다

앞서 설명했듯이 모든 사람은 사랑하고 사랑받는 느낌을 갖고 태어난다. 정서적 욕구가 충족된 어린이들은 내면 역시 안정되어 있다. 그래서 이 아이들이 성인이 되어 불운한 상황에 직면하더라도 사랑하고 사랑받을 수 있다는 확신을 유지한다. 그리고 자신과 타인에게 불필요한 불행을 절대로 일으키지 않는다.

하지만 정서적 욕구가 채워지지 않은 경우, 불행과 행복을 혼동하여 불행한 느낌을 다시 경험하려는 욕구가 발달한다. 그리고 불행이 자신에게 좋은 것이라는 착각 속에 무의식적으로 불행을 추구한다. 내적 불행은 결국 스스로 상처를 주도록 이끌며, 친밀한 관계를 유지하기 어렵게 하고, 잠재력을 발휘하지 못하도록 만든다.

내적 불행은 고통스러운 감정의 형태로 나타나기도 한다. 이 말은 일면 일리가 있는데, 정서적 욕구가 충족되지 않은 아이들은 수치감, 우울, 불안, 공포, 분노 등을 느끼기 때문이다. 이 아이들은 그것이 부모님이 자신에게 기대하는 것이라고 확신하기 때문에 성인이 되어서도 그러한 감정으로 위안을 찾으려고 한다.

고통스러운 감정에는 분명히 숨은 의도가 있다

불안, 우울, 이유를 알 수 없는 죄책감, 성마름 등의 불쾌한 기분으로 고통스러울 때마다 이러한 감정이 '우연히' 나타났다고 생각해 왔을 것이다. 하지만 어린 시절부터 좋은 감정과 이 불쾌한 감정을 혼동하며 자랐기 때문에 무의식적으로 이러한 감정에 의지하는 것이다. 이처럼 행복에 대해 잘못 학습한 이들은 좋은 기분을 느끼려고, 실의에 빠져 있는 자신을 위로하려고, 또는 즐거움에 대한 반응으로 불쾌한 감정에 의지한다.

이 불쾌한 감정이 마치 외부에서 누가 관여한 것처럼 느껴질지도 모르겠지만, 사실 그 안에는 자신의 의도가 숨어 있다. 감정을 만들어 내는 주체가 바로 자신이라는 사실을 깨달으면 나쁜 기분이 아닌 좋은 기분을 선택할 수 있는 힘 역시 나 자신에게 있다는 사실을 발견할 수 있다.

꿈을 만들어내는 사람도 나 자신이다

기분과 마찬가지로 꿈의 주인도 바로 자신이다. 공상이나 논리적 분석과 같이 꿈도 마음의 산물이다. 불쾌하고 두려운 꿈은 우리가 의식적·무의식적으로 추구하려는 것이 무엇인지 알려준다.

꿈은 진정한 행복의 욕구와 후천적으로 습득한 불행의 욕구를 모두 충족시킬 수 있다. 또한 한 가지 꿈이 이러한 두 가지 욕구를 동시에 충족시킬 수도 있다.

....
악몽은 향상의 증거

리비는 상담을 통해 자신이 겪은 학대적인 관계에서 벗어날 준비가 되어 있었다. 그러나 연인을 떠나 혼자 살 아파트를 구한 바로 다음 날 리비는 꿈을 꾸었다. 새 아파트로 이사했는데 자신이 떠나려 했던 연인이 이미 그곳에 살고 있는 꿈이었다. 그녀가 전 애인이 새집에 따라 들어와 사는 꿈을 꾼 것은 자신의 내적 불행 즉, 자신이 떠나려는 학대 관계에서 오는 잘못된 즐거움을 꿈에서라도 만들어내려고 한 것이다.

리비의 부모님은 매우 엄한 사람들이었고, 아이들을 엄하게 체벌하는 학교로 리비를 보냈다. 따라서 리비가 가혹한 대우를 받으면서 그것도 사랑받는 방법이라고 받아들인 것은 이해할 만한 일이었다. 그래서 리비는 이러한 종류의 애정을 계속 추구해 왔다. 리비는 자신이 꿈속에서 학대적인 상황을 만들어 내 돌봄 받고 싶은 욕구를 풀어놓은 것이 향상의 증거라는 사실을 알게 되었다. 이와 함께 리비는 실제 상황에서 이런 불행을 끝내기 위한 과정을 계속 밟아나갔다.

공장 관리자인 데이빗은 부하 직원들에게 가혹하게 굴어 해고의 위험에 처했던 적이 있다. 한 근로자가 생산 라인을 멈추게 했던 날, 데이빗은 그 근로자에게 비난을 퍼부을 뻔했지만 가까스로 자신의 기분을 조절했다. 그런데 바로 다음 날 밤 그는 이상한 꿈을 꾸었다. 꿈속에서 그는 책상 앞에 앉아 사무를 보고 있었는데 느닷없이 상사가 나타나 자신을 해고했고 곧이어 모든 근로자가 그를 조롱하면서 장비를 들고 위협하더니 공장에서 쫓아냈다.

그는 이 악몽 때문에 몹시 동요했다. 하지만 이내 자신이 기분을 조절하여 상황을 개선한 일 때문에 무의식적으로 스스로에게 분노했다는 사실을 깨달았다. 그 악몽은 자기 파괴의 충동을 아주 생생하게 나타내 그가 깨어 있는 동안 겨우 피할 수 있었던 정서적 고통을 유발했고, 이를 통해 내적 불행의 욕구를 충족했다.

목표를 향해 나아갈 때 악몽을 꾸는 사람들이 있다. 상황이 진전될수록 악몽을 꾸는 횟수도 증가한다. 이런 악몽은 목표를 따라 전진하고 있는 진정한 즐거움을 스스로 허락했다는 사실 때문에 나타나는 분노의 한 형태다. 목표를 따라 전진하는 진정한 즐거움은 그동안 자신도 모르게 행복과 혼동했던 익숙한 행복을 사라지게 만든다.

고통스러운 기분 고치기

원하는 삶을 사는 능력을 방해하는 고통스러운 감정은 어린 시절에 행복과 불행을 혼동하면서 습득한 것이다. 이것은 태어나면서부터 내면에 잠재되어 있는 진정한 즐거움의 욕구와 끊임없이 경쟁을 벌이기 때문에 얼마든지 고쳐서 떨쳐버릴 수 있다. 우리는 아주 오랫동안 자신을 괴롭히던 우울, 불안, 알 수 없는 죄책감 등의 고통스러운 감정에서 자신을 놓아주는 데 성공한 사람들을 여러 차례 목격했다.

불필요한 불행에서 회복할 수 있도록 도와줄 길잡이를 소개한다. 대략적인 내용은 다음과 같다.

● **불쾌한 감정도 당신을 위로할 수 있다는 사실을 인정하기**

우울, 불안, 두려움(각종 공포증), 의욕 상실, 무력감, 분노, 의심, 외로움, 자기비판 등과 같은 고통스러운 감정들도 익숙해지면 위안이 될 수 있다.

● **어떤 상황에서 고통스러운 감정에 빠지는지 찾아라**

어떤 사람들은 의외의 행복한 순간에 가장 취약하다. 한 여성은 사랑에 빠지자 그에 대한 반응으로 사업상 자주 여행하는 연인이 비행기 추락 사고를 당하지는 않을까 하는 공포에 시달렸다. 그런가 하면 어떤 이들은 일상생활에서 무슨 일이 잘되지 않을 때 고통스러운 감정에 빠져든다. 많은 고객을 잃게 된 한 회계사는 지나친 자기 비난에 빠져서 다시금 고객들을 찾아 나서는 데 필요한 일들을 전혀 할 수 없었다.

● **고통스러운 기분에 빠질 가능성이 큰 상황이 언제인지 알아냈다면 이제 그 상황에 대비하자**

상황을 예측하고 대비하는 것만으로 불행에 빠지는 것을 완벽히 막지는 못하더라도 이전보다는 확실히 나은 태도를 유지할 수 있을 것이다. 예를 들어 사랑하는 사람이 곧 중병으로 앓아누울 것 같다는 걱정에 빠져들더라도 그 일이 반드시 일어날 일은 아니며, 단지 지나친 감정 변화에 반응하는 무의식적인 방식이라는 사실을 알아두는 것이 연인이 정말 중병으로 몸져누울 거라고 믿는 것보다 훨씬 낫다. 자신이 느끼는 고통스러운 감정을 올바른

불행 중독

관점에서 조절할 수 있게 되면 자신이 특정 상황에서 위안을 느끼려고 그 감정에 의지한다는 사실도 자각할 수 있다. 따라서 그 느낌들은 점점 설득력을 잃어서 결과적으로 이전처럼 당신을 압도하지 않을 것이다.

● **이렇게 고통스러운 감정을 각각의 맥락에서 이해할 수 있게 되었다면 비로소 회복의 길에 접어든 것이다**

이때 두 가지 경험을 하게 되는데, 하나는 고통스러운 기분으로 힘들어하는 것이고, 다른 하나는 '정상적인' 자아가 제 기능을 하여 그 고통스러운 기분을 조절하는 것이다. 그래서 결국에는 우울, 불안, 짜증의 이전처럼 압도적으로 다가오는 것이 아니라, 경미한 두통과 같이 곧 지나갈 일, 무시해 버려도 되는 성가신 일이 될 것이다. 그리고 언젠가는 그토록 자신을 괴롭혔던 고통스러운 감정들이 거의 나타나지도 않는다는 사실을 발견하게 된다.

적절한 불행과 불필요한 불행의 차이 이해하기

감정은 자신과 세상을 통해 얻는 경험에 중대한 영향을 끼치므로 마치 완벽한 현실처럼 느껴진다. 그리고 실제로 '그런 방식'으로 느끼고 있다는 점에서 일면 실재한다고 볼 수도 있다. 하지만 그렇다고 해서 다른 방식을 선택할 힘이 전혀 없다는 뜻은 아니다. 앞서 언급했듯이 감정에는 두 가지 종류가 있다. 하나는 일상에서 적절한 반응으로 나타나는 감정이며, 또 다른 하나는 대개 인식하지 못한 채 스스로 일으키는 감정이다. 적절한 감정은 긍정적일 수도 있고 부정적일 수도 있다. 사랑에 빠졌을 때의 감정은 긍정적이지만, 해고 소식에 뒤따르는 감정은 명백히 부정적이다. 긍정적이라고 해서 무조건 좋은 것은 아니다.

정서적 욕구를 적절히 충족받은 아이들이 성인이 되었을 때, 그들 스스로 만들어낸 감정은 긍정적인 것뿐이며 대개 부정적이지 않다. 성인이 된 그들은 항상 사랑받는다고 느끼며 위로와 안정감을 누리려고 우울이나 다른 고통스러운 감정에 의지하지 않아도 된다. 반면 정서적 욕구가 채워지지 않아서 불행을 통해 행복을 누리는 법을 배웠다면 성인이 되었을 때 때때로 불쾌한 감정, 불필요한 불행을 일으켜 위안 삼는다.

고통스러운 기분에서 자신을 놓아주려면 우선 불필요한 불행과 적절한 불행을 구별하는 것이 필수다. 어떤 사람들은 자신의 감정을 일기로 기록한다. 하지만 그런 일을 매우 귀찮아하는 사람들도 있다. 어떤 방법을 선택하는지는 상관없다. 다만 자신의 불행이 불필요한 것이며, 스스로 유발한 불행이라는 것을 알아차리기 시작하는 일이 중요하다. 예를 들어 상실이나 실망을 경험했을 때 자연스럽게 어느 정도 슬픔을 경험할 수는 있다. 하지만 경험한 것에 비해 지나치게 고통스럽다면 불필요한 불행을 겪고 있는 것이다.

다음의 목록을 참고하면 불필요한 불행과 적절한 불행을 구별할 수 있을 것이다.

적절한 불행

- 적절한 불행은 누가 보아도 힘든 상황에서만 나타난다. 이러한 사건에는 사랑하는 사람의 질병이나 사망, 원하는 직장의 면접 탈락, 승진 실패 등이 있다.
- 적절한 불행은 실망감 또는 슬픔도 포함하며, 심각한 상실의 경우에는 불특정한 분노 감정을 포함하기도 한다.
- 적절한 불행에는 자기비판의 감정, 사라지지 않는 우울, 타인을 향한 이유 없는 분노, 허탈한 상태, 근거를 알 수 없는 두려움과 불안도 포함된다.

불필요한 불행

- 불필요한 불행은 자신을 향한 가혹한 감정, 만성 우울, 근거를

알 수 없는 두려움, 불안, 의심, 또는 허탈한 상태, 분노 등이 포함된다.

- 불필요한 불행은 실제 상실의 경우에 추가적으로 나타날 수도 있다. 한 남성은 자신의 청력이 악화되었다는 사실을 알게 된 뒤 슬픔을 느꼈다. 더불어 이제 보청기를 끼고 다녀야 한다는 생각에 심한 수치감을 느꼈다. 그래서 그는 의사의 지시에 따르지 않고 보청기 착용을 소홀히 했다. 그러나 동시에 잘 들을 수 없다는 좌절감으로 인해 고통스러워했다.

- 불필요한 불행이 어떤 사건과 반드시 연관되는 것은 아니다. 좋은 기분 뒤에 나타나기도 하고 아주 우연히 나타나기도 한다.

나 자신을 알기: 불필요한 불행을 언제 어떻게 경험하는지 알아내기

우선 자신을 가장 고통스럽게 만드는 불필요한 불행의 종류가 무엇인지 찾아내야 한다. 어떤 이들에게는 이것이 축 처지는 기분일 수도 있고, 어떤 이들에게는 떨쳐 버릴 수 없는 부정적인 생각, 감정일 수 있으며, 까닭 모를 짜증일 수도 있다. 당신은 자신을 괴롭게 만드는 불필요한 불행이 어떤 종류인지 이미 너무나 잘 알고 있지도 모른다. 예를 들어 어떤 사람은 비행기 타기를 무서워할 수도 있고, 어떤 사람은 남들 앞에서 나서는 것을 몹시 불안해할 수도 있다.

그런가 하면 자신이 경험하는 특정한 불필요한 불행이 눈에 보이지 않을 수도 있다. 이것은 불안, 우울, 산만함, 자기비판의 '배경 잡음'과 같은 형태로 존재해왔기 때문이다. 이렇게 저 뒤에 깔린 불편한 느낌이 무엇인지에 초점을 맞춘다면, 현재 그 불필요한 불행이 존재하는지 아닌지를 알아차릴 수 있을 것이다.

삶을 방해하는 부정적인 감정이 무엇인지 알아냈다면 이제 그 감정이 언제 나타나는지 추적해 보길 바란다. 비행이나 공적인 연설을 두려워하는 것처럼 그 기분은 어떤 경우에 특정한 활동으로 인해 자극받는다. 전혀 그 시작점을 찾을 수 없을 때도 있고, 특별히 좋은 감정을 느꼈거나 기대치 않은 실망을 마주쳤을 때 그 느낌 뒤에 불필요한 불행이 찾아올 가능성도 크다.

하루를 보내면서 감정 변화를 기록해 보자. 즐겁고 만족스러운 기분을 느꼈다면 이런 긍정적인 기분이 금세 부정적인 기분으로 바뀌지는 않는지, 바뀐다면 언제 바뀌는지 알아보아라. 그리고 일정한 패턴이 나타날 때까지 계속 관찰하길 바란다.

우울함에는 패턴이 있다

역사 교사인 질은 우울한 기분이 좀처럼 가시지 않아 괴로워했다. 물론 이를 갈면서 버틸 수는 있었지만, 우울한 감정들은 그녀를 퍽 지치게 했다. 무엇보다도 이런 감정들이 제멋대로 휘몰아치기 때문에 스스로도 언제 기분이 안좋아질지 알 수 없다는 점이 가장 불편했다. 그 결과 질은 무력감을 느꼈고, 좋은 기분이 들 때에도 즐길 수가 없었다. 그 좋은 기분이 언제 다시 우울함으로 바뀔지 알 수 없는 노릇이기 때문이다.

내적 불행이 무엇인지 배우기 전까지 그녀는 주기적으로 압박감을 느끼는 삶을 살았다. 오래전부터 이런 고통스러운 감정을 행복과 혼동했기 때문에 자신도 모르게 우울한 감정을 느끼게 된 것임을 깨닫자 무력감을 덜 느낄 수 있게 됐다. 그리고 자신의 불쾌한 기분을 기록하는 일기를 쓰기 시작했다. 질은 우울해지기 전에 지금 기분은 어떤지, 그 느낌이 얼마나 지속되는지 기록하고 살펴보았다.

질은 자신의 우울함에 확실한 패턴이 있다는 사실을 발견하고 깜짝 놀랐다. 질은 항상 행복을 느낀 뒤에 우울함을 느꼈고, 좋은 기분이 클수록 더 우울해지고 지속 기간도 길었다. 이러한 패턴을 발견하고 삶을 되돌아보니 언제나 비슷한 일이 일어나고 있었다.

결혼식 다음 날 질은 몹시 기운이 없었다. 왜 그렇게 냉랭하냐고 묻는 남편에게는 몸이 아프다고 둘러댔다. 하지만 이는 내적 불행의 영향이었다.

한 번은 수업이 원활하게 진행되어 자신의 직업이 무척 자랑스럽게 느껴졌다. 하지만 집으로 돌아오는 길에는 자신의 삶에서 완벽하지 않은 부분을 골

불행 중독

똑히 생각하게 됐고, 집에 도착할 쯤에는 어느새 불만족스럽고 짜증 나는 기분이 되었다. 반면 일진이 좋지 않은 날(수업 시간에 화를 조절하지 못했거나 계획한 대로 수업이 진행되지 않았을 때)이면 집으로 돌아오는 길 내내 차분한 느낌이 들었다.

이러한 사실을 이해한 뒤 질은 자신이 행복한 때가 언제인가를 살피기 시작했다. 그녀는 행복에 대한 혐오 반응을 미리 예상하고 주의해야 한다는 사실을 깨달았다. 때로는 그녀의 내적 불행이 그녀를 꾀어내 익숙한 불쾌함을 만들어낸다는 사실을 아는 것만으로도 우울함을 막을 수 있었다. 심지어 우울한 기분을 느끼더라도 이제 그녀는 이미 준비가 되어 있었다. 자신의 감정을 충분히 이해했고, 이것이 또다시 나타날 것이라고 예상했기 때문에 이제 우울한 감정이 이전만큼 압도적으로 느껴지지 않았고 스스로도 더 이상 무력하다고 느껴지지 않았다.

불필요한 불행에 대비하기

당신을 괴롭히는 감정을 발생시킬 가능성이 큰 일이 어떤 것인지 알아냈다면, 이제 그것이 일어나기 전에 알아채기 위해 노력할 수 있다. 여기서 가장 중요한 것은 자신의 감정 상태에 이전보다 훨씬 더 주의를 기울이고, 그것이 어떻게 변화하는지 아는 것이다.

부정적인 경험을 했을 때 자기비판, 죄책감, 우울, 불안 등 고통스러운 감정에 뒤덮이며 과잉 반응하는 경향이 있는가? 그렇다면 무슨 일이 잘못되었을 때(예를 들어 하는 일이 장애물에 부딪혔을 때, 게임에서 졌을 때, 무언가를 깨뜨렸을 때 등) 특별히 경계를 늦추지 마라.

뒷담화를 못 견디겠어요

패트와 함께 일하는 사람들은 사무실에서 함께 일하는 동료에 대해 뒷담화하는 데 여념이 없는 사람들이었다. 패트는 친구라고 여겼던 한 직장 동료와 늘 즐거운 점심시간을 보내곤 했는데 어느 날 그 친구가 자신의 험담을 늘어놓았다는 사실을 알게 되었다. 패트는 며칠이나 그가 자신에 대해 떠든 말을 되새기면서 불쾌해했다. 패트가 내적 평정심을 되찾기까지는 이틀 정도가 걸렸다.

우리와 상담한 결과, 패트는 자신의 고통은 친구라고 믿었던 사람의 배신 때문이 아니라는 점을 알게 되었다. 그 친구에게 실망하고 이에 대처하려고 스스로 고통을 유발했기 때문에 그토록 힘들었던 것이다.

"삶을 돌이켜 보면 제 부모님은 무슨 일이 잘못되면(인형을 망가뜨렸거나 넘어져 다쳤을 때) 그게 제 책임이라고 할 만한 구실을 찾으셨어요. 한 번은 가장 친한 친구에게 남자친구를 빼앗겼는데, 부모님은 그게 제 잘못이라고 말하셨죠. 제가 그를 행복하게 해주기 위해서 충분히 노력하지 않았다고요!"

　　　　　　　　　　　　　　　　　　　　　불행 중독

패트는 자신이 상실에 대처할 수 있도록 도우려던 부모님의 잘못된 시도를 그대로 모방하여 자기비판의 감정 속에서 위안을 찾게 되었다는 사실을 깨달았다. 이 깨달음을 통해 패트는 배신감이 들 때 자신이 의지했던 수치심과 우울함을 이전보다 더 잘 알고 예견할 수 있게 되었다.

종일 진행되었던 한 차례의 상담을 마치고 나서 패트는 직장 동료인 앨리시아와 만났다. 일전에 패트는 앨리시아가 "패트는 자기가 무슨 상사인 것처럼 말하고 행동한다니까"라고 말한 것을 다른 동료에게 전해 들은 바 있다. 패트는 곧바로 '괜히 혼자 불쾌해하지 말고 우선 생각을 좀 해 보자'라고 스스로를 다독였다. 패트는 자신이 회의에서 훌륭한 제안을 했고 상사도 그것을 긍정적으로 받아들였기 때문에 앨리시아가 자신을 질투한 것이라는 사실을 깨달았다. 패트는 앨리시아의 부정적인 비평에 자신이 스스로를 비판하는 반응을 보일 것이라고 예상했고, 현실을 적절히 적용하여 그 반응을 상쇄시키고 부정적인 기분을 피할 수 있었다.

어떤 일에 실망했을 때 자신도 모르게 자기비판, 사랑받지 못하는 느낌, 불안, 짜증, 혼란스러움, 무기력, 우울 등으로 대처하도록 배운 사람들이 있다. 이들에게는 상실을 경험하는 바로 그 순간, '자, 이제 조금 있으면 먹구름에 뒤덮인 것 같은 막막한 느낌이 들겠지?'하고 스스로 대화 나누는 것도 도움이 된다. 때로는 불필요한 불행을 그저 느끼고 흘러가도록 두는 것도 하나의 방법이 될 수 있다. 비록 그런 느낌이 들더라도 이미 준비된 상태이기 때문에 그리 당황하지는 않을 것이다. 이것은 자신의 삶에 드리운 불필요한 불행의 힘을 약하게 만드는 데 필요한 지레가 되어 준다. 불필요한 불행을 예견하고, 또한 일이 잘못될 때 불필요한 불행으로 자신을 위로하는 것이 익숙하기는 해도 적절한 방법은 아니라는 사실을 깨달으면 이 불행이 자신을 덮치는 것을 막을 수 있다. 또한 불필요한 불행이 일어나기 전에 스스로의 상태를 잘 알 수 있게 된다. 이를 통해 서두르지 않고 자신을 보호해 '나는 비난받아 마땅하다'고 말하는 부정적인 내면의 목소리를 결연히 뿌리칠 수 있다.

패배자가 된 기분

어린 시절을 떠올려 보니 제임스는 종종 자신이 '나쁜 사람'이라는 확신으로 고통받아 왔다. 이 느낌은 너무나도 고통스러웠고, 고통이 최고조에 달하면 제임스는 인간관계와 직장생활에서 제 역할을 해내기가 어려웠다. 제임스는 유능한 무대 연출가였고, 사랑하는 여성과 헌신적인 관계를 유지하고 있었지만, 종종 자신을 '패배자'라고 느꼈다. 자신이 '훌륭하지 않다'는 제임스의 신념은 결국 모두에게 드러나고야 말 부끄러운 비밀 같이 느껴졌다.

불행 중독

우리와의 상담에 익숙해지면서 제임스는 자신에 대한 부정적인 감정은 내적 불행의 한 표현이라는 사실을 알게 되었다. 즉 의식적으로 선택하고 있는 것은 아니지만 어쨌든 자기 스스로 그 감정을 만들어내고 있었다는 것을 말이다.

이 사실을 알게 되자 제임스는 희망에 가득 찬 기분을 느꼈다. 자신이 무가치하다는 느낌은 지금까지 그 어떤 패턴이나 이유도 없이 발생했다. 그리고 자신이 괜찮아질 것인지 또다시 무가치한 느낌에 휩싸이지는 않을지조차 전혀 예상할 수 없었다. 스스로 깨닫지는 못해도 자신의 느낌을 주관하는 것은 바로 자기 자신이라는 사실을 이해하게 되자, 그가 느꼈던 무기력한 느낌은 점차 사라졌다.

제임스는 자기비판의 느낌이 언제 나타나는지 모두 기록했다. 제임스는 자신이 뭔가를 망쳐버렸을 때, 바로 그런 느낌이 들 거라고 예상했다. 하지만 일이 잘못됐을 당시에는 의외로 자신의 내적 평정심을 유지할 수 있다는 놀라운 사실을 발견했다. 오히려 행복하고 만족스러운 느낌이 들 때마다 자신이 훌륭한 사람이 아니라는 느낌이 따라온다는 사실을 발견했을 때 그는 매우 놀랐다. 그러고 보니 이전에 기존에 살던 집보다 훨씬 멋진 새집에 이사하고 나서 자신이 훌륭하지 못하다는 감정이 들어서 고통스러운 시간을 보낸 기억이 있었다.

이제 제임스는 자신의 고통스러운 감정이 왜 항상 그렇게 불쑥 나타나는 것처럼 느껴졌는지 알게 되었다. 그가 느낀 무가치감은 현실과는 그 어떤 연결고리도 없었다. 오히려 그 느낌은 행복에 대한 혐오 반응으로 나타나는 것이었다. 지나친 즐거움을 느끼자 스스로를 싫어할 때 느꼈던 익숙한 위안을 찾았고, 이렇게 느낀 좋은 느낌을 다시금 만들어내고자 하는 욕구가 생겼다. 이 사실을 깨달은 제임스는 일이 특히나 잘 이루어질 때, 또는 행복하고 만족스러운 느낌이 될 때를 더욱 조심했다. 특히 자신이 나쁜 사람이라는 느낌이 들기 시작하는 첫 번째 신호에 조심했다. 그런 기분이 들면 제임스는 이 고통스러운 기분이 행복에 대한 반응이라고 이해하고 그 기분에 넘어가지 않았다. 물론 이따금씩 아주 불쾌한 기분이 들 때도 있었지만, 전반적으로 그의 무가치감은 점차 힘을 잃었다. 결국 제임스는 그토록 노력해서 얻은 훌륭한 인생을 누릴 수 있게 되었다.

불행 중독

13

진정한 향상의 길

고통스러운 감정 중독에서 벗어나는 과정은 그리 순탄치 않다. 지금까지 우리는 자신을 통제할 수 있다고 강조해 왔지만, 그 과정이 그리 쉽지도, 간단하지도 않다는 점 역시 잘 알고 있다. 그동안 여러 향상을 거두었겠지만, 행복과 혼동해왔던 불행을 통해 위안을 얻으려는 욕구는 없애려는 순간 내적 불행이 자기 자리를 더 강력하게 고집할 수 있다.

그래서 이 과정을 시작하는 것 자체가 어려울 수도 있다. 감정 일기를 쓰기도 싫고, 감정 기복의 패턴을 알아차리기도 힘들어질 것이다. 감정을 계속 체크하는 것이 어렵다면 우선 시간을 정해보자. 예를 들어 아침에 일어난 뒤로부터 한 시간가량 느끼는 감정을 관찰하는 것이다.

그리고 한 시간에 한 번씩 감정을 확인하여 그것이 얼마나 오랫동안 지속되는지 확인하자. 며칠 동안 실패하더라도 계속 시도해야 한다. 내적 불행은 당신이 이미 기회를 놓쳤다고 믿게 만들거나, 이것을 해낼 만한 사람이 아니라고 믿게 만들 수도 있다. 하지만 이는 모두 거짓이다. 당신은 언제든지 감정 기록을 다시 시작할 수 있고 끝까지 해낼 수 있다. 5분 안팎의 주의를 기울였을 뿐이라고 하더라도 점차 나아지고 있으니 의심하지 말자. 부족하거나 너무 늦은 노력이란 없다.

정보를 수집 단계를 거쳐서 어떤 감정이 자신을 가장 괴롭게 만드는지, 그리고 그 감정은 어떤 때에 나타나는지 알았다면 이제 그 감정을 예견하는 단계로 넘어갈 수 있다. 단 주의할 점은 고통을 유발하는 구체적인 감정이나 경험을 경계해야 한다는 것이다. 이러한 경험은 감정적인 고통보다 먼저 나타나며, 상실에 대한 실망부터 성공의 기쁨에 이르기까지 다양한 경험이 포함된다. 때로는 얼마간 안정된 상태를 유지했다는 내적 안녕감조차 내적 불행을 촉발하는 사건이 될 수 있다.

하지만 이 예견 단계는 결심이 약해질 수 있는 시기이기도 하다. 갑작스러운 감정에 매번 주의하는 것이 어렵게 느껴지면 결심이 약해졌다는 이유만으로 또다시 비참한 기분이 들 수 있다. 그렇게 몇 차례 감정과의 연결고리가 끊어지면 고통스러운 감정을 예견하는 일이 번거

불행 중독

롭고 능력 밖의 일처럼 느껴질 수 있다.

이런 현상을 예방하려면 스스로에게 비현실적인 것을 기대해서는 안 된다. 당신은 지금 어린 시절부터 아주 오랫동안 의지해 온 것을 고치려고 노력하고 있다는 사실을 염두에 둘 필요가 있다. 이 방식은 그리 쉽게 사라지지 않겠지만, 계속 시도한다면 언젠가는 벗어버릴 수 있다. 그 어떠한 장애물이 방해하든 끈질기게 시도하다 보면 결국 목표에 도달하게 될 것이다.

감정을 자각하는 데 있어 또 다른 함정은 후퇴의 순간에 실망하고 포기해 버리는 경향이다. 우리가 강조한 것처럼 후퇴의 순간도 치유의 과정이다. 이 순간들은 진정한 즐거움에 대한 혐오 반응의 한 유형이다.

병에 걸릴까 두려워요

케네스는 암에 걸리게 될까 봐 늘 공포에 떨었다. 그는 암 선고를 받거나 친구와 가족에게 작별인사를 하는 아주 생생한 환상에 사로잡힌 나머지 힘들게 얻은 성취를 전혀 누리지 못했다.

자신의 공포가 내적 불행의 한 표현이라는 사실을 알게 된 케네스는 그 공포를 촉발하는 것이 다름 아닌 목표를 성취했을 때 느끼는 기쁨이라는 것을 깨달았다. 그는 대규모 프로젝트를 성공적으로 완수하고 며칠간 쉬었을 때,

자신이 암에 걸렸다는 확신에 사로잡혔다. 죽음에 대한 불안이 '내가 무엇을 이루든지 그건 상관없어. 어차피 죽으면 내가 뿌린 수고의 결실은 못 보게 되는 거잖아'라는 메시지를 끊임없이 떠올리게 했기 때문에 케네스는 큰 성취에도 불구하고 좋은 감정을 느낄 수가 없었다.

케네스는 성취를 즐길 때를 포착하기 위해 노력했다. 그리고 그 순간이 오면 자신이 즉각적으로 죽음과 관련된 우울한 생각을 하게 될 것이라고 예상했다. 이렇게 예상하고 대비하자 그 감정이 실제로 찾아왔을 때 당황하지 않을 수 있었고, 이전만큼 그 감정에 휘둘리지도 않았다. 케네스는 점점 자신이 유능하고 감정을 잘 다스릴 수 있는 사람이라고 느끼게 되었다. 그는 이제 더 이상 죽는다는 공포에 많은 시간을 허비하지 않았으며, 이로써 삶을 즐길 수 있게 되었다.

그러던 중 오랜 친구가 암 진단을 받았다. 안타깝게도 케네스의 낙관적인 태도는 무용지물이 되었고, 그는 다시금 자신이 치명적인 암에 걸리게 될 것이라고 확신하게 되었다. 케네스는 그 어느 때보다 강력한 공포를 느꼈다. 그 공포에 아무리 대비한다고 해도 좀처럼 무뎌지지 않았다.

케네스는 우리에게 치료받으면서 친구가 병에 걸린 것은 자신의 공포에 대한 '증거'로 보였지만, 사실은 자신의 내적 불행이 마침 이 사건을 만나 예전 위치를 되찾으려 하고 있음을 알게 되었다. 케네스는 자신의 공포심이 자꾸만

불행 중독

고개를 드는 것은 친구의 병과는 관계없으며, 이것은 행복에 대한 혐오 반응이라는 점도 이해했다. 이제 내적 불행을 이겨 보겠다는 그의 결심은 되살아났다. 그의 공포는 점점 설득력을 잃었고, 케네스는 그 뒤로 발생한 여러 차례의 후퇴에도 훨씬 더 신속하게 대응할 수 있었다.

감정 중독에서 회복하는 길에는 마지막 덫이 있다. 자신을 너무나도 힘들게 만들었던 고통스러운 감정과 거리를 두는 데 성공한 나머지 경계를 느슨하게 풀어버리는 경향이 생긴다는 것이다. 이전보다 얼마나 더 나은 기분을 느끼느냐와 관계없이, 스스로를 완치된 사람이 아닌, 계속 회복하고 있는 사람이라고 여기는 것이 중요하다.

이러한 방법을 따른다면 불쾌한 감정이 다시 자리 잡으려고 할 때에도 허둥지둥하지 않을 것이며 그동안 이룬 것이 허상이었다고 결론 짓지 않아도 될 것이다. 오히려 우울, 불안, 공포가 가끔 나타나더라도 이러한 감정들을 대수롭지 않게 여길 수 있게 된다. 경계를 늦추지 않는다면 그 감정들을 몰아내고 자신의 타고난 권리인 긍정적인 감정으로 돌아올 수 있다는 사실을 깨닫게 될 것이다.

전문적인 도움이 필요한 경우

　내적 불행이 나타나는 형태는 다양하지만, 그 가운데에서도 치유하기 가장 힘든 경우는 바로 고통스러운 감정에 중독된 경우다. 이 감정은 자신이 선택한 것이 아니라 누군가 자신에게 부과했다고 느껴지기 때문이다. 그래서 자신이 그 감정의 주인이라는 사실을 잘 믿지 못하며, 감정 조절을 어려워한다. 내적 불행이 폭식, 언쟁 등의 신체적인 행동으로 나타날 때도 있다. 이때에는 스스로 불행을 야기한다는 사실을 이해하기가 훨씬 쉽고, 행복을 누리기 위해 무엇을 해야 할지 더 잘 알 수 있다.

　이 책의 지침을 따라 노력했지만, 결과적으로 정서적 고통에 대비하는 데 어려움을 겪었다면 각별한 관심을 가지고 도와줄 전문가가 필요하다. 이때 당신을 도와줄 전문가는 정서적 경험을 조절하는 방법을 가르쳐줄 수 있고, 스스로 기분을 다스릴 수 있다는 사실을 이해하는 전문가여야 하며, 정서적 고통이 어떠한 형태로 나타나든지 절대로 당신에게 무력감이나 수치심을 지우지 않는 사람이어야 한다.

　　　　　　　　　　　　　　　　　　　　　　　　불행 중독

14

건강한 신체 유지하기

적당한 체중을 유지하고 건강한 몸 상태를 지키는 일이 어려운 사람들은 그 이유를 자신의 의지 부족으로 돌릴 수 있다. 갖가지 운동을 시작해 봐도 조금 지나면 흥미가 식는 것을 경험해 봤을 것이다. 이렇듯 갑자기 의욕이 사라지는 것에 눈에 드러나지 않는 어떤 원인이 있을 거라고 의심해 본 적이 있는가? 다이어트나 운동을 지속하지 못하는 것은 성격에 약점이 있어서가 아니라 내적 불행 때문이다.

신체를 잘 돌보지 않을 때 충족되는 내적 불행은 두 가지다. 우선 건강 악화, 부상, 활동 제약 때문에 고통스러워진다. 그런가 하면 스스로 신체를 다치게 하고, 쇠약하게 만들며, 과체중 또는 저체중으로 만들었다는 사실로 인해 자기비판의 기분, 즉 불행을 경험한다. 한 예로 체중 감량에 실패한 한 여성은 자신이 '뚱뚱한' 상태로 남아 있는 한 어쩔 수 없이 불행할 것이라고 생각했다.

어린아이들을 어떻게 돌보느냐에 따라 그들이 성인이 되었을 때 자신의 신체를 돌보는 능력이 결정된다. 예를 들어 아이의 영양 섭취에 지나치게 신경을 쓰는 부모들은 아이들이 배고프지 않을 때에도 먹으라고 강요한다. 아이는 음식을 대하는 부모의 태도를 그대로 모방하게 된다. 그래서 성인이 되었을 때, 배가 부른데도 음식을 남김없이 먹고 나서 잘못된 즐거움, 즉 행복을 가장한 불행을 느낄 수 있다.

또한 난폭한 태도를 가진 부모 아래에서 자란 아이들은 부모를 모방하여 분노와 무관심의 태도로 자신을 대하게 될 수 있다. 이 아이들이 성인이 되면 부주의하고 태만하며, 심지어 자신의 신체의 안녕을 해치는 모습을 보일 수도 있다.

반면에 부모가 지나치게 방임적이어서 아이들이 성숙하지 못한 행동을 하는데도 적절하게 가르치지 못하면 아이들은 빈번하게 사고에 휘말리고 부상을 당한다. 그들은 스스로를 위험에 처하게 하는 내적 불행을 점점 키우며 그것이 정상이라고 생각할 수도 있다.

불행 중독

다이어트와 운동은 왜 이렇게 힘든 걸까?

건강한 신체를 유지하지 못하는 것은 내적 불행의 가장 흔한 형태다. 이것은 아이를 보호할 책임이 있는 대다수의 부모들이 비의도적으로 잘못된 환경을 조성하기 때문이다. 많은 성인들이 즐거움뿐만 아니라 고통을 유발할 때도 자신의 몸을 연관시킨다. 예를 들어 영양가 있는 음식을 섭취하는 진정한 즐거움은 건강에 좋지 못한 음식을 먹거나 너무 많이 먹는 데에서 오는 잘못된 즐거움과 뒤얽힐 수 있다. 먹는 행위는 그 어떤 방법으로도 얻을 수 없는 위안처럼 느껴져서 더욱 멈추기가 힘들다. 폭식은 잘못된 즐거움이며, 불행과 진정한 즐거움이 혼동되어 나타나는 가장 흔한 사례다. 섭식 장애 역시 잘못된 즐거움으로, 거의 먹지 않거나 먹고 토하는 행위를 통해 얻는 통제의 환상을 경험하는 것이다.

이와 마찬가지로 많은 이들이 운동이 독서, 낮잠, TV 시청 등의 활동만큼 재미있게 느껴지지 않는다는 이유로 등한시한다. 운동은 어렵고 번거롭게 느껴지는 반면, 정적인 활동은 보다 휴식 같고 더 즐겁다. 이는 불행 욕구가 즐거움, 즉 긴장 완화를 부추겨 극단까지 몰아가는 예라고 할 수 있다.

이 문제가 변형된 현상이 하나 있다. 의사가 아무리 조언해도 사람들은 식이 요법과 운동을 좋아하지 않으며, 평소에 즐겨왔던 몸에 그다지 좋지 않은 음식이나 정적인 상태를 갈망한다. 물론 이 현상의 실체는 물론 내적 불행이다.

그런가 하면 어떤 사람들은 자신이 너무 뚱뚱해서 헬스장이나 야외에서 운동을 하면 다른 사람들이 싫어할 것이라고 믿고 운동하지 않는다. 이처럼 스스로에게 수치심을 주는 것은 내적 불행이다. 내적 불행은 건강을 추구하는 진정한 즐거움을 가로막는다.

내적 불행은 사람들이 안전하지 않은 방법을 선택함으로써 다이어트나 운동을 그만 두도록 만들 수 있다. 이런 사람들은 자신을 돌보고 있다는 잘못된 신념 아래 스스로 해를 끼칠 수도 있고, 심지어 죽음에 이르기도 한다. 실례로 어떤 사람들은 자기가 복용하는 약과 함께 먹으면 위험한 다이어트 약품을 복용한다. 또 어떤 사람들은 단백질만 섭취하는 다이어트와 같이 균형적이지 못한 다이어트를 오랫동안 실시하며, 다이어트라는 명목 아래 거의 매일 굶는 사람, 건강 상태를 따지지 않고 아주 격한 운동을 갑자기 시작하는 사람도 있다. 이처럼 내적 불행은 건강한 외모와 즐거움에 혐오 반응을 일으켜서 신체적인 안녕을 방해한다.

누구나 건강해지고자 하는 욕구가 있다

아더는 내적 불행 때문에 좀처럼 운동을 지속할 수가 없었다. 건강한 활동을 통해 진정한 즐거움을 경험한 뒤에 아더는 늘 운동을 그만두고 폭식을 했고, 체중은 다시 늘어났다. 아더는 극심한 좌절을 느꼈다.

아더는 매우 바쁜 맞벌이 부부 아래서 자랐다. 일과 가정을 모두 신경 쓰면서 네 명의 아이들을 길러야 했던 아더의 부모님은 아더의 신체적 욕구가 무엇인지 주의를 기울일 여유가 없었다. 부모님이 아이들과 거의 놀아주지 못했기 때문에 아더는 치아 검진과 종합 검진 시기를 놓치기 일쑤였고, 아무도 그가 이를 닦는 것을 확인하지 않았다. 아더는 자유 시간이면 텔레비전을 보면서 시간을 보냈다. 물론 어린 아더는 부모님이 자신을 사랑하지 않아서 방치하는 것이 아니라 일 때문에 도무지 여유가 없다는 사실을 이해할 수 없었다. 아더는 가만히 앉아서 생활하는 잘못된 즐거움에 중독되어 자랐고, 자신의 운동 욕구는 무시했다.

운동을 시작하면 건강이 증진되는 즐거움을 경험하게 된다. 자신의 내적 불행을 이해한 결과, 아더는 저항의 시기를 예견하기 시작했다. 며칠 연속으로 운동해 좀처럼 일어나기가 어렵고 운동에 가기 싫다고 느낄 때, 아더는 자신이 피곤한 게 아니라 내적 불행이 건강으로 인해 얻는 즐거움을 빼앗으려 한다는 사실을 깨달았다. 얼마 전까지만 해도 아더는 의지가 부족하고 게으르다고 스스로를 비난했지만, 이제는 달라졌다.

이제 그는 운동을 쉬고 싶은 자신의 욕구를 조절했다. 예를 들어 그는 좋아하는 운동은 주말에 즐기기 위해 아껴두었다. 운동을 정말 그만두고 싶은 날에는 친구에게 전화를 걸어서 함께 달리기할 계획을 세웠다. 이따금 운동하기로 계획한 날짜를 놓치기도 했지만, 시간이 지나면서 점점 안정된 모습을 보였다. 신체적으로 안정되자 이제 자신이 원하던 방향으로 삶을 이끌 수 있다는 깨달음과 함께 즐거움도 커졌다.

건강에 좋지 않은 음식, 정적인 생활 방식은 진정한 즐거움이 아니라 자신의 몸을 제대로 돌보지 않으려는 부정적인 욕구를 충족시킬 뿐이라는 사실을 깨달았다면, 당신은 이제 잘못된 위로 방식에서 벗어날 첫 단계를 밟은 것이다.

신체적 안녕을 해치는 행위

내적 불행은 심각한 비만, 치료되지 않는 명백한 건강 문제, 지나친 음주 등의 방식으로 명백하게 드러난다. 하지만 내적 불행의 효력이 그 모습을 가릴 때도 있다. 이 점을 기억하면서 당신이 때때로 건강을 위협에 빠뜨리지 않는지는 생각해보길 바란다. 예를 들어 어떤 사람들은 지나치게 빠른 속도로 운전하거나 제어할 수 없을 정도로 위험하게 스키를 타는 등의 심각한 위기를 감수할 때 편안함이나 들뜬 기분을 느끼기도 한다. 또 어떤 사람들은 자신이 위험한 행동을 하고 있다는 사실을 깨닫지 못하거나, 아무 일 없을 것이라는 신념 속에 위험한 행동을 저지른다. 그들은 불안정하게 놓인 사다리를 오르기도 하고, 적절한 안전 장비 없이 또는 다른 이들에게 자신의 계획을 말하지 않은 채 등산을 하기도 한다. 위험한 성관계를 감행하거나 암 검진과 같은 중요한 건강 검진을 할 때가 지났는데 오랫동안 연기하기도 한다.

위험한 활동에 중독됐어요

피터는 회사에서 큰 책임을 담당하는 중역 경영인으로, 일하는 것만큼이나 노는 것을 즐기며 도전을 사랑하는 사람이었다. 그는 강인한 수영선수이기도 했다. 바다 수영은 그가 즐기는 여가활동 가운데 하나였고, 파도가 크면 클수록 좋았다. 피터는 폭풍 경보도, 수영 금지 경고 표지판도 모두 무시했다. 그는 아내에게 그 거대한 파도가 기분을 들뜨게 한다고 말했다. 아내가 수영이 금지됐을 때에는 제발 바다에 가지 말라고 말리면 피터는 짜증을 냈고, 도리어 어린애처럼 군다면서 아내를 비난했다. 그는 자신이 얼마나 힘들게 일하는지 상기시키면서 자신이 원하는 취미를 선택할 권리가 있다고 화를 냈다. 피터는 자신을 내적 불행을 충족시키는 위험 속에 놓음으로써 그 위험을 매력적으로 느끼고 있다는 사실을 전혀 알지 못했다.

어린 피터는 헬멧 없이 자전거를 타고, 묘기를 부리듯 놀았으며, 자신보다 나이 많은 아이들과 함께 시간을 보냈다. 피터의 부모님은 피터를 말리면 그의 운동 능력이 손상되고 씩씩하지 않게 자랄 것이라고 믿었다. 피터는 자연스럽게 '극한'의 삶을 살면서 잘못된 행복에 중독되었다.

피터는 또다시 해안 경비대의 수영 금지 표지판을 무시했고 큰 파도가 밀려오자 거기에 뛰어들었다. 피터는 그 파도에 뒤의 훨씬 더 큰 파도를 만나게 되었다. 이 파도는 피터를 강하게 휩쓸어 간 뒤 모래밭에 떨어뜨렸다. 결국 피터는 갈빗대가 여러 개 부러지고 어깨뼈가 탈구되었으며 엄청난 충격에 시달리게 되었다. 오랜 회복 기간 동안 피터는 적지 않게 동요했고, 아내의 제안을 심각하게 받아들여서 전문가의 도움을 받기로 했다. 도대체 자신을 위험 상황에 빠져들게 하여 즐거움을 찾는 이유가 무엇인지 발견하기 위해서였다.

불행 중독

15

무엇을 변화시킬 것인가

체중, 건강, 체력과 더불어 전반적인 자기보호를 증진하는 첫 번째 단계는 무엇을 할 것인지 그 순서를 결정하는 것이다. 사람은 한 번에 딱 하나의 행동에만 집중할 수 있다고 한다. 온 에너지를 쏟아서 다이어트만 한다든가 하는 것이다. 반면 어떤 사람들은 여러 가지 일을 한 번에 하는 것이 더 효과적이라고 생각한다. 그래서 한 번에 술도 줄이고, 다이어트도 하고, 운동도 시작한다. 최상의 방법이 반드시 정해져 있는 것은 아니다. 미래를 위해 하는 행동은 모두 중요하다. 하지만 프로젝트를 계획할 당시에는 두세 가지를 병행해도 모두 성공하리라고 생각했겠지만, 막상 실행에 옮기려면 부담이 느껴질 것이다. 이렇게 느껴질 때는 언제든지 계획을 줄이고 한 번에 하나씩만 실천해도 된다.

자신의 신체적 상황을 목록으로 작성해 보자. 이 목록에는 '생활방식상의 선택'이라고 분류해 온 활동들이 포함되는데, 그 예로 헬멧 없이 바이크 타기 등이 있다. 이를 통해서 잘 알고 있던 것 외에 인식하지 못하는 방식으로 내적 불행으로 인한 영향을 받고 있지는 않은지 살펴보길 바란다. 고려 사항 중에는 체력, 식습관, 음주 소비 수준, 흡연, 위험 감수, 적절한 의학 처치 등이 있다.

신체적 안녕 수준을 평가할 때 나타나는 가장 흔한 오류는 현재의 문제들을 놓치는 것이다. 자신의 현재 신체 상태를 지금보다 훨씬 젊었을 때와 동일하다고 착각하기 때문이다.

건강 상태에 대한 오만

케빈은 대학 농구의 슈퍼스타로, 항상 건강한 신체 상태를 유지했다. 계단을 30분간 뛰어다녀도 그는 힘들지 않을 정도였다. 그러나 법학대학교에 다니고 한 법률 회사의 파트너로 일하게 되면서 운동할 시간조차 없이 일에 매진하게 되었다. 케빈의 내적 불행은 그 자신도 체력을 잃을 수 있다는 가능성을 그가 보지 못하게 만들었고, 체력을 유지해야겠다는 생각을 까맣게 잊고 말았다. 케빈은 깨닫지 못했지만 사실상 체력을 유지하는 데 실패한 것은 그가 열심히 가꾼 신체 상태와 체력적인 성과에서 오는 즐거움에 대한 혐오 반응으로 나타난 것이었다. 대학교 2학년 때 케빈은 결혼했고 얼마 지나지 않아 두 아이의 아빠가 되었다.

아버지이자 남편, 그리고 바쁜 변호사로 살면서 케빈은 운동할 시간을 찾지 못했다. 그렇지만 그는 자신이 그저 운동할 시간이 없는 스타 운동선수라고 여기며 45세 생일을 맞이했다. 어느 날, 엄청난 눈보라가 몰아쳤고, 케빈은 아들과 함께 집 앞에 쌓인 눈을 치우려고 나갔다. 한 시간가량이 지난 후 케빈은 가슴에 통증을 느꼈다. 의사는 케빈의 체력이 너무 약해져 심장 근육이 산소를 필요로 할 때 혈관에서 심장까지 산소를 공급해줄 수 없던 것이라고 설명했다. 다행히 고통이 느껴졌을 때 즉시 처치했기 때문에 영구적인 심장 근육 손상은 막을 수 있었다. 케빈은 자신의 체력이 말이 아니라는 진단에 충격을 받았다. 그는 이번 기회를 경종으로 삼아 매일 아침 운동하기 시작했다.

많은 사람들이 운동을 지나치게 많이 하는데, 이런 양상의 내적 불행의 알아채기 어렵다. 사람들은 운동은 많이 할수록 좋은 것이라고 확신하기 때문이다. 5일 동안 매일 8km씩 달리는 것이 적당하다고 할 때, 이런 사람은 7일 동안 매일 11km씩 달리면 더 좋을 것이라고 생각한다. 게다가 이들은 때로 몸이 아프거나 부상이 발생해도 문제가 있다는 사실을 알지 못한다. 그래서 회복되자마자 곧 다시 지나치게 많은 운동을 한다.

지나치게 많은 운동을 하는 사람들의 행동 패턴은 다음과 같다.

①하루 운동량을 정해두고 거기에 계속 운동량을 추가한다.

②운동을 하루도 빼먹지 않으려고 하고, 쉬는 날에 운동하지 않는 경우가 드물다.

③많이 먹은 날에는 그 에너지를 다 소모하려고 평소보다 과하게 운동한다.

④운동을 마쳤는데 기진맥진하지 않으면 충분히 운동했다는 생각이 들지 않는다.

⑤몸 상태에 주의를 기울이지 않는다. 아침마다 뼈가 욱신욱신하고 때로는 심각하게 아픈데도 계속 자신의 운동 프로그램을 고수한다.

이러한 행동 역시 내적 불행이 가장된 형태(몸이 상할 때까지 운동하기)를 사용하여 진정한 행복(건강한 상태)을 불행으로 변하게 만드는 예시다.

자신의 몸을 어떻게 대하고 있는지 평가할 때 고려할 활동은 또 있다. 당장 부상을 불러일으키지는 않지만, 조금만 잘못해도 큰 위험이 따르는 활동을 하는 것이다. 자신에게는 그런 위험한 일이 일어나지 않을 거라고 믿기 때문이다. 하지만 여러분은 지금 자신의 건강을 놓고 러시안룰렛(총알이 한 개만 들어 있는 총을 자기 머리에 대고 방아쇠를 당기는 목숨을

불행 중독

건 승부—옮긴이 주)을 벌이고 있는 것이다. 이렇듯 높은 위험을 수반한 활동으로는 과속 운전, 졸음 운전, 위험한 성관계, 설명서도 읽지 않고 기계 다루기, 안전띠 미착용 등이 있다.

건강 진단을 피하는 것 역시 매우 위험한 행동 중 하나다. 많은 사람이 건강 진단, 예비 검사 등을 미룬다. 그리고 경미한 증상으로는 병원에 가지 않고, 의사가 처방한 식이 요법도 따르지 않는다. 그들은 너무 바쁘다고 핑계를 대거나 자신은 건강해서 건강 진단을 받을 필요가 없다고 확신합니다. 하지만 이는 모두 내적 불행이 유도한 것이다.

잠재적인 문제점 규명하기

이제 무엇을 변화시키고 싶은지 알았고 자기개선 프로그램을 시작할 준비가 되었다면, 과거에 내적 불행이 자신의 노력을 언제 어떻게 망쳤는지 잠시 생각해 보길 바란다. 예를 들어 아예 노력을 시작하지도 못한 경우도 있을 것이고, 시작은 했지만 몇 주만에 그만둔 경우도 있을 것이다. 그런가 하면 엄청난 개선을 이루었지만, 원상태로 돌아갔거나 그보다 더 나빠진 경우도 있을 것이다. 가능하다면 일일, 주간, 월간 목표를 적고, 과거에 문제가 나타났던 지점에 표시해 보자. 그러면 그 문제 지점에 도달했을 때 이전보다 더 많은 노력을 기울이는 방식으로 준비할 수 있을 것이다.

문제 인식하기

내적 불행이 건강하고 활기찬 상태를 취하고 유지하려는 이들의 긍정적인 의도를 저해하는 방법이 있다. 바로 문제를 인식했음에도 그 문제점을 알면서도 경시하게 만드는 것이다. 그 결과 문제점을 알면서도 굳이 고칠 필요는 없다는 생각이 들기 시작한다. 이처럼 내적 불행에 사로잡히면 해결을 미루거나 아예 고치려는 노력을 포기하게 된다. 한 남성은 몸무게가 표준체중보다 13.5kg이나 더 많이 나가지만 콜레스테롤 수치가 심각한 상태가 되기 전까지는 자기 몸무게가 그리 심각하다고 여기지 않았다.

변화가 필요한 영역이 어디인지 찾아냈다면 그 문제를 경미하다고 여기게 만드는 유혹을 주시해야 한다. 달리 표현하면, 살이 찌거나 체력이 떨어져도 괜찮다고 스스로에게 말하는 것은 진정한 위안이 아니다. 그것들은 스스로를 불행 욕구로 은밀히 유도하는 생각이다. 진지한 선택의 기회가 주어진다면 건강치 않은 신체 상태로 남고 싶은지 생각해 보자. 물론 아닐 것이다.

자신의 처한 위험을 경시하는 또 다른 형태가 있다. 잠재적으로 해롭다는 사실을 인식하고 있지만, 때가 되면(그 위험이 자신을 낚아채기 전에) 알아서 바뀔 거라고 확신하기 때문에 그 위험을 심각하게 받아들이지 않는 것이다.

흡연이 바로 그 예시다. 많은 흡연자들이 몇 년이나 더 흡연할지 생각하고 있다. 이 계획은 어디선가 보았던 흡연의 위험 지수에 기초한 안일한 생각이다. 흡연의 위험 지수를 보여줄 때는 대개 심각한 신체적 변화를 보여주는데, 흡연자들은 아직 자신에게 그런 변화가 없다며 대수롭지 않게 본다. 또는 건강상의 문제가 생길 때까지만 피우겠다고 한다. 그들은 자신이 흡연 문제를 잘 통제할 수 있다는 환상을 가지고 있지만, 실상 이들을 사로잡고 있는 것은 그들의 내적 불행이다.

과음하는 사람들은 자신이 음주를 선택하고 있다고 믿곤 한다. 자신이 원하면 언제든지 술을 끊을 수 있는데 아직 그때가 오지 않았다는 것이다. 위험에 중독된 사람들은 이와 비슷한 생각을 한다. 자전거를 타는 사람들은 날씨가 너무 덥지 않았으면 헬멧을 착용했을 것이라고 말하고, 스키를 타는 사람들은 몇 해만 더 속도를 즐기고 이후에는 천천히 안전하게 타겠다고 다짐한다. 이 사람들은 실제로는 내적 불행의 포로임에도 불구하고 자신이 삶을 통제할 수 있다고 확신한다.

또 다른 잠재적인 문제

그간 자기개선을 위해 노력하면서 무엇을 바꾸고 싶은지 알게 됐지만, 막상 그것을 시작하기란 매우 어려웠을 것이다. 앞서 설명한 것처럼 시작일을 미래에 맞추어 놓는 것만으로도 발전하는 듯한 착각이 드는데, 이 느낌은 시작일이 닥치면 일시적으로 사라졌다가 새로운 시작일이 세워지면 다시 나타난다.

자각해야 할 또 다른 문제가 있다. 처음에는 희망적으로 시작했는데 점점 탄력을 잃어버린다거나 시작점보다도 훨씬 뒤처지는 문제가 발생할 수도 있다. 노력이 시들해질 때의 마음 상태를 알아봐야 한다. 아마 노력이 너무 과했다고 생각될 수도 있고, 잠시 싸움을 중단하는 것일 뿐이라고, 또는 단지 휴식을 취하려는 것일 뿐이라고 포기하고 있다는 사실을 인정하지 않을 수도 있다.

마지막으로, 목표에 도달해 노력을 좀 소홀히 했더니 내적 불행이 힘을 되찾아 그동안의 노력이 물거품이 되었을 수도 있다.

신체적 안녕을 증진하려고 시도하다가 자신을 불행에 빠뜨리는 덫에 걸린 적이 있는가? 비록 당시에는 힘들지라도 이 경험을 정확하게 규명하면 다음에 또 다른 노력에서 성공할 가능성이 크다.

건강한 신체 만들기

고치고 싶은 문제가 무엇인지 알았고, 장애물이 무엇인지도 밝혀냈다면 이제 시작할 준비가 된 것이다. 그러나 잠재적인 장애물을 인식한다고 해서 문제가 전부 해결되는 것은 아니라는 사실을 염두에 두길 바란다. 여전히 불행의 욕구와 투쟁을 벌여야 한다. 끈질긴 저항, 모든 긍정적인 동기의 상실, 절대 과업에 미치지 못할 것 같은 느낌 등 이 모든 것들을 한바탕 겪어야 할 수도 있다. 게다가 분명히 사소한 문제도 분명히 겪게 될 것이다. 하지만 언젠가는 이 전쟁에서 승리할 수 있다.

준비…… 시작!

원하는 것이 무엇인지 알았다면 이제 시작할 준비가 되었다. 시작 단계를 쉽게 통과하는 사람도 있으나 어떤 이들에게는 쉽지 않을 수 있다. 시작 단계가 쉽다고 생각한다면 날짜를 정하고 시작하는 것이 보다 쉬울 것이다. 하지만 지금의 설명은 시작이 힘든 사람들을 위한 것이다.

● 3일 안에 시작하라

3일보다 먼 날짜를 선택하면 마음속에서 그 프로젝트를 지워버리게 될 것이다. 그러니 오늘부터 3일 안에 시작해야 한다.

● 시작 날짜가 다가오면 내면의 싸움을 준비하라

집에 손님도 찾아오고, 직장에는 할 일이 산더미처럼 쌓였으며, 출장이 예정되어 있어 지금 시작하기에는 무리라는 생각이 들 수도 있다. 그리고 그렇게 서두를 필요가 없다는 생각도 들 것이다. '밖에서 식사하면 짠 음식을 먹게 되기 마련이므로 소금 섭취를 제한하는 것은 불가능하다', '여름이라 밖이 너무 더우니까 가을에 운동하자' 등의 생각이 들 텐데 이는 모두 내적 불행의 수작이다.

● 조금 일찍 시작해서는 안 된다는 변명을 줄여라

건강을 위한 노력을 미루게 만드는 내면의 주장이 무엇이든지 듣지 않겠다고 확실히 다짐해야 한다. 내면의 저항과 싸우는 데 집중해라. 한 남성은 다이어트 계획을 세운 지 얼마 되지 않아 출장 갈 일이 생겼다. 그러자 그는 어차피 5일 동안은 비행기와 호텔에서 식사를 해결하게 될 테니 지금 다이어트를 시작하는 것은 아무 소용없다고 느끼기 시작했다. 하지만 그는 이런 기분에 넘어가기보다 여행할 때 도움이 되는 다이어트 책을 찾아 읽기 시작했고, 계획대로 다이어트를 시작할 수 있었다.

● 목표를 성취하기 위해서 지금 조금 불편한 것은 참자

입고 싶은 드레스나 정장, 여행과 같이 몸매를 바로 잡으면 스스

로에게 줄 선물을 계획해 보는 것도 좋은 방법이다.

- 당신이 지금 힘든 것은 실제로 불가능한 일을 애써 하고 있기 때문이 아니라, 내적 불행의 방해 때문이다

한 남성은 규칙적인 운동을 시작하려고 했지만 여러 차례 실패하자 운동이 어렵고 싫다는 이유로 다시는 시도하지 않겠다고 결론내렸다. 현실적으로 그가 느끼는 감정이 건강, 즉 행복에 대한 혐오의 결과라는 사실을 깨닫는 데에는 도움이 필요했다. 마침내 그가 규칙적인 운동을 시작하게 되었을 때 그는 자신이 운동을 즐기고 있다는 사실에 놀랐다.

- 갖은 노력에도 불구하고 시작일을 놓쳤다면 스스로를 탓하며 좌절하지 말고 새 날짜를 계획하고 시작해라

- 시작하는 데 성공하는 즉시 스스로에게 좋은 것을 선물하라

계획을 끝까지 충실히 이행하기

당신이 도전하는 것이 다이어트든 금연이든 그 영역에 상관 없이 내적 불행은 당신을 방해하려 들 것이다. 때문에 변화를 시도하자마자 곧 결심이 시들해질 것이다. 지금이 변화를 이루어낼 때라는 확신을 상실하게 될 수도 있다. 혹은 자꾸만 자신과 협상을 하려고 애쓸지도

모른다. 예를 들어 10kg을 감량하려고 했는데 5kg만 감량한 시점에서 다이어트를 그만두고 싶어질 수도 있다. 또한 과속하지 않겠다고 다짐했는데 약속에 늦어 '이번만큼은' 빨리 달려야겠다고 합리화할 수도 있다.

그러니 더욱 노력을 시작하자마자 자신의 내적 불행이 결심을 흐리게 만들 거라는 사실을 알아두는 것이 중요하다. 이에 미리 대비하면 '너무 어렵다', '가치 없다', '너무 야심 찬 계획이었다' 등의 부정적인 목소리를 무시할 수 있다.

어떠한 선택이 얼마나 매혹적으로 보이느냐에 관계없이, 그 선택이 진정한 즐거움을 가져올 것인지 아니면 오래전에 행복과 혼동했던 불행을 일으킬지 자문해 보아야 한다. 그러면 고혈압이 있는데도 불구하고 요리에 소금을 넣고 싶다는 식의 유혹을 억누르기가 조금 더 쉬워질 것이다. 또한 계획했던 운동 대신 책을 읽는 편이 낫지 않을까 하는 유혹, 위험한 성관계를 하면 즐겁지 않을까 하는 유혹 또한 보다 쉽게 저지할 수 있을 것이다.

다이어트를 중도 포기하는 습관

데니스는 끊임없이 체중을 감량했다가 원상 복귀하기를 반복하는 사람들 가운데 한 사람이었다. 그녀가 다이어트를 결심한 계기는 어느 날 자신의 몸무

불행 중독

게에 충격을 받아서였다. 그녀는 체중을 감량해야겠다고 결심했고, 곧 다이어트에 성공했다. 하지만 체중이 줄어들자 처음의 결심은 차츰 시들해졌다. 이상적인 체중에 도달하겠다는 생각이나 지금까지 감량한 것이라도 지키자는 생각보다 피자, 쿠키, 아이스크림을 먹고 싶다는 마음이 훨씬 더 크게 느껴졌다. 결국 그녀는 햄버거 하나와 감자튀김, 밀크쉐이크 라지 사이즈까지 먹어버렸다. 데니스는 자신이 이렇게 고생하면서 다이어트하는 것이 그다지 보람 있는 일은 아니라고 여기기 시작했고 차라리 입이 즐거운 음식을 선택하는 것이 현명하다고 합리화했다. 그녀는 힘들게 감량한 체중을 그대로 다시 얻게 되었고, 이전과 같은 악순환이 시작되었다.

데니스가 기름진 음식에 탐닉하는 것은 '즐겁고', 건강한 음식을 적당히 먹는 것은 '희생'이라고 생각했던 이유는 진정한 행복을 불행과 혼동했기 때문이었지만, 데니스는 그 사실을 전혀 깨닫지 못했다. 그 결과 꾸준히 다이어트를 하면서 건강한 체중에 도달하는 진정한 행복보다 건강하지 못한 음식을 많이 먹는 불행에 훨씬 더 마음이 끌렸다.

데니스는 이 악순환이 늘 자신을 얽어맸다는 사실을 기억해냈다. 초콜릿 케이크를 먹는 것이 이상적인 체중에 도달하는 것보다 더 즐겁게 느껴졌을 때, 사실 데니스는 자신이 체중을 감량하는 즐거움에 혐오 반응을 보이고 있는 것이라는 사실을 깨달았다. 그리고 체중을 감량하면서 언제쯤 다이어트가 싫어질지 미리 예상하고 대비하기 시작했다. 그러자 음식의 유혹에 저항하고 미리 계획한 식단을 고수하는 것이 훨씬 쉬워졌다. 데니스는 점점 자신의 선택이 질적으로 좋았는지 나빴는지를 평가할 수 있게 되었다. 이로써 지금 자신의 선택이 내적 불행을 충족시키고 있는지, 진정한 즐거움을 추구하고 있는지 볼 수 있게 되었다.

결심을 유지하는 또 다른 전략은 가까운 누군가에게 적극적으로 도움을 요청하는 것이다. 주변 사람들은 여러분과 욕구를 공유하지 않는다. 그래서 당신의 상황을 객관적으로 체크해줄 수 있다. 당신의 목표를 지지해줄 사람에게 미리 부탁해 두고, 결심이 흐려질 때마다 그에게 알리시기 바란다.

어느 때에는 포기하고 싶다고 말하는 것만으로도 긍정적인 변화를 위한 결심에 다시금 불을 지필 수 있다.

결심이 약해질 땐 함께할 사람을 찾자

55세가 된 매리온은 오랫동안 미뤄온 건강검진을 받아야겠다고 결심했다. 그녀의 몸은 너무 쇠약했고, 스트레스 테스트에서도 매우 안 좋은 결과를 보였다. 의사는 매리온에게 일주일에 여섯 번, 하루 한 시간씩 걸으라고 지시했다. 매리온은 신체적인 활동이라면 무엇이든 싫어했다. 매리온의 부모님은 몸이 약해 일찍 노쇠했지만 한 번도 매리온에게 신체적인 활동을 자주 하라고 권한 적이 없었다. 그래서 매리온은 부모님의 태도를 그대로 따라서 정적인 활동이 가장 행복한 것이라고 믿었다. 이런 '행복'이 실제로는 불행이며, 자신이 그것에 중독되었다는 사실을 그녀는 전혀 몰랐다. 매리온은 부모님이 하시던 말씀을 반복하기를 좋아했다.

"운동하고 싶은 생각이 들면 나는 그 생각이 지나갈 때까지 가만히 누워 있지."

하지만 매리온은 더 이상 운동을 피할 수 없었다.

그녀는 4일간 하루에 한 시간씩 걸었다. 5일째 되던 날에는 늦잠을 자서 30분밖에 걷지 못했다. 6일째에는 운동 시간에 아침 회의가 있어 운동을 걸렀다. 그다음 주에는 딱 한 번 걸었을 뿐이었고, 이때쯤 되자 운동을 아예 그만둘 준비가 되었다.

우리는 그녀에게 운동이 필요한 친구들과 함께 걷기 모임을 만들어 보라고 제안했다. 함께할 사람이 늘어나면 계획을 더 잘 지키게 된다. 단 한 사람이라도 걷고자 한다면 서로를 생각하며 계획을 고수할 수 있을 것이다. 매리온과 친구들은 일요일을 제외한 매일 이른 시간에 만나기로 했다. 걷는 장소가 지루해지면 장소를 바꾸었다. 걸으면서 서로 대화를 나누자 운동 시간이 빨리 지나갔다. 그리고 누군가가 피곤해서 운동하지 않으려고 할 때면 다른 친구들이 약속을 상기시켜주고 함께 운동할 수 있도록 격려했다. 얼마 후 매리온은 자신이 친구들과 운동하는 시간을 몹시 기다린다는 사실을 발견하고 무척 놀랐다. 실제로 운동을 쉬는 날이면 뭔가 허무하다는 느낌이 들어 다른 친구에게 일요일에도 함께 걷지 않겠느냐고 물었다. 매리온은 6개월 후에 스트레스 테스트를 다시 받았다. 이번에는 심혈관 체계가 확연히 좋아져 있었다.

후퇴는 실패가 아니다

기꺼이 싸울 준비가 되지 않았다면 내적 불행은 정복할 수 없다. 모든 시도와 자기 개선은 익숙한 불행으로 돌아가려는 반응을 유발할 수 있다. 신체적 안녕을 개선하겠다는 시도 역시 예외는 아니다. 목표점에 가까워졌을 때, 이제는 곧 목표에 도달할 수 있을 것이라는 생각이 가장 흔한 함정이다.

작은 실패에 좌절하지 않기

45세의 존은 평생 담배를 피워온 아버지가 폐암 선고를 받았던 7년 전부터 담배를 끊으려고 시도해왔다. 점차적으로 끊는 방법, 최면술, 니코틴 패치 등 거의 모든 방법을 시도해 보았다. 하지만 이것저것 시도할 때마다 그는 같은 문제에 봉착했다. 금연을 성공적으로 이어 나가다가도 담배를 피우는 친구들과 술을 마시면 결심이 약해져 담배를 한두 개비 피웠다. 그리고는 지금까지 해온 노력을 한순간에 다 망쳐버렸다는 생각에 좌절해 다시 흡연을 시작했다.

우리와 상담하며 그는 담배를 한두 개비 정도 피웠다고 해서 모든 것을 망친 것은 아니라는 사실을 깨달았다. 오히려 자신이 큰 성공을 거두었기 때문에 내적 불행이 애쓰는 것이라는 사실을 알게 되었다. 모든 것을 망쳐버렸다는 느낌 역시 내적 불행 때문이라는 것도 알게 되었다. 자꾸만 마음이 약해지는 것은 완전한 금연이라는 목표에 다가가는 자신을 결코 망칠 수 없다는 사실에 그는 안도감을 느꼈다. 그리고 이따금씩 친구에게 담배를 빌려 피우더라도 반드시 담배를 끊고 말 것이라고 다짐했다. 최근 소식에 따르면 존은 3년 째 금연을 유지하고 있다.

우리 경험에 비추어 보면 대부분의 목표는 사람들이 '난 너무 약해', '너무 힘들어서 더 이상 못하겠어'와 같이 스스로 확신하는 순간에 무너진다. 때문에 포기하는 게 낫겠다는 느낌이 드는 순간에 대비하는 것이 매우 중요하다. 그 느낌은 내적 불행에서 비롯되는 것이며, 우리를 익숙한 불행으로 다시 되돌리려고 애쓰고 있다. 이 사실을 한 번 이해하면 건설적인 노력을 그만두고 싶은 욕구는 후퇴의 순간에 생기는 실망이 아니라 오히려 지금껏 노력해 거둔 긍정적인 결과에 대한 반발이라는 사실을 알 수 있다. 다시 말해서 후퇴는 실패가 아니라 성공의 지표이며, 이것이 바로 후퇴의 역설이다.

얻은 것을 누리기

내적 불행이 사용할 수 있는 효과적인 덫 가운데 하나는 교묘한 말로 달래는 것이다. 예를 들어 이제 목표를 어느 정도 달성했으니 더 이상 노력할 필요가 없다고 속삭이는 것이다. 목표를 달성한 사람들은 자존감이 하늘을 찌르는 상태라 더 이상 주의를 기울이지 않는다. 하지만 내적 불행은 내면 깊숙이 잠재되어 있다. 게다가 내재되어 있던 잘못된 행복의 영향으로 내적 불행이 더 강화되어 다시금 당신의 안에 자리를 차지하려고 아우성칠 수도 있다. 그래서 미처 깨닫기도 전에 애써 이룬 것이 제자리로 돌아간다.

그러니 목표에 도달했다면 경계를 더욱 강화하길 바란다. 스스로를 완전히 치료된 사람이 아닌 내적 불행에서 아직 회복하고 있는 사람으로 여겨야 한다. 그리고 실수를 저질렀다고 해서 지금까지의 모든 노력이 헛것이었다고 말하는 내면의 목소리에 귀를 내주지 마라. 당신에게는 이미 성공의 경험이 있기 때문에 이전에 성취했던 목표를 다시금 회복할 수 있을 것이다.

내적 불행 때문에 목표를 성취한 이후에도 좌절을 경험할 수 있다. 그 과정에서 나타나는 일반적인 내적 불행의 속임수를 정리해두었으니 반드시 이를 경계하고 대비하길 바란다.

● 나 자신과 흥정을 벌이는 시한폭탄

목표를 향해 가면서 자신의 결심을 지키기 위한 방편으로 다음과 같이 행동할 수 있다. 일단 목표에만 도달하면 그동안 하고 싶었던 일을 전부 할 수 있다는 약속을 걸면서 자기 자신과 무모한 흥정을 하는 것이다. 이를테면 다이어트로 날씬한 몸매를 갖게 된다면 먹고 싶었던 음식을 마음껏 먹을 수 있다는 약속, 몸이 튼튼해지면 휴가 내내 아무것도 하지 않고 해변에 가만히 앉아 시간을 보낼 것이라는 약속이 그 예시다. 그래서 목표에 도달하면 스스로의 흥정에 따라 그동안 유보했던 그 모든 '즐거움'에 주저 없이 탐닉한다. 그러면 이내 원점으로 돌아가게 된다. 당신이 포기하고 있는 그 즐거움들은 실제로는 행복과 혼동하던 불행이다. 그러므로 목표를 향해 가면서 스스로 그런 흥정을 쌓아두려는 욕구를 피하려고 노력하길 바란다.

● 서서히 찾아오는 실패

목표에 도달하면 사람들은 그 모든 셈을 멈춘다(칼로리 계산, 운동 주기, 콜레스테롤 수치 계산 등). 심지어 자신이 처해 있을지도 모르는 위험에 주의하지도 않는다. 힘든 싸움에서 이겼으니 이제 적이 다시는 돌아오지 못할 거라고 착각하는 것이다. 하지만 내적 불행은 내면 깊숙한 곳에서 계속 자신의 존재를 주장하며 그동안 거둔 여러 변화를 서서히 손상시키려 들 것이다.

● 예상치 못한 복병

스트레스를 야기하는 어떤 순간들은 내적 불행으로 향하는 문을 열 수도 있다. 삶에서 주요한 성공, 실패, 상실을 경험하더니 갑자기 흡연을 시작하고, 무모하고 위험한 취미를 갖고, 건강에 좋지 못한 식생활을 하거나 정적인 생활을 지속한다. 갑작스럽고 놀라운 일 때문에 무너지는 것처럼 느껴지겠지만, 사실은 내적 불행이 지금껏 당신이 균형을 잃어버리는 순간만을 기다리고 있던 것이다.

바쁘더라도 포기하지 말자

보니는 대규모 광고 회사의 회계 주임이었다. 불혹에 접어들면서 보니는 이제 나이가 실감 나기 시작했다. 계단을 조금만 올라도 숨이 찼고, 근육이 축축 늘어지는 것이 당황스러워서 짧은 소매 셔츠를 피하기 시작했다. 여가를 즐기려고 자전거라도 타면 다음 날 종일 온몸이 아팠다. 이렇게 되자 보니는 이제 기력을 회복하기 위해 노력해야 할 때가 왔다고 결론 내리게 되었다. 그 후로 몇 개월 동안 근력 훈련, 스트레칭 등의 운동을 제일 중요한 일로 삼아 열심히 노력했고, 운동의 결과를 보면서 매우 기뻐했다. 보니는 지구력과 근력을 발달시켰고, 몸이 빳빳하다는 느낌도 덜해졌다.

이 무렵 그녀는 상사로부터 엄청난 규모의 회계 업무를 떠맡았다. 이는 보니의 고객이 그녀의 능력을 얼마나 믿는지를 보여주는 증거였다. 보니는 이 일에 기존 업무까지 병행해야 했다. 게다가 새로운 고객들은 오전 회의를 더 선호했는데, 이 시간은 보니가 운동하려고 빼둔 시간이었다.

어쩔 수 없이 보니는 체육관에 가지 못했고 힘겹게 쌓은 체력도 잃기 시작했다. 우리와 상담한 적이 있던 보니의 친구 캐런은 보니에게 그녀의 문제가 단순한 업무 과중으로 인한 것이 아닐 거라고 말하며 내적 불행에 관해 설명해주었다. 보니의 새 업무가 과중한 것은 사실이었지만, 그렇다고 해서 그것이 보니가 체육관에 가지 못할 이유가 되지는 못한다는 지적이었다. 이 사실을 이해한 보니는 운동 시간을 점심시간과 주말로 옮겨 다시 계획을 세웠다. 점심에 회의가 생기면 일을 마치고 나서 운동하러 갔다.

당신은 건강한 체중과 이상적인 체력 수준에 도달하여 그 수준을 유지할 수 있으며, 그 이후에도 주의를 기울이면서 스스로를 돌볼 능력이 있다. 내적 불행이 당신은 그럴 능력이 없다고 속삭이더라도 절대로 그 목소리에 현혹되지 마라. 후퇴는 실패가 아니다.

16

친밀함에 기초한
관계 형성하기

인간관계는 인생에서 가장 강력한 즐거움의 근원이기 때문에 내적 불행으로 붕괴될 위험 또한 크다. 친구, 연인, 가족관계를 불행의 자원으로 사용하려는 무의식적인 욕구는 끊임없이 일어나며, 이 때문에 많은 사람이 고통받는다.

우리는 관계 속에서 겪는 고통의 이유를 주로 타인의 행동에서 찾기 때문에 자신의 내적 불행이 끼치는 영향은 알아채기가 어렵다. 사람들은 늘 상대방이 문제라고 생각한다. 하지만 자신의 삶을 비참하게 만들 것이 뻔한 사람을 선택하고, 충분히 행복한 관계를 유지할 수 있는 사람과 싸우고, 자신에게 문제가 있는데도 상대방 때문이라고 믿는 것은 모두 내적 불행 때문이다.

당신을 불행하게 만드는 관계를 오랫동안 유지하고 있다면 내적 불행이 지금 상황의 원인이라고 추측하는 편이 합리적이다. 어쩌면 자신과 맞지 않는 사람과 관계를 맺으려고 애쓰고 있을지도 모른다. 성향이 잘 맞는 사람과 긍정적인 관계를 유지할 가능성을 자신도 모르게 파괴하고 있을지도 모른다. 또는 상대방과는 전혀 관계 없는 우울, 불안 등의 고통스러운 감정이 그 관계 때문에 일어난다고 생각하고 있을지도 모른다.

다른 사람의 결점에 초점을 맞추는 것은 어떤 면에서는 능동적인 것처럼 보이지만, 사실 이것은 당신의 통제력을 모두 앗아가 버리는 일이다. 자신을 변화시킬 수는 있지만 다른 사람이 바뀌도록 강요할 수는 없기 때문이다. 내적 불행이 인간관계에서 어떤 문제를 일으키는지 알아다면 당신이 할 수 있는 일은 관계의 질을 향상시키기 위해 함께 노력하자고 상대방을 설득하는 것이다. 이것은 상대방이 당신을 행복하게 만들어줄 때까지 기다리며 시간을 허비하는 것과 다르며, 상황이 나아지지 않는다고 해서 속은 것 같은 기분을 느끼는 것과도 다르다.

이번 파트에는 내적 불행이 어떻게 인간관계를 저해하는지 발견할 수 있도록 인간관계 설문지를 실었다. 내적 불행의 간섭으로 인간관계를 객관적으로 평가하지 못할 수도 있기 때문에 도움을 줄 지침들을 제공하는 것이다. 예를 들어 객관적으로 긍정적인 관계도 당신에게는 부정적인 관계로 인식될 수 있다. 이는 상대방의 부정적인 행동을 유발하고, 긍정적인 행동은 간과하게 만드는 내적 불행이 원인일 수 있다.

인간관계 설문지에 표시한 자신의 답을 보면서 관계에서 나타나는 부정적인 면들이 긍정적인 면들보다 더 중요하게 여겨졌다면 그 관계를 회복해야 할지, 회복될 수는 있는지 생각해 보아야 한다. 우리는 그 관계가 긍정적인 방향으로 가려면 어떤 점이 반드시 변화되어야 할지 지침들을 제시한다.

변화할 가능성이 있다면 이제 상대방과 자신의 결정들을 건설적인 계획을 세워 함께 이야기 나눌 수 있다. 하지만 이 모든 과정에 내적 불행이 손길을 뻗을 거라는 사실을 알고 있어야 한다. 반면 좀처럼 개선될 것 같지 않은 관계에는 이와 다른 지침들을 제공할 것이다. 이 지침은 그 관계가 내적 불행을 만족시키기 때문에 무의식적으로 그것을 유지하려는 것은 아닌지 알 수 있도록 도와줄 것이다.

설문지에 표시한 답안을 살펴보니 해당 관계에 긍정적인 면이 훨씬 많은데도 평소 그 관계가 만족스럽지 않았다면 어느 관계든지 효과적으로 개선할 수 있는 지침을 참조하는 것이 좋다. 이상적으로는 상대방과 함께 문제를 해결하는 것이 바람직하다. 친밀한 관계인 만큼 때로는 갈등도 함께 겪는다는 사실을 두 사람이 자각할 때야 말로 그 관계가 변화할 수 있기 때문이다. 하지만 피치 못할 이유로 상대방과 함께 관계 개선을 노력할 수 없다면, 그에 맞는 또 다른 효과적인 전략들을 따르자.

친구관계, 연인관계의 긍정적인 면과 부정적인 면 규명

어떤 관계에서든지 가장 중요한 질문은 이것이다.

"이 관계가 정말 가치 있는 걸까?"

대부분의 사회적 관계는 스키 타기, 그림 그리기, 피아노 치기처럼 마음대로 선택할 수 있으며 오락을 목적으로 한다. 이 관계의 유일한 목적은 삶을 좀 더 즐겁게 만드는 것이다. 친구관계나 연인관계가 즐거움보다는 고통을 더 많이 유발한다고 해서 이것이 평생 빠져나올 수 없는 감옥이라고 단정할 이유는 전혀 없다.

다음의 인간관계 설문지는 당신이 주요 관계를 새로운 관점에서 바라보도록 도와줄 것이다. 친구관계와 연인관계를 같은 질문으로 평가할 수도 있지만, 연인관계를 고려할 때는 상대방을 향한 깊은 헌신에서 오는 즐거움과 함께 신체적 애정, 성적 즐거움도 고려해야 한다. 어떤 대답이 얼마나 중요한가 하는 것은 당신에게 달려 있다.

①상대방과 단둘이 보내는 시간이 즐거운가?

사회적 관계의 목적은 즐거운 삶을 누리는 것이다. 따라서 두 사람이 함께 있을 때 기본적으로 즐거움이 충족되어야 한다. 하지만 이 세상에는 자신이 선택하여 맺은 관계에서 상대방과 함께 있기를 즐거워하지 않는 사람도 매우 많다.

②상대방은 비판적이고 비협조적인가 혹은 당신을 칭찬하고 고마워하는가?

타인에게 존중받으며 자기 가치감을 느끼는 것도 인간관계의 커다란 즐거움이다. 사람들은 내적 불행에 이끌려 이러한 즐거움이 없는 관계를 선택하기도 하고, 즐거움은커녕 고통만 더하는 관계를 선택하기도 한다.

③상대방을 생각하면 불쾌한 감정이 드는가, 아니면 애정의 마음이 드는가?

내가 존경하고 관심 있는 상대를 선택하는 것도 관계에서 누릴 수 있는 큰 즐거움이다. 당신이 상대방을 가치 있게 여기지 않는다면 그 관계는 부정적일 가능성이 크다.

④상대방과의 의사소통은 원활한가? 의견이 맞지 않아서 마음에 불만이
쌓이고 있지는 않은가? 갈등이 있을 때마다 즉시 다툼으로 불거지지는
않는가?

갈등을 해결하는 방법은 중요한 부분이다. 의견 차이가 원한, 비난, 극
심한 공격으로 이어진다면 그 관계는 심각한 손상을 입을 수도 있다.

⑤당신을 짜증 나게 만드는 상대방의 습관이나 특성은 비교적 사소한 일
인가? 계속 그것이 신경 쓰이는가? 반대로 당신이 상대방이 싫어하는
행동을 저질렀을 때 상대방의 반응은 어떠한가?

일반적으로 상대방의 습관이 당신을 미치게 만들거나 반대로 당신의
습관이 상대방을 화나게 만든다면, 전반적인 관계에 문제가 있다고 보
기는 어렵다. 한 관계 속에 다양한 부정적인 면이 있을 때, 사람들은 불
만을 다 털어놓고 보기에는 감정이 격해질 수 있는 큰 문제들('그는 자꾸 거
짓말을 해', '그녀는 무뚝뚝하고 냉정해')보다는 눈에 잘 띄는 작은 문제들('그는 옷을 아
무렇게나 벗어놔', '그녀는 항상 지각해')에 초점을 맞추기도 한다. 하지만 특별한
문제를 제외하고는 그 관계가 양호하다면 두 사람의 노력으로 서로가
싫어하는 습관들을 너그럽게 봐주거나 바꿀 수 있다.

⑥서로 원하는 헌신의 정도가 동일한가? 상대방이 필요할 때 곁에 있어 줬는가? 상대방은 당신이 그 관계에 투자하는 시간과 관심의 정도에 만족하는가?

필요할 때 옆에 없거나 지나치게 요구하는 것이 많아 관계 형성을 어렵게 만드는 사람을 친구나 연인으로 선택하는 사람들이 너무나도 많다. 늘 곁에 없는 상대방은 끊임없이 혼자만의 일에 빠져 있거나 갑자기 사라져서는 연락도 받지 않는다. 반대로 지나치게 요구 사항이 많은 사람은 당신에게 다른 친구나 관심사가 생겼다거나 홀로 시간을 보내고 싶어 하는 것을 용납하지 않는다.

⑦하소연하고 싶을 때 상대방에게 기댈 수 있는가? 상대방도 같은 경우에 당신에게 의지할 것 같은가? 상대방은 당신을 충분히 지지하고 도와주는가?

인간관계의 가장 큰 즐거움 가운데 하나는 속 깊은 생각을 나눌 수 있는 누군가가 있다는 것이다. 하지만 내적 불행은 자기 세상에만 빠져 있거나 참을성 없고 비판적인 친구 또는 연인을 만나도록 유도할 수 있다. 이 경우 상대방에게 속마음을 털어놓고 이야기하면 즐겁기는커녕 더 고통스러워질 수도 있다. 어떤 사람들은 자신의 감정과 생각을 도무지 나누려고 하지 않는 친구나 연인을 만나 친밀함을 누리지 못하는 상황

불행 중독

에 처한다.

⑧당신과 상대방은 서로의 필요에 관심을 가지고 배려해주는가?

등산 중에 휴식이 필요할 때, 당신보다 체력이 좋은 상대방이 당신을 잘 참아주지 못하는가? 상대방이 만나고자 하는 시간에 가족을 돌봐야 한다면 상대방은 짜증을 내는가?

⑨서로의 성공을 진정으로 기뻐해줄 수 있는가? 경쟁심 때문에 상대방의 성취를 진정으로 함께 나누기 어렵지는 않는가?

가까운 이에게 나의 성취를 나누고 인정을 받는 것은 정말 즐거운 일이다. 만약 당신이 성공했을 때 친구나 연인이 그로 인해 상실감을 경험한다면 당신 역시 고통스러울 것이다.

⑩한 사람이 다른 사람을 일방적으로 도와주거나 또는 다그치는 불공평한 관계인가?

어떤 이들은 내적 불행의 영향으로 구제가 필요한 친구나 연인을 택하곤 한다. 다른 사람을 구제하는 데 헌신하는 친구관계나 연인관계가 물론 만족스러울 수도 있지만, 이것은 잘못된 즐거움이다. 친구관계나 연인관계는 서로 평등할 때 진정으로 즐거울 수 있다. 상대방이 늘 곁에 없거나 제 기능을 하지 못한다면 그 사람과 진정한 관계의 즐거움을 누리기란 매우 어렵다. 그런가 하면 한 사람이 늘 상대방의 요청을 들어주는 불공평한 관계도 있다. 상대방의 요구에 따르는 사람은 이 관계가 자신의 희생으로 유지된다며 고통스러워한다.

물론 긍정적인 관계를 유지했던 친구나 연인에게 불운이 닥쳤다고 해서 그때마다 신의를 저버리고 등을 돌리라는 말은 아니다. 구제가 필요한 누군가를 단지 그 이유만으로 친구나 연인이 되길 택하는 것과 힘든 시기를 겪고 있는 친구나 연인에게 신의를 보이는 것은 매우 다르다.

⑪상대방은 성실하고 정직한 사람인가?

내적 불행 때문에 불성실하거나 믿음직하지 못한 친구나 연인을 택하는 것은 특이한 일이 아니다. 이러한 특성을 눈감아 주는 경우는 허다하다. 다시는 그런 일이 없을 거라는 상대방의 말을 철석같이 믿었지만 결국 실망하게 되는 경우도 많다. 하지만 이보다 더 나쁜 경우가 있다. 내적 불행 때문에 더 나은 사람을 만나지는 못할 테니 위와 같은 결점이 있는 현재의 친구나 연인을 계속 만나는 편이 낫겠다고 확신하는 경우가 그것이다.

⑫상대방이 정서적, 신체적, 성적으로 당신을 학대하지는 않는가?

다른 모든 질문에 긍정적인 답을 했더라도 이 질문에 대한 답이 '그렇다'라면 당신은 지금 심각한 상황에 처해 있다. 아직 당신이 이러한 행동으로 위험에 처한 것이 아니라면, 상대방에게 전문적인 도움을 받도록 기회를 주어야겠다고 생각할 수도 있다. 하지만 상대방에게 전혀 변화될 가능성이 없거나 변화가 더디고 불충분하다면, 이제 그만 관계를 정리할 계획을 세우길 바란다. 학대적인 관계에 머물러 있게 만드는 것은 오직 내적 불행뿐이다.

①상대방이 다정다감하며 두 사람의 신체적 관계가 만족스러운가?

 상대방이 매력적으로 느껴지고, 상대방도 당신을 그렇다고 생각하는가?

②상대방이 당신에게 성병을 옮기지 않을 것이 확실한가?

③두 사람 모두 책임감을 갖고 자신의 기분을 조절하고 있는가?

 우울하고 불안하고 화를 잘 내는 사람들은 자신의 괴로움을 다른 사람

 의 책임으로 돌리며 그를 비난한다. 이러한 이유로 상대방이 없으면 행

 복한 기분을 느끼지 못하는 이들도 있다.

④두 사람은 친밀함을 유지하며 서로에게 헌신할 수 있는가?

 많은 이들이 상대방이 영원히 그 관계에 헌신하기를 바라면서 황금 같

 은 인생의 나날을 헛되이 낭비한다.

불행 중독

자기 평가서 분석하기

인간관계 설문지에 기록한 답을 다시 한번 검토해 현재 자신의 인간관계가 주는 즐거움과 고통의 비율이 어떠한지 평가해 보자. 여기서 내리는 평가는 뒤에 이어질 관계에 관한 다른 결정에 있어 기초가 되므로 가능한 한 신중히 평가해야 한다. 이 계산은 단순히 긍정적인 면과 부정적인 면을 합산하는 작업이 아니다. 사람마다 중요한 특성이 다를 수도 있고, 내적 불행의 영향으로 각 항목에 각기 다른 비중을 부여할 수도 있다는 것을 고려한다면 이것은 별문제가 되지 않는다. 어쩌면 이 설문지에 추가적으로 또 다른 중요한 긍정적·부정적인 관계의 특징을 고려하고 싶을 수도 있다.

자신이 선택한 관계에 대해 전체적으로 평가를 내린 뒤에는 혹시 자신도 모르는 사이에 내적 불행이 영향을 끼쳐 평가가 왜곡된 것은 아닌지 살펴보는 것이 중요하다. 평가의 왜곡은 긍정·부정 양방향으로 일어날 수 있다.

인간관계 평가가 지나치게 긍정적이라면

설문지에 모두 답하고 나서 살펴보니 중점 인간관계가 긍정적이라고 판단되었다면, 내적 불행이 자신의 판단을 왜곡하지는 않았는지 살

퍼볼 필요가 있다. 내적 불행은 즐거움보다 큰 고통을 유발하고 있는 현재 관계의 실체를 보지 못하도록 눈을 가릴 수도 있다. 사람들은 관계의 불만족스러운 부분을 간과하거나 몇몇 즐거운 면만을 과대평가하여 두드러지게 부정적인 관계를 계속 유지하곤 한다.

부정적인 면은 과소평가하고 긍정적인 면은 과대평가하는 반응을 보일 가능성도 있다. 예를 들어 상대방이 자주 당신을 비난하는데도 불구하고 그의 비난은 정당하다고 생각해 이 부정적인 경험을 경시할 수도 있다. 완벽한 사람은 아무도 없다. 하지만 그것이 이처럼 끊임없는 비난을 받아들일 이유가 되지는 않는다.

나를 깎아내리는 인간관계

샘은 오랫동안 연인으로 지내온 마리아에게 청혼할까 진지하게 고려하고 있었다. 좀 더 일찍 청혼할 수도 있었지만, 그는 자신이 그녀를 행복하게 해줄 수 있을지 확신할 수 없었다. 그는 바쁜 병원에서 화상 치료를 담당하는 성형외과 의사였다. 병원 일은 쉽지 않았지만, 샘은 오히려 그 점 때문에 자신의 일을 좋아했다. 게다가 부유하지 않아 비싼 성형 수술을 받아볼 수 없는 사람들에게 좋은 시술을 할 수 있었기 때문에 무척 행복했다.

하지만 마리아는 지금보다 더 부유한 삶을 살고 싶어했다. 그녀는 샘에게 왜 그런 일을 선택했냐고 번번이 비판했고, 개인 병원으로 직장을 옮겨 수입을 늘려보자고 권하기도 했다. 샘도 마리아의 말을 들어주고 싶었지만, 노화를 지연시키려는 부유한 사람들을 시술하는 데 자신의 의료 기술을 바친다고 생각하니 치가 떨렸다. 샘은 자신이 마리아에게 만족스러운 연인이 되지 못할 거라는 확신이 들자 우울해졌고, 유연한 결정을 내리지 못하는 자신을 비난했다.

샘은 마리아를 사랑하고 그녀의 의견을 존중하기 때문에 그녀가 자신에게 실망할 때마다 무척 괴롭다고 말했다. 그는 마리아에게 인정받고 싶었고, 그녀의 요구대로 자신을 바꿀 수 없어서 죄책감을 느꼈다. 샘은 마리아의 비판이 정당하지 않다거나 논리에 맞지 않는다고는 전혀 생각해 보지 않았다. 그는 어린 시절부터 누군가 자신을 부정적으로 대하면 비판의 화살을 온전히 자신에게 돌렸고, 다른 사람의 욕구나 소망을 자신의 몫보다 우선시하는 내적 불행을 안고 있었다.

마리아의 비판을 한 걸음 물러서서 평가해 본 샘은 그녀가 샘의 있는 모습 그대로를 사랑한 것이 아니라 자신이 원하는 대로 움직이기 때문에 그를 사랑했다는 사실을 깨닫게 되었다. 그리고 이제는 그런 상대가 되고 싶지는 않다는 점도 깨달았다. 마리아의 꼭두각시가 되려면 자신의 이상, 신념, 가치를 포기해야 할 뿐만 아니라 관계를 지키기 위해서 지불해야 할 대가가 너무 컸다. 결국 샘은 마리아와의 관계를 끝내고 자신의 신념과 직업적 이상을 존중해주는 다른 사람을 만났다.

때때로 사람들은 타인의 잘못된 행동에도 자신을 비난하여 그 관계의 부정적인 면을 보지 않으려 한다. 한 여성은 자주 외도를 저지르는 연인과 사귀고 있었는데 그녀는 그가 잘못을 저지르는 이유가 자신에게 있다고 확신하면서 그를 떠나지 않으려 했다. 자신이 충분히 매력적이지 못해서, 그의 흥미를 끌만큼 재밌지 않아서 그가 바람을 피운다고 생각한 것이다.

또 어떤 사람들은 자신이 상대방을 구제해줘야 한다고 생각한다. 그런 경우 상대방은 주로 지나친 음주 등의 이유로 제 역할을 하지 못하는 사람이다. 끊임없이 도움을 필요로 하는 이 관계를 유지하는 게 맞는 건지 스스로 묻기 어려울 수 있다. 긍정적인 관계를 맺어왔던 사람이 힘든 시기를 만났다고 해서 당장 그 관계를 평가해야 한다는 것은 절대로 아니다. 다만 진정한 친구나 연인에게 신의를 보이는 것과 내적 불행에 머무르게 하는 인간관계를 끊지 못하는 것 사이에는 엄청난 차이가 있다는 것을 알아야 한다.

남에게 좋은 일을 해야만 할 것 같다는 강박

클라라의 연인 앨런은 잘생기고 매력적인데다 운동도 잘하는 다정다감한 남자였다. 하지만 클라라를 만났을 당시 그는 휴직 상태였고, 계속 그 상태로 지내려고 했다. 앨런은 나름대로 이름 있는 대학교를 졸업했고 계속 일자리를

불행 중독

구하고 있었지만, 원하는 직업을 도무지 못 찾는 듯했다. 클라라는 앨런을 깊이 신뢰했다. 그래서 그녀의 친구가 앨런이 너를 이용하고 있는 것이라고 충고했을 때도 무시해버렸다. 프로그래머라는 좋은 직업을 가진 클라라는 기꺼이 앨런과 봉급을 나눠 썼다.

관계가 진전되면서 클라라는 결혼도 하고 아이도 낳고 싶어졌다. 하지만 클라라가 염려하는 것이 하나 있었다. 예전부터 클라라는 아이를 낳으면 직장에서 일하는 시간을 줄이고 아이가 어느 정도 자랄 때까지 집에서 아이를 돌보고 싶어 했는데, 앨런이 지금처럼 직업이 없는 상태라면 그럴 수가 없기 때문이다. 앨런도 집에서 애 보는 아빠가 되기는 원치 않았다. 그는 곧 직장을 찾을 테니 아이가 생길 때쯤이면 클라라가 휴직하고 육아에 집중할 수 있을 것이라고 말할 뿐이었다.

언제부턴가 클라라는 자신은 꼭두새벽에 일어나서 일하러 가는데 계속 자고 있는 앨런의 모습을 보는 것이 점점 불쾌해졌다. 친구들은 이제 그만 앨런을 포기하라고 했지만, 클라라는 앨런이 앞으로 스스로를 어떻게 돌볼지가 걱정되었다. 그녀는 앨런에게 책임감을 느꼈고, 단지 그에게 '문제'가 있다는 이유로 떠나는 것은 옳지 못하다고 생각했다. 또한 관계를 끝내야겠다고 결심하는 순간마다 앨런과 나눈 즐거웠던 시간들이 떠올라 차마 헤어지자는 말을 꺼내지 못했다.

어린 시절 클라라는 타인의 행복에 자신의 책임이 있다는 메시지를 들으며 자랐다. 클라라의 여동생은 시각 장애인인데, 동생에게 책 읽기 숙제가 있는 날이면 클라라는 그 책을 큰 소리로 다 읽어주기 전까지 자신의 숙제는 시작조차 할 수 없었다. 여동생이 입맛이 없거나 배고프지 않아서 음식을 남길 때, 클라라는 굶주린 아이들 수만 명이 이 한 끼 밥을 먹으려고 얼마나 애쓰는지 아냐고 동생에게 설교했다. 친구가 집에 놀러 오면 그 친구가 원하는 대로 인형을 가지고 놀도록 허락해주어야 했고, 만약 친구가 가지고 놀던 장난감을 돌려달라고 요구하기라도 하면 부모님께 크게 혼났다.

클라라가 자신의 욕구를 무시하고 타인을 돌볼 때 긍정적인 기분을 느끼는 내적 불행을 가지고 있었다. 하지만 진정한 즐거움을 추구하는 타고난 욕구 또한 클라라의 마음속에 남아 있었기 때문에 그녀는 혼란을 겪었다.

클라라는 우리와 작업하면서 상대방을 잘못 선택하고 그 사람을 위해 자신의 욕구를 포기하는 잘못된 즐거움을 느끼게 만든 것이 내적 불행이었다는 점을 이해했다. 다른 사람을 돌보는 동시에 자신의 욕구도 충족시키면서 진정한 관계의 즐거움을 누리길 원했다면 다른 사람을 택했어야 했다.

앨런과의 관계 속에서 빠져나오기란 무척 어려웠고 한동안은 극심한 죄책감에 시달렸지만, 결국 그녀는 그 관계를 정리할 수 있었다. 그로부터 몇 개월 후에 앨런이 직업을 구했다는 소식에 클라라는 무척 놀랐다.

불행 중독

내적 불행이 사람들을 속이고 관계의 실체를 포장하는 또 다른 방법은 관계의 긍정적인 면을 과대평가하는 것이다. 따라서 이러한 내적 불행 유형을 가진 사람들은 친구나 연인과의 관계가 불만족스러울 때마다 그 사람의 긍정적인 면에 초점을 맞춤으로써 부정적인 기분을 떨쳐내려고 한다.

좋은 면만 보려고 하는 습관

린다와 하이디는 고등학교 때부터 친구였다. 린다는 하이디를 가장 절친한 친구로 생각하고 의지했지만, 하이디가 자신의 외모, 취향, 남자친구에 대해 부정적인 말을 했다는 이야기를 번번이 전해 들었다. 하지만 하이디는 린다와 만날 때에는 그런 기색을 보이지 않았다. 린다는 집안일을 하거나 식단을 짤 때, 식구들 선물을 고를 때에도 하이디의 도움을 받았다. 이처럼 린다는 하이디에게 항상 의지하고 있었기 때문에 하이디가 자신에 대해 험담했다는 사실에 상처를 받을 때마다 그녀가 베푼 갖가지 좋은 일들을 떠올리려고 노력했다.

린다는 왜 계속 그녀와 친구로 지내냐는 친구들의 말에 충격을 받아 하이디와의 관계를 새로운 시선으로 바라보기 시작했고, 좋은 면만 생각하느라 불성실하고 상처 주는 행동은 무시했던 자신의 습관도 알아차릴 수 있었다. 하이디와의 관계에서 긍정적인 면과 부정적인 면을 정확하게 비교할 수 있게 되자, 린다는 이 관계가 사실은 그리 행복하지 않았다는 것을 깨닫게 되었다. 결국

린다는 서서히, 그러나 결연히 그 관계에 거리를 두기 시작했다.

인간관계 평가가 지나치게 부정적이라면

그런가 하면 내적 불행이 타인의 불쾌한 행동을 자극하거나, 부정적인 행동을 강조해 긍정적인 행동을 과소평가하도록 만들기도 한다. 그래서 결과적으로 인간관계를 매우 부정적으로 평가하게 된다.

상대방의 원치 않는 행동이나 부정적인 면만 바라보게 만드는 내적 불행의 간섭을 전혀 이해하지 못한 경우 인간관계를 부정적으로만 평가할 수도 있다. 상대방이 좀처럼 시간을 함께 보내주지 않고, 자주 화를 내며, 대수롭지 않은 일로 당신을 비난하거나 늘 부정적인 태도로 일관해 여러분 마음에 들지 않는다면 한 번 곰곰이 생각해 보자. 내가 상대방의 부정적인 행동을 자극하고 있는 것은 아닌가? 내가 지나치게 비판적이거나 소유욕이 강한 사람인 것은 아닌가? 혹은 경쟁심이 강하고, 폐쇄적이고, 질투심이 많지는 않은가? 때로는 이런 특성이 상대방의 나쁜 행동을 자극할 수 있다.

상대방을 화나게 하는 경우

비비안은 공통점이 많은 조지에게 매력을 느꼈고, 함께 즐거운 시간을 보

불행 중독

냈다. 시간이 흘러 비비안은 조지와 결혼하고 싶지만 망설이고 있었다. 조지가 그녀를 지나치게 의심했기 때문이다. 예컨대 비비안이 출장을 갈 때면 조지는 아침 9시부터 그녀에게 전화를 걸기 시작했다. 때문에 비비안은 집에 돌아올 때쯤이면 기분이 매우 불쾌한 상태였다. 게다가 점심시간마다 어디서 누구와 밥을 먹는지 꼬치꼬치 캐물었다. 한 번은 그녀가 직장 남자 동료와 단둘이 식사했는데, '우연히' 조지가 그 옆을 지나갔다. 그 후로 며칠 동안 두 사람은 서로 대화하지 않았다. 변함없이 조지만을 사랑했던 비비안은 오해받은 기분에 몹시 화가 났다.

비비안이 이 관계를 포기할까 고민하고 있을 무렵, 친구로부터 내적 불행에 대한 이야기를 전해 들었다. 처음에 비비안은 조지의 집착이 자신의 내적 불행 때문이라는 이야기는 가당치도 않다면서 콧방귀를 뀌었다. 하지만 그 친구가 몇 가지 예를 들어 설명하자 그럴 수도 있겠다고 진지하게 생각하기 시작했다. 비비안은 자신이 누구와 어디에 있는지 늘 모호하게 이야기했다는 사실을 깨달았다. 출장을 갈 때면 조지가 오해할 만한 방향으로 이야기를 잘못 전달하기도 했다. 예를 들어 실제로는 여성 동료도 함께 있는데 조지에게는 남성 동료 이야기만 했다. 고객들에 대해 이야기할 때도 마찬가지였다. 분명 여성 고객도 있었는데 그녀는 거기에 있던 남성 고객이 얼마나 재미있는 이야기를 했는지만 전했다.

비비안은 조지와의 문제에서 자신도 큰 몫을 하고 있었다는 사실을 깊이 생각해 보았다. 비비안은 비록 조지의 질투심과 소유욕 때문에 언짢기는 했지만, 속으로는 조지의 반응을 자신에 대한 사랑이라고 느끼고 있던 것이다. 비비안은 친구에게서 내적 불행에 대해 충분히 배웠다.

내적 불행을 발견한 비비안은 상황을 개선하기 시작했다. 우선 그날그날 있었던 일에 대해 이야기할 때, 모호하거나 오해의 소지가 있는 말은 절대 하지 않으려고 노력했다. 그리고 남녀 동료, 고객들에 관해서도 동등하게 이야기하려고 노력했다. 출장 갈 때는 조지에게 전화를 걸어서 어디에 있는지 알려주었고, 집에 조금 늦게 들어올 것이라고 미리 이야기해주었다.

조지는 원래 질투심이 많은 사람은 아니었다. 그래서 비비안이 노력을 기울인 이후에는 조지도 한결 여유로워졌고, 두 사람의 관계도 훨씬 나아졌다. 물론 이따금 조지와 다툼을 일으키기도 했지만 그럴 때에는 의도치 않게 그를 불쾌하게 한 것에 대해 먼저 사과했다. 몇 개월 후 두 사람의 관계는 점점 안정을 되찾았다.

상대방이 '결정적인 선'을 넘게 만드는 미묘한 자극의 유형이 있다. 긍정적이고 온화한 사람들도 싫어하는 주제나 행동이 있기 마련이다. 예를 들어 어떤 사람들은 뭐든 같이하자고 하는 사람에게 짜증을 느낄 수 있다. 또 어떤 사람들은 너저분한 것을 보면 불같이 화를 내기도 한다. 사람들을 알아갈 때에는 그 사람의 '결정적인 선'이 무엇인지도 함께 알게 된다. 그러면 내적 불행은 그 점을 파고들어 갈등을 일으키고 훌륭한 관계를 망친다.

상대방의 심기를 건드리는 경우

켈리는 결혼생활에 위기를 맞고 우리를 찾아 왔다. 켈리의 남편은 성공적인 변호사로 소득이 좋았지만, 열심히 번 돈을 켈리의 신용카드 대금 지불에 족족 써야 했다. 두 사람은 신용카드 결제 대금 문제로 무척 괴로워했다. 그는 켈리가 무엇을 샀고, 왜 그렇게 돈을 많이 쓴 건지 일일이 물어보곤 했다. 그는 자신이 고생해서 벌어온 돈을 어떻게 그렇게 다 써버릴 수 있냐며 불평하기 일쑤였다. 켈리는 그가 돈을 어디에 쓴 건지 물을 때마다 경찰 조사를 받는 듯 불쾌한 감정이 들었다. 켈리는 부부가 매년 많은 돈을 저축하고 있으며, 자신이 구입한 모든 것들은 모두 필요해서 산 것이라고 말했다.

우리는 켈리에게 남편이 다른 문제에도 이렇게 화를 내는지 물어보았다.

"사실 돈 문제 빼고는 정말 다정하고 따뜻한 사람이에요. 하지만 이상하게도 돈을 쓸 때는 무척이나 예민해진답니다."

켈리에 말에 따르면 그는 재정적으로 여유로운 가정에서 자랐지만, 아버지의 실직으로 가족이 힘든 시기를 맞게 되면서 어린 나이부터 돈을 벌어야만 했다. 방과 후에도 자기가 좋아하는 운동을 하거나 놀 시간이 없었다. 그는 지금 가진 돈에 관계 없이 자신도 아버지처럼 실패의 쓴잔을 맛보게 될까 봐 두려워했다. 그래서 그는 켈리가 과소비한다고 생각될 때마다 무척 화를 냈다.

우리는 그녀의 남편이 내적 불행 때문에 자신의 성공을 누리지 못하고 있다고 설명했다. 그의 아버지와는 달리 법률회사의 선임 파트너라는 안정적인 직업이 있는데도 그는 자신의 지위로 누릴 수 있는 재정적인 안정을 누리지 못했다. 그는 돈 외의 모든 면에서는 꽤 이성적이고 논리적이었다. 인간관계 설문지에 기록한 답을 살펴보면서 켈리는 자신의 결혼생활을 대체로 긍정적이라고 결론지었다. 다만 소비에 대한 남편의 비이성적인 두려움만 극복할 수 있다면 두 사람이 함께 행복해질 수 있을 것이라고 믿었다.

또한 우리는 그녀의 내적 불행이 켈리를 부추겨서 돈에 예민한 남편을 더 예민하게 만들고 있을지도 모른다고 말했다. 켈리는 식구들 옷이나 다른 물품을 사는 데 엄청난 돈을 썼다. 카드 대금 결제 청구서가 집에 도착하면 남편은 그제야 부인이 돈을 얼마나 썼는지 알 수 있었다. 켈리는 남편이 화를 낼까 봐 무엇을 샀는지 절대로 말하지 않았다. 하지만 켈리가 그렇게 입을 꾹 다물고 있는 것은 결코 현명한 처사가 아니었다. 재정 영역은 남편이 가장 중요하게 생각하는 영역인데 켈리의 행동 때문에 전혀 통제감을 느낄 수가 없었기 때문이다.

불행 중독

켈리는 우리와 함께 남편을 불편하게 하지 않으면서 필요한 것을 살 방법을 계획했다. 비록 마음속으로는 돈을 쓸 때 남편과 상의하고 싶지 않지만, 남편이 안심할 수 있도록 구매 목록을 남편과 상의하기 시작했다. 언젠가 텔레비전이 고장 났을 때였다. 그녀는 더 큰 텔레비전을 사고 싶었으나 당장 구입하는 대신 그녀는 여러 가지 모델에 관한 정보를 가지고 집에 돌아왔다. 그러자 켈리의 남편은 모델 사양을 꼼꼼히 살펴본 뒤 켈리가 원하는 모델을 사는 데 동의했다. 그리고 카드 대금 청구서가 도착하자 불만 없이 대금을 지불했다.

시간이 지나면서 켈리는 소비를 조절하는 방법을 배웠다. 자신이 충동 구매를 해서 남편이 화를 내면 켈리는 그것을 받아치기보다 지금 자신이 잠시 후퇴의 순간을 맞고 있는 것이라고 생각하기로 했다. 켈리가 자신의 내적 불행을 잘 통제할 수 있게 되자 결혼 생활은 점점 나아졌다.

지금 맺고 있는 인간관계의 질이 어떠한지 최종 판단을 내리기에 앞서 해야 할 일이 있다. 우선 여러분이 부정적이라고 생각했던 행동들을 떠올려서 자신이 그 행동들을 유발한 것은 아닌지 생각해 보는 것이다. 뒤돌아보니 자신이 상대방의 부정적인 행동을 번번이 자극했다고 생각되면 자신의 행동을 바꾸도록 노력한 후에 그 관계를 재평가해봐야 한다.

장점은 작게 보고 단점은 크게 보는 경향

인간관계 설문지에 기록한 답이 심하게 부정적이라면 자신의 내적 불행 때문에 상대방의 장점을 보지 못하고 단점만 과장하는 것은 아닌지 생각해 볼 필요가 있다. 좋은 친구를 만들거나 사랑에 빠질 때, 내적 불행은 상대방의 장점은 간과하고 약점만 강조하게 만들어서 종종 그 관계의 즐거움을 누리지 못하게 방해한다.

단점만 보일 때

케이시와 수잔은 자선 모금을 위한 자전거 마라톤 행사를 조직하다가 만나 절친한 친구가 되었다. 둘의 관계는 얼마간 순탄하게 유지되었지만, 케이티는 가면 갈수록 수잔에게 점점 더 심한 짜증을 느꼈다. 케이시가 수잔에게 전화를 걸어서 만나자고 제안해도 수잔은 한참이 지나서야 답변을 주었고, 수잔이 먼저 만남을 계획하는 경우는 전혀 없었다. 케이시는 자신만 그 관계를 위해 노력하는 것처럼 느꼈고, 자신이 수잔에게 관심을 가지는 것만큼 수잔이 자신에게 관심을 갖지 않는다고 확신했다.

케이시는 수잔과의 관계가 매우 고통스럽게 느껴지기 시작했고, 수잔이 먼저 전화하기 전까지는 수잔에게 전화하지 않겠다고 결심했다. 다른 친구에게 이 결심을 상의했더니 그 친구는 수잔이 다른 사람들과도 그렇게 지낸다고 말해주었다. 무슨 이유에서인지 수잔은 전화 걸기나 이메일 보내기를 무척 어려워했다. 하지만 수잔은 영화를 보러 가기 전에 함께 먹을 저녁 식사를 만들어주었고, 케이시가 아플 때마다 항상 곁에서 챙겨주고, 남의 고민도 잘 들어주는 다정한 사람이었다.

수잔의 이중적인 면 때문에 혼란스러운 느낌이 든 케이시는 그 상황을 우리와 의논했다. 우리는 다른 여러 면을 살펴본 결과 수잔이 케이시에게 충분히 관심 있는 것이 분명한데도 불구하고 수잔이 먼저 전화하지 않는다는 이유만 가지고 거절당했다고 생각하는 이유가 무엇인지 케이시에게 물어보았다. 더군다나 수잔의 이러한 특성은 예전부터 알 수 있었을 텐데 그 부분을 갑자기 큰 문제로 크게 느끼는 이유는 무엇인지도 물었다. 케이시는 자신도 그 모든 것이 갑작스럽고 당황스럽다고 말했다.

우리는 케이시의 내적 불행이 현재의 긍정적인 우정 관계에 만족하지 못하도록 친구의 다양한 장점보다는 그 친구의 완벽하지 못한 면에 자꾸만 초점을 맞추도록 유도하고 있을지도 모른다고 말했다. 케이시는 지금까지 맺어온 친구 관계를 돌아보며 이와 동일한 패턴이 있었다는 사실을 깨달았다. 친구 관계가 처음에는 잘 유지되다가 어느 순간부터 그 친구의 특정 행동 때문에 점점 짜증이 나고 무시당한 느낌이 들기 시작했고 결국 그 관계는 끝나버리고 말았다.

케이시는 자신의 어린 시절을 회상해 보았다. 케이시는 실수를 저질렀을 때는 늘 꾸중을 들었지만 잘한 일에 대해서는 칭찬을 거의 받지 못했다. 그래서 자연스럽게 타인의 실수에는 지나친 비중을 두고, 그 사람의 장점은 거의 생각하지 않게 되었다는 점을 알게 되었다.

자신의 내적 불행 때문에 스스로 친구 관계를 망치고 있다는 깨달음을 얻은 케이시는 수잔과의 관계를 좀 더 지켜보기로 했다. 물론 언제나 그녀가 먼저 연락하고 계획을 제안하는 사람이 되어야만 했지만, 수잔이 신의를 저버렸다거나 나쁜 친구는 아닌 것은 확실했다. 수잔이 자신의 전화에 즉각 답해주지 않거나 전화를 하지 않아 기분이 나빠질 때마다 케이시는 내적 불행이 간섭하고 있다는 점을 상기했다. 그래서 그 상황이 오면 무시당한다는 느낌에 빠지지 않고 수화기를 들고 수잔에게 먼저 전화를 걸었다. 그러면 수잔은 언제나 아주 즐겁게 전화를 받아 주었다.

익숙하던 상대방도 때로는 낯설게 바라보는 것이 좋다. 다른 관점에서 보니 보다 긍정적인 느낌이 들었다면 설문지에 기록한 자신의 답안을 다시 한번 생각해 보길 바란다. '익숙함은 경멸을 낳는다'라는 말은 '알고 보면 모든 사람은 가치가 없다'는 뜻이 아니다. 문제는 내적 불행에 있다.

인간관계와 가족

결혼은 법적 구속력뿐만 아니라 종교적, 도덕적 구속력을 가지는 경우가 많기 때문에 다른 관계와는 다르게 평가해야 한다. 자녀를 둔 경우라면 특히 더 그렇다. 혼인 상태를 그대로 유지할 것인가를 결정할 때, 내적 불행의 충족 여부는 여러 가지 고려 대상 가운데 하나에 지나지 않는다. 이 책에서는 정서적, 신체적, 성적 학대가 있는, 그 누구라도 참아서는 안 되는 상황에서 결혼을 유지해야 할지 말지를 평가하는 지침은 제공하지 않는다. 학대적인 관계를 유지하는 것은 모두에게 결코 좋지 않으며, 자녀의 정서 발달에 파괴적인 영향을 끼치고, 내적 불행을 충족시키는 것 외에 아무런 기능도 하지 않는다. 이것은 분명한 사실이다.

결혼 생활이 불행하긴 하지만 정서적, 신체적, 성적 학대 관계가 없는 경우라면 인간관계 설문지를 활용하여 결혼 생활의 긍정적, 부정적인 면을 평가할 수 있다. 또한 '결혼은 무엇인가'하는 각자의 생각에 기초하여 그 결과를 진지하게 생각해 볼 수 있다. 결혼생활이 부정적인데도 결혼 생활을 유지하고 싶다면 〈17. 부정이 긍정을 앞지를 때〉에 제시될 관계 증진을 위한 전략을 사용해 보길 바란다.

결혼을 생각할 때 많은 사람들이 가족은 영원히 함께 하는 것이며 가족 관계에서는 친구나 연인 관계라면 수용하지 못할 불행도 기꺼이 참는다고 믿는다. 그래서 가족 관계가 문제가 된다면 그 관계를 정리 해버릴 수는 없는 노릇이라고 생각하게 될 것이다. 그렇다면 〈18. 떠나야 할 때〉에 제시하는 '잃고 싶지 않은 관계 개선하기' 부분을 참고하길 바란다.

17

부정이 긍정을
앞지를 때

인간관계 설문 결과 (자신의 결론이 정확하다는 가정하에) 그 관계가 전체적으로 부정적이라고 판단된다면 문제를 해결하기 위해 싸워보지도 않고 포기해 버려야 한다는 의미는 아니다. 오히려 그 관계를 변화시키기 위해 더 능동적으로 행동해야 하며, 충분한 변화가 일어나는지 주기적으로 확인해야 한다. 좋지 않은 관계를 붙잡고 무기한 버티고 있는 것은 운동하기로 계획한 날 늘어지게 잠을 자는 것과 다르지 않다. 계속 그 상태로 있으면 즐겁고 편안한 것처럼 느껴지겠지만, 이것은 힘겨운 노력을 미루려는 저항에 지나지 않는다. 장기적으로 볼 때는 오히려 이런 행동이 바람직하지 못한 결과를 낳는다.

상대방이 여러분에게 원하는 변화가 있다면 마음을 열고 경청해라.

또한 내적 불행이 두 사람 사이에서 어느 한쪽, 또는 두 사람 모두를 부추겨서 상대방의 긍정적인 노력을 파괴할 수도 있고 자신의 노력에 혐오 반응을 일으킬 수도 있으니 이 사실을 염두에 두길 바란다.

변화할 가능성이 없어 보이거나 전혀 변화가 나타나지 않는 경우에는 그 관계에 계속 머물러 있을 것인지 심사숙고해야 한다. 관계를 끝낸 후 정서적 영향이 어떨지는 현재 관계의 본질에 따라 다르다. 물론 몇 년 동안 지속해 온 친구관계나 연인관계보다 가볍게 만난 관계를 정리하는 것이 훨씬 더 쉽다.

관계 지속을 위해 무엇을 변화시킬지 결정하기

부정적이라고 표시했던 인간관계 설문지의 대답을 다시 한번 돌아보고, 관계를 가치 있게 만들기 위해 무엇을 바꿔야 할지 결정하길 바란다. 그리고 나서 과연 그 변화에 가능성이 있는지 자문해 보자. 상대방은 불성실하며 거짓말을 일삼거나 신뢰하기 어려운 사람인가? 이러한 성격은 두 사람의 관계에도 매우 파괴적인 영향을 미치지만, 그 사람 자체를 변화시키기도 매우 어렵게 만든다. 이 경우에는 다음의 두 가지 방법이 더욱 효과적일지도 모른다.

불행 중독

①그 사람을 친구나 연인으로 선택한 이유가 인간관계의 즐거움을 누리지 못하게 만들려는 내적 불행 때문이라는 사실을 깨닫는다.

②이 사실을 깨달았다면 부적절한 관계는 끝내야 마땅하다.

한편, 관계를 부정적인 쪽으로 몰아가는 몇몇 문제는 좀 더 수월하게 치료할 수 있다. 두 사람 사이에 의사소통이 잘되지 않는 경우, 미묘하게 두 사람의 의견이 부딪치기도 하고, 때로는 큰 다툼이 벌어지기도 한다. 이런 경우 두 사람 모두가 기꺼이 협력하여 문제를 해결하려고 한다면 대개 변화할 수 있다.

나의 결정을 상대방에게 이야기하기

변화를 확신할 수 없다면 혼자 의심하지 말고 상대방과 의논하길 바란다. 내적 불행이 두 사람의 문제를 자극한다면 이 점을 상대방에게 털어놓고 '나도 나의 문제를 알고 있으며 고치려고 노력 중이다'라고 확실히 말해야 한다.

변화에 대해 이야기하는 과정에서 두 사람의 관계를 개선하고 보존하겠다는 본래 목표를 잊어서는 안 된다. 내적 불행은 이때를 겨냥하여 서로를 향한 비난과 보복을 일으켜서 긍정적인 변화가 일어날 모든 가능성을 파괴하려고 할지도 모른다. 분노와 원한을 일으키면 상대방도 같은 감정을 느껴 아무리 대화하더라도 좋은 결론이 나지 않을 거라고 판단하게 만들 것이다.

상대방 역시 당신에게 상처 입히겠다고 의도한 것이 아니며, 그 사람도 내적 불행의 방해를 받아서 인간관계를 긍정적으로 유지하기 어려울 수 있다는 점을 기억하자. 제안할 때 최후통첩처럼 알리지 말고 되도록 건설적인 방법으로 알리도록 하자. 예를 들어 상대방이 자꾸만 혼자 있으려고 한다고 비난하는 대신, 두 사람이 함께 누릴 즐거움을 잃어버리게 되니 조금 더 적극적으로 노력해달라고 말하는 방식이다.

쏘아붙이지 않고 의견을 나누는 방법

베티는 하워드와 5년 동안 연애했다. 서른 살이 되자 베티는 이제 하워드와 결혼하여 가족을 이뤄야 한다는 느낌이 들었다. 하지만 하워드는 베티와는 달리 지금 상태에 만족하는 것 같았다. 결혼할 때도 되지 않았냐는 베티의 제안에 하워드는 그녀를 정신 나간 사람 보듯 바라보면서, "지금 이대로도 너무 좋은데 굳이 결혼을 해야겠어?"라고 물었다. 하워드의 말에 상처를 받은 베티는 연락을 단절했고, 하워드는 아직 준비도 되지 않았는데 베티가 결혼을 서두른다며 그녀를 비난했다. 그전까지 둘 사이는 그렇게 차갑지 않았으나 점점 냉랭함이 깊어져 갔다. 베티는 이 관계를 진전시킬지 아니면 여기서 그만둘지 결정해야 할 때가 왔다고 생각했다.

베티는 어떻게 하면 하워드와 헤어지지 않고 자신의 생각을 전달할 수 있을지 친구와 의논했다. 베티는 하워드에게 "우리 관계가 곧 결혼으로 이어지지 않는다면 나는 떠날 수밖에 없어"라고 말하고 싶었다. 하지만 베티의 친구는 이런 식으로 이야기하면 하워드도 화만 낼 것이고, 사태가 개선될 가능성은 모두 사라질 것이라고 말했다. 그리고 "하워드, 당신이야말로 내가 사랑하는 남자고 내 평생을 함께 보내며 아이들을 기르고 싶은 사람이야. 하지만 지금과 같은 상황은 전혀 만족스럽지 않아. 나는 당신과 항상 함께 있고 싶고 당신의 아이를 원해. 그게 내가 당신과 함께 행복해질 수 있는 유일한 길이야"라고 말해 보지 않겠냐고 제안했다.

베티가 친구가 제안한 방식으로 하워드에게 접근하자 하워드는 매우 놀랐다. 그는 혼자 생각할 시간을 좀 달라고 부탁했고, 베티도 동의했다. 일주일이 지나고 하워드는 베티를 저녁 식사 자리에 불러내 "베티 나도 당신을 사랑해. 당신이 없는 삶은 상상할 수가 없어. 나는 언젠가 우리가 결혼해서 함께 아이를 낳아 기를 거라고 늘 생각해왔어. 그리고 이제 더 이상 망설일 이유가 없다는 생각이 들어"라고 말했다.

상대방의 노력을 지지하는 방법 배우기

무엇을 변화시켜야 할지 상대방에게 전달했다면 이제 내적 불행이 관계에 대한 긍정적인 노력을 파괴하지 못하도록 주의를 기울여야 한다. 비판적인 말을 줄이자고 부탁한 후 며칠간 상대방이 그런 말을 하지 않고 잘 지나갔을 때, 상대방이 기울인 노력을 알아채지 못하거나 고마워하지 않아 그의 노력을 해칠 수 있다. 또는 부정적인 말을 유발하는 행동을 저질러서 그의 노력을 물거품으로 만들 수도 있다. 시간이 지나 상대방이 실수로 비판적인 말을 던지면 내적 불행은 그동안 상대방이 해온 노력보다는 순간의 실수에 더 신경 쓰도록 만들 수 있다. 당신의 그것과 마찬가지로 상대방의 모든 행동도 값지고 의미 있다. 그리고 이 노력이 계속된다면 결국 두 사람의 관계에 큰 진보가 나타날 것이다.

상대방에게 부탁한 문제 외에 관계의 다른 면에 비중을 두기 시작하면 이것 또한 관계의 향상을 저해할 수 있다. 이 경우 상대방은 자신이 아무리 노력해도 관계 향상에 도움이 되지 않는다고 생각해 포기하거나 분노할 수 있다.

상대방의 입장에서 생각해 보기

앤과 캐롤은 에어로빅 수업에서 처음 만나 친구가 되었다. 그들은 함께 영화를 보고 그 영화에 관해 열띤 대화를 나누기를 좋아했다. 문제는 캐롤이었다. 캐롤은 항상 '깜박 잊고' 돈을 챙겨오지 않았고, 앤이 두 사람 몫의 표값을 지불할 때까지 멈칫거리는 것처럼 보였다. 결국 앤은 마음을 다부지게 먹고 이제 공평하게 비용을 나눠 내자고 캐롤에게 말했다. 이후 캐롤은 놀랍게도 자신의 몫보다 더 많은 돈을 지불하기 시작했고, 이렇게 몇 주 동안은 무난히 잘 지냈다.

그런데 앤은 다른 친구에게 캐롤이 새 차를 샀다는 말을 전해들었다. 앤은 캐롤에게 전화를 걸어서 그런 소식을 다른 사람에게 듣게 되어 서운하다고 말했다. 앤은 캐롤이 자신을 정말 좋은 친구라고 생각했다면 이 소식을 누구보다 먼저 앤에게 알려야 했다. 이 시점이 되자 캐롤은 참아왔던 화를 터뜨리면서 자신을 그렇게 싫어하면서 도대체 왜 친구로 지내고 싶어 하는지 이해할 수 없다고 말했다.

물론 앤은 자신의 내적 불행이 캐롤의 노력을 망치고 있다는 사실을 깨닫지 못했다. 앤은 변해보려고 노력하는 캐롤을 칭찬해주어야겠다는 생각은 하지 못하고 계속 사소한 일들로 캐롤을 비난해왔다. 캐롤이 몹시 화를 내자 앤은 자신이 의도치 않게 부정적이고 비판적인 말을 했다는 사실을 깨닫고 캐롤에게 사과했다. 다행히 캐롤도 그 사과를 받아들였고, 두 사람의 관계는 회복되었다.

관계 개선을 원하는 당신의 기대에 부응하려는 상대방의 노력을 의도치 않게 망치는 몇 가지 경우가 있다. 가장 중요한 것은 경계를 놓지 않고 계속 유지하는 것이다. 관계가 개선되면서 즐거움이 늘어나면 내적 불행은 자양분을 얻지 못해 관계가 불만족스러웠던 이전 상태로 돌아가도록 부추길 수도 있다.

18

떠나야 할 때

인간관계 설문지에 기록한 답이 두드러지게 부정적이었지만, 내적 불행에 의해 왜곡된 결과는 아니라고 판명된 경우를 살펴보자. 만약 상대방이 변화하기를 바라는 것이 비현실적이거나, 당신은 변화를 바라지만 상대방은 그럴 생각이 없다면 그 관계를 지속할 이유가 무엇인지 진지하게 생각해 보아야 한다.

사람들이 불만족스러운 관계를 유지하는 이유에는 두 가지가 있는데, 이 두 가지 모두 내적 불행에 그 뿌리를 두고 있다.

첫째, 불만족스러운 관계는 내적 불행을 충족시킨다

어릴 때 인간관계의 즐거움과 고통을 혼동하며 자란 사람들은 인간관계를 맺는 다른 방법을 전혀 고려하지 못한다. 이들은 모든 인간관계에 피치 못할 갈등, 배신, 경멸, 거리감이 있다고 기대하며, 이러한 고통스러운 관계가 정상적이며 불가피하다고 생각한다. 이들은 자신의 인간관계가 '그렇게 나쁜' 상태는 아니라고 생각하기 때문에 불만족스러운 관계를 벗어나지 못한다. 이들은 다른 사람의 용인할 수 없는 행동에도 스스로를 비난한다. 또한 상대방에게 감정적인 상처를 주기를 매우 꺼려 차라리 자신이 불편하기를 택한다. 이는 그들이 그 관계가 없으면 자신은 더 이상 기댈 곳이 없을 것이라고 확신하기 때문이다.

둘째, 상대방의 문제가 더 심각하거나 분명하면 관계의 문제를 직면할 필요가 없다

친구나 연인이 학대적이거나 또는 지나치게 독립적인 사람이라면 그 문제가 워낙 두드러져서 친밀하고 즐거운 관계를 만들고 싶어 하는 내면의 갈등은 피하게 된다. 다시 말해 다른 사람의 약점 뒤에 숨어서 자신의 내적 불행을 감출 수 있다는 것이다.

그 관계를 지속한다고 해서 진정한 만족을 누릴 수 있는 것이 아닌데도 그 관계를 버리지 못하는 경우가 우리 주위에는 허다하다. 당신의 생각이 어떻든 만족스럽지 않은 관계를 지속해야 한다는 확신이 계

불행 중독

속 든다면, 혹시 내적 불행이 사고에 영향을 끼치고 있는 것은 아닌지 생각해 보자.

나를 좀먹는 관계

케빈은 클라라와 수년간 연인으로 지내면서 클라라의 아들 브래드와도 매우 가까워졌다. 케빈은 클라라에게 무척 빠져 있었고, 내적 불행 때문에 클라라가 이기적인 사람이라는 점을 보지 못했다. 두 사람의 관계는 늘 클라라가 원하는 것을 중심으로 돌아갔고, 케빈의 욕구는 전혀 고려되지 않지만, 케빈은 그 상태에 만족하면서 지냈다. 하지만 클라라가 대화를 독점하려 하고, 다른 사람에게는 전혀 관심을 기울이지 않아 친구들이 클라라와 만나는 자리를 꺼리기 시작하자 케빈의 생각은 달라졌다.

케빈의 친구들은 그에게 필요했던 충격을 일깨워주었다. 두 사람의 관계가 얼마나 일방적이었는지 깨달은 케빈은 그 관계를 지속하기보다 그는 거기에서 빠져나오는 편이 더 행복할 것이라 느꼈다. 하지만 케빈은 이미 브래드와 너무 깊은 관계를 맺고 있었기 때문에 그 관계는 유지하겠다고 다짐했다. 브래드가 이미 부모의 이혼을 한 번 겪었기 때문에 더 이상의 상실을 안겨주기는 싫었던 것이다. 하지만 케빈은 클라라와의 관계를 끝낸다면 그녀가 복수심을 품고 다시는 브래드를 만나지 못하게 할 것이라는 사실을 알고 있었다.

우리는 케빈과 상담하면서 그의 내적 불행이 다른 해결책을 찾지 못하게 해 그 관계에 비참하게 남아 있도록 만든다는 사실을 그가 이해하도록 도왔다. 케빈은 스스로를 가뒀던 상자 밖으로 빠져나와 클라라와의 관계를 보다 객관적으로 바라보면서 브래드와 단둘이 시간을 보냈다. 케빈은 클라라가 선량한 사람이고 좋은 어머니지만, 자신은 더 이상 클라라와 연인으로 남아 있을 만큼 클라라를 사랑하지는 않는다고 브래드에게 말했다. 하지만 그는 브래드를 변함없이 돌봐줄 것이며, 가능하다면 전화나 이메일, 만남을 통해 브래드와 지속적으로 연락하며 지낼 수 있도록 브래드가 허락해주었으면 좋겠다고 말했다. 그리고 마침내 케빈은 클라라와 헤어졌습니다. 다행히 케빈과 브래드는 그 이후로도 서로 연락하면서 오랫동안 좋은 사이를 유지했다.

위의 사례는 흠잡을 데 없는 상황 뒤에 내적 불행이 숨을 수 있다는 것을 보여주는 좋은 예시다. 케빈의 내적 불행은 그를 비참하게 만드는 관계를 지속시키려고 깊은 관계를 맺고 있는 아이를 이용한 것이다.

부정적인 관계 마치기

앞서 기술된 모든 단계를 모두 마치고 문제되는 관계를 정리하겠다고 결정했을 때 주의해야 할 점이 하나 있다. 관계를 끝낼 때 두 사람이 필요 이상의 고통을 겪지 않도록 해야 한다는 점이다. 관계를 종결하면서 내적 불행이 문제를 야기하는 가장 흔한 방법은 헤어지는 마당에 그동안 상대방에게 마음에 들지 않았던 점을 모조리 나열하는 것이다. 이 경우 상대방에게 좋지 않은 감정만 유발한다면 그나마 다행이다. 최악의 경우 심한 싸움이 일어나기도 한다.

관계를 정리하겠다는 결심은 삶을 개선하려는 노력의 일환이지 상대방의 기분을 해치려는 목적은 아니다. 굳이 상대방을 꼬집지 않고서도 그저 잠시 물러날 방법도 있다. 특히 두 사람 사이에 공통의 친구들이 있다면 잠시 물러나는 것도 좋은 방법이다.

내적 불행은 싸움을 일으켜 친구 사이에서 혼란을 유발하고 어느 한 편에 서도록 만들 수 있다. 한 친구만 따로 만나겠다는 계획을 포기한다면 두드러진 관계의 문제는 조용히 사라질 것이다. 이때 그 친구가 왜 자기와 좀 더 시간을 보내지 않느냐고 물어 정직한 대답을 해야한다면 화를 내거나 그간의 불만사항을 일일이 나열하지 말고, 당신을 괴롭혔던 문제 하나를 상대방에게 지혜롭게 전달해 보자. 다시 한번 말하지만, 이것은 삶을 개선하기 위함이지 타인에게 상처를 주려는 것이 아니다. 그 사람도 내적 불행의 포로일 수도 있기 때문이다.

연인관계는 끝맺기가 더 어렵다. 연인관계의 특성상 살짝 뒤로 물러난다고 해결되는 일이 아니기 때문이다. 연인관계에서 관계를 종결

한다는 것은 완전히 관계를 끊는다는 것을 의미한다. 또한 연인관계에서 느끼는 감정은 매우 은밀하고 친밀하기 때문에 대개의 연인관계는 굉장히 강렬한 성격을 띤다. 상대방이 자기 감정을 조절 못 하거나 두 사람이 서로 화를 내다가 관계를 끝낸다면, 상대방은 매우 분노해 보복감을 품거나 때때로 폭력을 행사할 수도 있다.

폭력적인 연인

안젤라는 소꿉친구인 존과 결혼했다. 존은 성격이 급한 데다가 질투심까지 강한 사람이었다. 존은 종종 안젤라가 바람을 피우려고 한다고 근거 없는 의심을 했다. 이러한 오해 때문에 존은 안젤라를 위협하곤 했고, 실제로 안젤라를 구타한 적도 있었다.

협박당하는 느낌에 질린 안젤라는 이혼을 마음먹었다. 안젤라는 존에게 자신이 집에 돌아오기 전까지 짐을 다 빼달라고 부탁하면서 '이제 참을 만큼 참았다'고 말했다. 또한 때로는 그를 사랑하지 않았다고 털어놓았고, 네가 그렇게 집착하고 의심하는 이유는 '진짜 남자'와는 겨룰 수 없다는 사실을 스스로 알고 있는 형편없는 사람이기 때문이라고 했다.

그런데 어느 날 안젤라가 사무실에서 일하고 있는데 존이 총을 들고 나타났다. 다행히도 안젤라의 법률 회사는 심각한 이혼 사건을 전문으로 다루고 있었기 때문에 건물 안에 금속 탐지기를 설치해 둔 상태였다. 금속 탐지기가 울리자 보안관이 존의 출입을 차단했고 그는 체포되었다. 충격에 휩싸인 안젤라는 지인의 집으로 이사하고 존에게는 이 사실을 숨겼다.

우리와 상담하며 안젤라는 어렸을 때 부모님이 항상 싸우고 자녀들에게도 소리 질렀다는 것을 떠올렸다. 이러한 분위기에서 안젤라는 관심과 돌봄을 학대와 혼동하게 되었고, 결국 학대 관계를 원하는 욕구를 발달시킨 것이다.

안젤라는 행복에 대한 혐오 반응을 잘 조절할 수 있게 되기까지 우리와 충분히 상담했고, 이후에 존에게 자신이 했던 말들을 사과하며 이혼을 요구하는 편지를 보냈다. 그녀는 존과 함께한 시간이 소중했다고 말하면서 존이 최선을 다해주었다는 사실을 알고 있다고 썼다. 그리고 존의 행운을 빌어주었다. 존은 안젤라의 편지에 답장을 보내지는 않았으나 더 이상 그녀를 위협하지 않았다.

끝내겠다고 결심한 관계가 연인관계라면 상대방에게 말을 꺼내기에 앞서 그 말들을 다시 한번 점검해 보길 바란다. 내적 불행이 헤어지는 과정을 필요 이상으로 격하고 혼란스럽게 만들려고 유혹하고 있지는 않은지 말이다. 목표는 관계를 종결하는 것뿐이며, 그간 맘에 들지 않았던 모든 것을 되갚아 주려는 것이 아니기 때문이다.

내적 불행이 관계의 종결을 필요 이상으로 불쾌하고 기분 나쁘게 만드는 방법은 또 있다. 바로 걸핏하면 변덕스러운 반응을 보이는 것이다. 특히나 연인관계에서는 결정을 못 내리고 있는 것보다는 확실하고 선명하게 자신의 결정을 전달하는 것이 좋다. 시간이 흐르는데도 결정을 못 내리고 있으면 상대방은 희망을 버리지 못하기 때문이다.

이 모든 단계를 모두 거치고 관계를 끝내겠다는 결심을 전달했는데 갑자기 좋은 기억만 떠오르고 도대체 왜 이별하기로 마음먹었는지 이해가 안 되는 경우도 있다. 그 사람이 없이 살 수 있을까 두려워하기도 한다. 이런 반응이 발생하는 이유는 무엇일까? 이 반응은 그 관계 속에서 경험했던 불행에서 빠져나와 진정한 즐거움을 얻었을 때 이에 대한 혐오 반응으로 나타나는 행동이다. 그동안 경험했던 지속적인 불행이 사라진 것 외에 또 무엇이 변했는지 자문해 보길 바란다.

잃고 싶지 않은 관계 개선하기

지금 맺고 있는 관계에 확실한 결정을 내리지 못하게 만드는 것이 바로 내적 불행의 가장 미묘한 수법이다. 이렇게 되면 결과적으로 관계를 유지하는 것도, 지속하는 것도 아닌 어정쩡한 상태 속에 머물게 된다. 관계를 지속하고 싶은지 아닌지를 모르는 불확실한 상태가 지속

불행 중독

되는 것처럼 관계를 망치는 것도 드물다.

인간관계 설문지에 기록한 답이 전체적으로 긍정적인가? 만약 그렇다면 그 관계를 끝낼 것인지 고민하기를 멈추고 관계 개선을 위해 최선을 다해 보자. 상대방이 정말로 이해하지 못할 행동을 했더라도, '그래, 이제 그만하자. 한순간도 더는 못 참겠어. 차라리 안 보고 말지'라고 생각하기보다는 '이왕 떠나지 않겠다고 마음먹었으니 저 사람이 행동을 바꾸도록 설득해 보자. 아니면 저 행동을 내가 참을 수 있는 정도로 변화시킬 방법을 강구해야겠어'라고 생각하는 편이 훨씬 더 합리적이다.

지각이라는 고질병

콜린과 프랭크는 직장 동료이자 좋은 친구였다. 둘은 거의 한 달에 한 번씩 함께 낚시하러 갔고, 여러 운동을 함께하면서 시간을 보냈다. 문제는 프랭크가 거의 매번 약속에 늦는다는 것이었다.

예를 들어 물고기가 몰려드는 시간을 노려 일찍 낚시할 계획을 세우면 프랭크는 늦잠을 자서 계획보다 1시간은 늦게 도착했다. 콜린은 시간 약속을 칼같이 지키는 사람이었고 시간 약속을 어기는 것은 성격 결함이라고 생각했다. 그래서 콜린은 프랭크의 이런 행동에 번번이 화가 났다. 모든 일에 늑장을 부리던 프랭크는 콜린이 왜 그렇게 화를 내는지 이해하지 못했고, 콜린에게 부당한 대우를 당한다고 느꼈다. 두 사람은 만나기만 하면 서로 투덜거렸고, 이런 불평을 잠재우는 데 꽤 오랜 시간이 걸렸다.

그러던 어느 날 드디어 문제가 터졌다. 챔피언십 하키 게임에 가는 날, 콜린을 데리러 오기로 한 프랭크가 너무 늦어버린 것이었다. 콜린은 너무도 화가 나서 앞으로는 절대로 프랭크와 만나지 않겠다고 결심했다.

그런 콜린에게 한 친구가 인간관계 설문지를 건네주었다. 모든 질문에 답한 콜린은 둘의 관계를 전체적으로 보면 계속 유지하고 싶을 만큼 소중한 관계인데 그동안 프랭크에게 너무나도 짜증이 난 나머지 그 사실을 놓치고 있었다는 점을 깨달았다.

또한 콜린은 프랭크와 친구관계를 유지하려면 함께 나누는 즐거움은 강화하고 갈등은 줄여야 한다는 사실도 깨달았다. 콜린은 그간의 경험으로 보아 프랭크가 바뀌지 않을 사람이라는 것을 알았기 때문에 같은 상황에 부딪칠 때마다 자신이 적응할 방법을 강구하기 시작했다.

스포츠 경기를 보러 갈 때면 콜린은 프랭크를 어느 정도 기다리다가 그가 제시간에 도착하지 않으면 먼저 경기장에 가서 자리를 맡아놓겠다고 말하고 이동했다. 낚시하러 갈 때는 미리 나가서 아침 식사를 준비할 계획을 세웠다. 그러면 프랭크가 늦게 오더라도 아침 식사를 함께 먹고 낚시가 아직 한창일 때 낚시터에 도착할 수 있었다. 테니스를 치러 갈 때 콜린은 프랭크를 기다리면서 읽을 책을 준비해 나갔다.

이렇게 콜린은 프랭크가 늦을 때 자신의 기분이 불쾌해지지 않도록 계획을 세우고 책임을 다했다. 프랭크가 늦는 것 때문에 불편함을 겪을 때에는 화를 내기보다는 다음에는 어떻게 해야 할지 방법을 생각하려고 했다. 갈등과 분노가 사라지자 두 사람은 더욱 친밀해졌고 둘의 우정은 그 어느 때보다 깊어졌다.

지금 맺고 있는 인간관계가 가치가 있다고 생각한다면 상황이 악화되었을 때 당장 떠나버리겠다는 생각은 접어야 한다. 그 관계가 그렇게 쉽게 끝낼 만큼 별 볼 일 없는 사이가 아님을 깨닫는다면 내적 불행을 충족시켜주던 그 사건이 훨씬 경미해 보일 것이다. 그리고 그 관계를 떠나겠다는 극단적인 생각하면서 위안을 느끼기보다는 훨씬 더 건설적인 해결책을 강구하기 위해서 노력하게 될 것이다.

이 관계를 떠나면 반드시 행복해질 거라고 생각하겠지만 실제로는 깊은 상실이 찾아올 것이다. 떠나겠다고 결심했을 때 느껴지는 '위로'는 사실 가면을 쓴 불행이다. 정작 관계를 끝내버리고 나면 그동안 삶의 질을 높여주던 중요한 관계를 잃었다는 생각에 깊은 불행이 찾아오는 것이다.

자신이 바라는 대로 상황이 돌아가지 않더라도 그 관계에 충실하겠다는 마음을 굳게 지킨다면 진정한 행복을 경험할 수 있다. 이것은 갈등이 일어날 때마다 좋았던 관계를 떠나겠다고 생각하는 잘못된 즐거움과는 대조를 이룬다. 갈등이 일어날 때 그 관계를 떠나기보다는 상황을 개선하기 위해 모든 노력을 다해야 진정한 행복을 마주할 수 있다.

함께 고쳐 나가기

혼자서도 충분히 관계 개선을 위해 노력할 수 있지만, 그 노력에 상대방을 동참시킬 수 있다면 일이 훨씬 더 신속하게 진행된다. 여기서 그 관계를 개선하기 위해 함께 노력하자는 생각을 전달하는 방식은 상대방의 긍정적인 반응을 이끌어내는 데 큰 역할을 한다. 하지만 이 과정에 내적 불행이 작용하면 그동안 상대방에게 쌓였던 불만이 떠오르고 그것을 일일이 전달하거나 상대방이 고쳐야 할 목록을 장황하게 나열해 그를 면박하고 싶다는 유혹이 들 것이다. 그렇게 되면 상대방은 공격받는다고 생각할 것이고 마찬가지로 당신에 대한 불평을 늘어놓는 반응을 보일 수도 있다. 결국 관계를 개선하겠다는 원래의 목표는 금세 사라지고 두 사람은 또 다른 갈등에 휘말리게 될 것이다.

상대방에게 함께 상황을 개선해 보자고 제안할 때 내적 불행을 차단할 수 있는 몇 가지 방법이 있다.

불행 중독

- **이 제안이 위협이 아니라는 사실을 분명히 하라**

  또한 당신이 이 관계에 헌신하고 있으며 뭔가를 마음대로 바꾸려는 의도는 없다는 점을 강조하길 바란다.

- **변화에 대한 이야기를 전달할 때 잘못된 점을 꼬집기보다는 개선될 수 있는 점을 제시하라**

  당신이 그 관계를 얼마나 소중히 여기는지 말하고, 두 사람이 갈등을 최소화할 수 있다면 얼마나 행복해질지 이야기해라.

- **상대방 성격에 대한 부정적인 언급은 피하고, 구체적이고 실행 가능한 것들을 제안하라**

  상대방에게 낭비벽이 심하다고 말하기보다는 두 사람이 재정적인 결정을 함께 내릴 수 있다면 즐거운 휴가를 누릴 수도 있고, 새로운 가전도 구입할 수 있지 않겠느냐고 제안해 보자.

- **프로젝트 안에 자신도 포함시켜라**

  연락에 더 신속하게 답변해 달라고 부탁할 때, 당신이 약속에 자주 늦어서 그 습관을 고치려는 과정에 있을 때 상대방 입장에서 상황을 바라보며 얼마나 답답할지 잘 안다고 확실하게 이야기해 주어라.

필요한 경우, 혼자라도 관계 개선을 위해 노력해야 한다

지난 경험을 되돌아볼 때 갈등 해결을 위해 상대방의 협조를 구하는 것이 도움이 되기는커녕 역효과만 날 것 같다면 내적 불행의 욕구를 억제 방법을 배워 스스로 많은 노력을 기울일 수 있다. 갈등 유발을 피하는 방법을 배우고, 때로는 단지 의견 차이로 문제가 발생한다는 사실을 이해할 수 있다. 그리고 현재 일어나는 문제와 관련이 없는 정서적 고통을 비난하지 않는다면 스스로 관계 개선을 위해 많은 노력을 기울일 수 있다.

내적 불행은 관계를 개선하고 싶다는 소망 뒤에 숨어 있다가 갈등을 줄이려고 최선을 다하는 순간에 오히려 훨씬 더 심각한 갈등을 일으킨다. 이것이 바로 내적 불행의 미묘한 속임수다.

상대방의 습관을 뜯어고치고 싶어요

루스는 지저분한 것을 매우 싫어한다. 따라서 그녀는 남자친구가 정리정돈을 잘하게 만들려고 애썼다. 어느 저녁, 함께 식사하기 위해 남자친구 집에 갔던 루스는 깨끗하지 않은 집 상태에 기분이 매우 나빠져 남자친구를 비난했다. 깔끔하게 지내겠다던 약속을 어겼고 이 집에 방문한 자신의 기분 역시 전혀 신경 쓰지 않았다는 이유였다. 그녀의 남자친구는 "그동안 너무 바빴어. 회사 사람들이 왔다 갔거든"이라고 말하면서 방어적인 태도를 취했지만, 나중에는 "그렇게 더러운 것도 아닌데 뭘 그래. 네가 유별나게 깔끔한 것에 집착하는 거야"라며 불쾌한 기색을 드러냈다. 루스의 내적 불행은 충족되었지만 두 사람의 관계를 긍정적으로 바꿔보려던 그녀의 노력은 좌절되었다.

내적 불행의 방해를 예상할 수 있다면 자신의 목표에서 주의를 빼앗길 가능성이 줄어들고, 두 사람 사이의 친밀감도 높아지면서 더 즐거운 시간을 보내게 될 것이다.

연인의 집에 갔는데 어지럽혀져 있다면 우선 따뜻하게 인사하고 나서 바닥에 놓인 물건들을 직접 줍거나 "우리 로맨틱한 저녁 식사를 위해 소파에 있는 접시들 좀 치우는 게 어떨까?"라고 긍정적인 어투로 도움을 구하길 바란다. 직접 청소하거나 정중하게 부탁할 기분이 아니라면 다음번에 이 문제를 의논할 수도 있다. 큰 다툼으로 번지는 것보다는 조금 지저분하게 있는 것이 낫다.

내적 불행은 당신이 갈등을 선택하도록 항상 유혹할 것이다. 연인이 출장으로 자리를 비웠는데 내가 원하는 만큼 자주 연락을 하지 않는다면 그 사람이 돌아온 후에 문제를 해결할 기회가 있을 것이다. 출장에서 돌아온 상대방을 만나자마자 "왜 연락을 안 하는 거야? 내가 얼마나 화났는지 알아?"라고 인사한다면 상대방은 "이번 출장이 얼마나 힘들었는지 네가 알면 그런 소리 못할 거야"라고 말하면서 곧바로 방어적인 태도를 취하거나 "너도 내가 일하는 만큼 일해 봐. 전화 오는지도 모를 걸"이라고 말하며 불쾌한 표정을 지을 수도 있다.

충분히 행복한 관계를 누릴 수 있는데 사소한 불평 때문에 다투게 된다면 이것은 내적 불행이 작용했기 때문이다. 긍정적인 점(연인을 보게 되어 기쁜 마음)보다도 부정적인 점(전화를 자주 하지 않았다는 사실)에 계속 머물러 있다면 당신이 누릴 수 있는 즐거움을 내적 불행에게 빼앗기게 될 것이다. 잠시 그 불평을 보류하고 하루나 이틀이 지나서 지혜롭게 상대방에게 이야기한다면("네가 없으니까 너무 그립고 목소리도 듣고 싶었어. 좀 더 자주 전화해주었더라면 정말 좋았을 거야") 상대방에게 바라는 것도 얻고 다시 만난 기쁨도 누릴 수 있다.

내적 불행은 관계 속에서 갈등과 거리감을 만들어내도록 항상 유혹하기 때문에 짜증이 치솟는 순간마다 현명한 선택이 필요하다. 나의 불쾌함을 즉각적으로 상대방에게 직접 표현할 수도 있지만, 이렇게 되면 두 사람 사이에서 갈등과 거리감이 발생한다. 그런가 하면 어떤 말로 불쾌함을 표현할지 주의를 기울여 단어를 선택하고 지혜롭게 전달하거나 그 문제를 해결하는 데 시간을 더 두거나 그냥 넘어가 준다면

불행 중독

두 사람의 친밀감과 즐거움은 유지될 것이다.

상대방의 '결정적인 선'을 넘지 않도록 자제하는 것 또한 관계를 개선하는 방법이다. 매번 상대방이 기분 나빠 하고 짜증을 내는데도 약속에 늦을 때 미리 연락해 상황을 알려주지 않는다면, 이것은 내적 불행이 갈등을 유발하는 것이다.

취향이 맞지 않아요

모델인 메리에게 외모는 무척 중요하다. 메리는 옷과 화장품을 고르는 데 어마어마한 시간을 투자했다. 게다가 그녀는 남편인 톰과 외출을 나갈 때면 그가 멋져 보이길 원했다. 톰은 아름답고 잘 차려입은 아내가 매우 자랑스러웠으나, 자신이 멋지게 차려입는 것은 싫었다.

톰은 직장에서 늘 정장을 입기 때문에 여가 시간에는 편하게 지내고 싶어 했다. 톰은 검은색 카고 바지와 폴로셔츠를 선호했다. 깔끔하게 입기만 하면 되는데 왜 아내는 그런 차림을 받아들이지 못하는지 이해가 가지 않았다. 톰이 생각하기에 '진정한 남성'은 절대 유행에 민감하지 않는 법인데, 메리가 톰의 외모에 집착하는 것은 전혀 이성적이지 않다고 생각했다. 메리는 톰에게 잘 어울릴 법한 옷을 사주곤 했지만 톰은 그 옷들을 입지 않았다. 그래서 둘이 외식을 나갈 때면 으레 갈등부터 일어났고, 때때로 이 갈등은 전혀 누그러지지 않았다. 그러던 어느 날 큰 싸움이 일어났다. 메리가 톰이 아끼던 바지를 버린 것이다. 톰은 버럭 화를 내면서 집을 나가 버렸고 그날 밤을 호텔에서 보냈다.

우리는 톰에게 아내를 사랑하는지, 그녀와 계속 함께하길 원하는지 물었다. 톰은 메리와 함께 있을 때 정말 행복하지만, 자꾸만 벌어지는 이 갈등이 둘의 시간을 좀먹고 있다는 사실에 불쾌해했다. 우리와 함께 상담하면서 톰은 편한 옷을 입는 것이 자기에게 중요하듯이 메리에게는 멋진 남편을 갖는 것이 중요하다는 사실을 알게 되었다. 그 문제를 이성적으로 생각해 보니 자신이 선택한 편안한 옷을 입는 것보다 메리와 함께 하는 즐거움이 훨씬 더 중요하다는 것을 깨달을 수 있었다.

톰은 메리가 자신의 옷을 사다줄 때 뿐만 아니라 외출할 때 입을 옷도 고르게 해주었다. 메리는 매우 기뻐했고 톰이 부담스러워하지 않을 옷을 고르려고 노력했다. 메리가 골라준 준 옷이 마음에 쏙 드는 것은 아니었지만, 그렇다고 해서 그리 형편없는 것도 아니었다. 톰은 메리가 자신에게 멋지다고 칭찬해주는 것도 기뻤고, 계속 함께할 수 있다는 사실에 매우 감격했다.

상대방을 향한 불평을 지금 쏟아내지 않으면 폭발할 것 같거나 상대방을 짜증나게 만들 일을 저지르려는 욕구가 들 때마다, 스스로에게 다음과 같이 물어보자.

불행 중독

- 내가 이런 행동을 하려는 이유가 뭐지? 혹시 우리 둘 사이의 관계가 원만하게 유지되어 온 것에 내적 불행이 갈등을 일으키고 싶어 하는 것은 아닐까?
- 상대방이 화를 내면 우리 관계가 훼손될 텐데 군이 지금 이 사람의 결점을 들추거나 이 사람이 싫어하는 행동을 해야 할 이유가 있을까?
- 꼭 불평을 해야 한다면 갈등의 위험을 줄이고 긍정적인 결과를 얻을 수 있는 다른 경우에 할 수 있지 않을까?
- 우리가 크게 싸우지 않고 이 문제를 해결하거나 최소화할 방법은 없을까? 직접 부딪히지 않고서도 우리가 번번이 겪는 문제들을 다룰 방법이 있을 텐데.

의견 차이가 반드시 갈등으로 이어질 필요는 없다

인간관계를 개선할 또 다른 방법은 두 사람 사이에 불가피한 의견 차이가 있을 때 과민 반응하지 않는 것이다. 친구와 영화를 보러 가기로 했는데 보고 싶은 영화가 서로 다르다면 내적 불행은 이 합리적인 의견 차이를 매우 개인적인 관점에서 보게끔 만든다("한 번쯤은 내가 보고 싶은 영화를 볼 수도 있는 거 아니야?", "내가 공상 과학 영화 싫어하는 거 알면서 군이 그런 걸

골랐네?").

어린 시절에 학습하는 대부분의 인간관계에서는 의견 차이를 갈등과 상처를 일으키는 사건으로 만든다. 아이들을 체벌하는 것이 해로운 이유도 바로 여기에 있다. 그들은 인간관계에서 나타나는 의견 차이가 분노, 처벌, 비난을 불러일으킨다고 배운다. 자주 벌 받으며 자란 아이들은 자신이 원하는 것을 하면서 타인과도 친밀한 관계를 유지할 수 있다는 점을 배우지 못한다.

의견 차이가 일어나면 상대방이 나에게 관심이 있는지 없는지 시험하는 기회로 삼는 장본인도 바로 내적 불행이다. 모든 관계는 두 명 이상이 결부되기 때문에 선호도와 선택도 저마다 다를 수밖에 없다. 나는 골프를 싫어하지만 상대방은 좋아하는 경우, 그 사람이 골프를 치러 가고 싶다고 해서 당신에게 관심 없는 것은 아니다. 골프 치는 데 쏟는 시간이 얼마가 될지는 논의할 수 있지만, 골프를 즐기는 그의 기호만으로 두 사람의 관계가 이렇다 저렇다 말할 수는 없다.

정서적 고통을 상대방 탓하는 경우

불행의 이유가 자신에게 있고 그것과 아무 관련이 없는 상대방에게 괜한 화를 내는 것은 내적 불행의 영향이다. 친구관계와 연인관계가

불행 중독

반드시 나를 행복하게 만들어 주고, 우울, 불안, 지루함 등의 고통스러운 감정을 치료해주어야 하는 것은 아니다.

때때로 사랑에 빠지는 즐거움은 고통스러운 감정들을 눈에 띄지 않는 곳으로 치워버린다. 그러다가 시간이 조금 흘러 고통스러운 감정들이 다시 고개를 들면 자신을 행복하게 만들어 주지 않는다는 이유로 그 관계를 비난한다. 그러나 현실적으로 연인관계 자체가 한 사람의 고통스러운 감정에 대한 중독을 완전히 치료해주는 경우는 없다.

지금의 관계가 항상 나를 행복하게 해주어야 한다는 생각은 오히려 내 행복을 파괴할 뿐이다. 관계를 평가할 때 앞서 인간관계 설문지에 기록한 답안을 보고, 그 관계가 파괴적인 즐거움이나 고통이 아닌 진정한 즐거움을 제공한다고 답했는지 보아야 한다. 그 관계에 속해 있을 때 항상 행복감을 느끼는가를 평가하는 것은 아니다. 상대방이 나를 존경과 사랑, 관심과 칭찬으로 대하며, 함께 있는 시간이 즐겁고, 서로가 매력적으로 느껴지고, 성적으로 만족스러운데도 여전히 우울, 불안, 두려움 등을 느낀다면 그 관계가 아닌 다른 곳에 문제가 있는 것이다. 내적 불행은 이러한 잘못된 가정을 받아들여서 결과적으로 서로의 행복에 대한 불가능한 책임을 떠안게 만든다.

사사건건 내 탓을 하는 연인

스티브와 매기는 친구들의 소개로 만나 사랑에 빠졌다. 3개월 동안 두 사람은 너무나도 행복했다. 하지만 시간이 흘러 강렬했던 애정이 식으면서 스티브는 점점 혼자 있고 싶어 했다. 갑자기 왜 그러냐고 묻자 스티브는 그간 그녀의 행동을 지적하면서 자신이 소외감을 느끼고 풀이 죽어 있는 이유를 설명하려고 했다. 예를 들면, 자신이 아끼는 셔츠를 매기가 세탁기에 잘못 빨아서 못 입게 됐다거나, 일부러 스티브가 싫어하는 요리를 했다거나, 반쯤 남은 커피를 스티브의 차에 놓고 내렸다거나 하는 경우가 그가 지적하는 일이었다.

매기는 자신이 좀 더 주의를 기울이고 사려 깊게 행동했어야 했다며 죄책감을 느꼈고, 이제는 더 잘하겠다고 다짐했다. 하지만 매기가 스티브의 비위를 맞추려고 갖은 애를 써도 스티브는 계속 그녀의 행동을 지적할 뿐이었다.

우리는 스티브가 우울증 환자라는 것을 금세 알 수 있었다. 스티브의 행동은 매기와 누리는 즐거움에 대한 혐오 반응일 가능성이 커 보였다. 우리는 매기에게 그 어떤 경우에서도 스티브의 부정적인 감정이 매기의 탓은 아니라고 설명했다.

스티브의 고통스러운 감정이 매기 자신의 책임이라고 받아들이는 것이 결코 스티브를 도와주는 것이 아니라는 사실을 깨닫자 매기는 다르게 반응하기 시작했다. 며칠 후, 스티브는 자신이 아침 식사로 즐겨 찾는 베이글을 매기가

불행 중독

깜박 잊고 사 오지 않았다고 불평했다. 매기는 미처 베이글을 사 오지 못한 것은 미안하지만 그렇게 화낼 일은 아니지 않느냐고 스티브에게 말했다. 이와 비슷한 일이 몇 차례 더 있고 난 후, 매기는 스티브에게 전문가의 도움을 받는 것이 좋을 것 같다고 제안했다.

전문가의 도움을 찾아간 스티브는 자신이 줄곧 경미한 우울과 싸우고 있었다는 점을 발견했다. 그는 자신의 고통이 항상 다른 사람 탓, 부족한 환경 탓이라고 비난해 왔기 때문에 우울증을 눈치채지 못했던 것이다. 그는 자신의 우울을 드러내고 직접 다루는 치료를 받기 시작했고, 차츰 개선되었다. 그에게 나타난 가장 중요한 변화는 우울한 기분이 들 때마다 매기를 걸고넘어지지 않는다는 것이다.

상대방의 행복을 다른 한 사람이 책임 지고 있는 관계는 또 다른 형태로도 나타난다. 둘 중 한 사람 또는 모두가 상대방이 곁에 있을 때에만 정서적으로 평온하다고 느끼는 경우다. 이런 상태에 처하면 상대방이 옆에 없을 때마다 제 기능을 못하고 우울해한다. 그리고 자신의 불행을 상대방의 탓으로 돌리면서 화를 낸다. 하지만 이는 고통스러운 감정을 경험하려는 인식되지 않은 욕구 때문이지 결코 상대방의 부재 때문은 아니다.

두 사람 모두에게 친밀함과 더불어 갈등이 필요할 때

상대방의 협조를 얻어서 함께 노력하거나 혼자 노력할 때 꼭 해야 할 일이 있다. 바로 갈등과 부정의 패턴을 파악하고 그것을 미리 예상하는 것이다. 자신이 내적 불행에 빠진 상태라면 내적 불행을 안고 있는 친구나 연인을 선택했을 가능성이 크다. 그렇지만 이것 때문에 불행한 것은 아니며 이것 때문에 관계를 포기해서도 안 된다. 내적 불행은 윤리적 잘못도, 의지박약의 신호도 아니다. 이것은 학습된 행복과 불행의 혼동일 뿐이다. 상대방이 의도적으로 당신의 삶을 비참하게 만드는 것은 아니며, 그 사람도 때로는 자신도 내적 불행을 추구하기도 한다.

이제 중요한 것은 두 사람에게 내적 불행이 있느냐 없느냐가 아니라 어떻게 대처하느냐 하는 것이다. 내적 불행을 인식하고 그 효과를 예상하여 그것을 최소화하는 데 최선을 다할 때, 전에는 절대로 가질 수 없었던 인생의 주도권을 잡고 책임감 있는 삶을 살게 될 것이다.

갈등의 패턴

여러 관계에서 갈등과 부정을 최소화하려면 그 감정의 유형, 지속

불행 중독

기간, 강도를 추적하는 일이 꼭 필요하다. 이를 통해 갈등의 패턴을 알고 갈등이 일어날 가능성이 가장 큰 상황을 구별할 수 있다.

즐거운 시간을 보낸 다음 순간에 최악의 갈등과 부정적인 감정들이 곧바로 뒤이어 일어날 때가 있다. 진정으로 즐거운 관계는 그동안 익숙했던 내적 불행의 욕구를 충족시켜주지 못하기 때문이다. 결혼 생활에서 가장 격렬한 싸움이 일어나는 때는 결혼 후 첫 1년이라는 사실을 떠올려 보자. 그들의 내적 불행은 서로의 헌신을 통해 즐거움을 느끼면 혐오 반응을 나타내도록 만들 수 있다. 부부 동반 휴가, 출산, 새집을 마련해 행복할 때, 친구와 진솔한 대화를 나눈 뒤에 갈등과 부정을 유발하려는 반발적인 욕구가 촉발될 때가 있다.

또 다른 패턴은 한 사람이 관계의 갈등을 유발하는 경우다. 살면서 즐거움을 느낄 때 이에 혐오 반응으로 관계에 갈등을 유발할 수도 있고, 이와는 달리 삶의 어느 측면에서 무언가 일이 잘못되었을 때 갈등을 유발하여 위로를 찾는 역설적인 형태도 나타난다. 친구가 갑자기 약속 시간을 잊어버리거나, 당신이 만든 음식을 연인이 비판할 때, 이러한 무례함과 부정적인 비판은 여러분과는 아무런 관련이 없는 다른 사건들에 대한 반응으로 나타나는 것일 수 있다.

갈등을 유발하는 본능 무너뜨리기

갈등과 부정의 패턴을 더 잘 알게 되면, 점차 원하는 대로 관계가 진행되도록 만들 수 있다. 상대방이 직장에서 성공을 거둘 때마다 다툴 가능성이 있는 사람이라는 점을 알고 있다면, 어떤 자극이 다툼을 일으킬지 예상하고 그러한 자극을 만들지 않겠다고 다짐할 수 있다. 또한 상대방과 달콤한 밤을 보내고 난 다음 날, 갑자기 상대방이 매력 없게 느껴지고 도대체 그 사람에게서 무엇을 본 건지 상상할 수가 없다면 이러한 반응에 미리 준비하고 그 반응을 줄일 수 있다. 그 전날 밤에는 분명히 상대방이 매력 있고 멋져 보였는데 단지 하룻밤이 지났다고 해서 그러한 감정이 완전히 뒤바꿀 일은 별로 없다.

친밀함 뒤의 갈등 예견하기

내적 불행은 두 사람의 관계가 더 좋아질수록 오히려 관계에 갈등을 일으킨다. 비판적인 말이 오가고 사소한 충돌이 큰 싸움으로 번지거나 서로의 감정이 무시당하면 내적 불행은 모든 일이 이전처럼 형편없다고 확신하게 만든다. 이것은 내적 불행이 부릴 수 있는 가장 파괴적인 속임수 가운데 하나다. 그 소리에 귀 기울인다면 변하는 것은 아무엇도 없으며, 힘겹게 노력하여 얻은 즐거움 또한 언젠가 부서질 것이라고 생각하게 될 수도 있다.

하지만 이와는 달리 이런 후퇴의 순간들을 예상하고 대비한다면 크게 놀라지도 낙담하지도 않을 것이다. 오히려 그 순간들은 자신이 이룬 진정한 향상을 보여주는 신호라고 생각하면서, 그 순간마다 후퇴가 의미하는 바가 무엇인지 알게 될 것이다. 그래서 논쟁이 일어나면 지금까지 기울인 노력을 그만두겠다고 생각하기보다는 더 노력해야겠다고 다짐하는 계기가 될 수 있다.

예상치 못한 실수

몰리는 남자친구와의 관계를 진전시키려고 우리와 지속적으로 상담했고, 실제로도 놀라운 진전을 얻었다. 두 사람은 관계가 회복된 것을 축하하려고 2주간 산으로 캠핑을 떠나기로 했다. 몰리는 즐거운 휴가에 자신이 실수하지는 않을까, 남자친구와 다툼을 유발하지는 않을까 염려했다. 그녀는 자신이 어떤 말을 하는지 주의를 기울이며 여행을 떠날 때부터 논쟁을 일으킬 만한 행동은 피하겠다고 남자친구에게도 약속했다. 하지만 몰리는 자신의 내적 불행이 두 사람의 관계와 전혀 상관없는 부분에서 휴가를 망칠 것이라는 점은 예상하지 못했다. 그동안 작업하던 회사 보고서를 미처 끝내지 못해서 휴가를 떠나지 못한 것이다. 이런 일을 겪은 후 몰리는 여행 계획을 세울 때마다 다른 방해 요소는 없는지 살펴보며 경계를 늦추지 않았다.

모든 일이 잘 진행되고 있는데 두 사람이 서로에게 자극적인 말을 하여 다툼이 일어나거나, 다른 영역에서 미리 결정해둔 사항이 관계에 부정적인 영향을 끼치고 있다는 점을 발견하게 될 때가 있다. 이때, 후퇴의 순간은 치유 과정의 일부이지 비관과 자기비판의 이유가 되지 않는다는 점을 떠올리자. 이러한 관점을 가진다면 후퇴의 순간들에서도 배울 수 있고, 이로써 같은 덫에 두 번 걸리지는 않을 것이다.

향상된 관계 유지하기

진정 평화롭고 만족스러운 관계를 유지하고 있더라도 내적 불행에서 회복되었다고 생각하면서 경계를 늦추면 안 된다. 내적 갈등의 유혹이 항상 존재하기 때문이다. 상대방에게서 갈등을 일으킬 만한 소지를 봤다고 하더라도 화를 내고 싶은 유혹을 이겨낼 수 있다. 그렇게 화를 내면 원치 않는 방향으로 이끌려 갈 것이라는 사실을 알기 때문이다. 또한 진정한 친밀감, 지지와 칭찬, 서로 아껴주는 관계를 맺을 때 삶이 훨씬 더 즐겁다는 사실도 알고 있다.

내적 불행을 완전히 정복했다는 생각이 들기 시작할 때를 조심해야 한다. 모든 일이 문제없이 진행될 때 또는 삶의 다른 영역에서 스트레스나 위기가 찾아와 내적 불행이 다시금 통제력을 얻을 수도 있다. 사소하고 별 문제가 되지 않는 것들 때문에 상대방에게 자극적인 말을 해서 다툼이나 부정적인 감정을 일으키는 경우, 또는 여러분을 힘들게 만들었던 행동을 상대방이 다시 반복하는 경우, 절대로 낙심하지 마라. 내적 불행이 유혹하더라도 그동안 힘겹게 노력해서 얻은 결과를 상기하며 이겨내자. 목표 달성 이후에 일어나는 후퇴의 경험을 통하여 경계를 보강하고 아직 취약한 영역이 있다는 사실을 깨닫는 기회로 삼아야 한다.

새로운 친구와 연인 만나기

우리는 지금까지 기존의 관계를 어떻게 평가하고 치료해야 할지 논의해 왔다. 하지만 사람들이 어린 시절에 자신도 모르게 친밀함을 부정적으로 느끼도록 학습한 경우 친구관계나 연인관계를 형성하지 못할 만큼 어려움을 겪을 수도 있다. 이러한 사람들은 의식적으로는 친구나 연인을 무척 사귀고 싶어하지만 실제 행동을 보면 혼자 있기를 더 좋아한다는 것을 알 수 있다. 파티에 초대받아도 가지 않고, 가게 되더라도 혼자 떨어져 있으며, 대화를 나눌 때 퉁명스럽게 대답하고 불쾌한 표정을 짓는다. 하지만 마음 깊은 곳에서는 다른 사람이 다가와 주길 간절히 바라고 있으며, 아무도 그 마음을 알아주지 않으면 상처 받고 실망하며 거절당한 기분을 느낀다. 이런 고통스러운 경험 때문에 이들은 인간관계를 더욱 비관하고 고립된다.

또한 내적 불행은 삶을 빡빡하게 만들어 사회생활을 즐길 틈을 전혀 주지 않을 수도 있다. 이러한 사람들은 과로에 시달리고, 근무 시간 이후에도 많은 책임을 담당하기 때문에 여가 시간에 할 수 있는 것이 식사와 수면밖에 없다.

때때로 사람들은 엉뚱한 곳에서 친구나 연인을 찾으려고 시도하다가 "날 원하는 사람은 아무도 없구나"하고 단정 지어 버린다. 시끄럽고 붐비는 바는 친구나 연인을 만나기에는 부적절한 장소다. 주말 하이킹 동호회나 외국어 수업처럼 타인을 잘 알게 될 수 있는 장소가 가능성이 훨씬 크다.

연애 상대가 없어요

로버트는 30대 초반의 성공한 엔지니어로, 자신의 능력으로 풍족하게 살아갈 수 있다는 것을 자랑스럽게 생각했다. 그는 2년 전에 오랫동안 만난 연인과 헤어진 뒤로 지금까지 그 어떤 이성도 만나지 못했다. 일이 끝난 후에 바에 가보기도 했지만, 소득은 없었다. 데이팅 애플리케이션을 통해 여러 번 사람을 만나기도 했으나 번번이 실망만 느꼈다. 지난 몇 개월 동안 그는 이 모든 노력을 포기하고 오로지 일에 에너지를 쏟았다. 그렇게 되기를 원한 것은 아니었다. 단지 이 세상에 자기를 위한 사람은 없다고 결론 내렸다.

친구들에게 괜찮은 사람이 있으면 소개시켜 달라고 부탁할까 생각도 했지만, 그의 내적 불행은 자신과 같이 잘 생기고 성공적인 전문직 종사자가 제 짝도 못 찾는다는 생각에 수치심을 느끼게 만들었다. 그는 친구들이 놀릴 것 같아서 계속 자신의 소망을 감추었다.

그러던 어느 날 한 친구가 로버트를 파티에 초대하면서 반드시 파트너를 데리고 오라고 말했다. 로버트는 고민 끝에 지금 만나고 있는 사람이 없다고 털어놓았다. 그 친구는 로버트에게 소개시켜줄 만한 사람을 한두 명 떠올렸고, 로버트의 다른 친구들에게도 이 사실을 알렸다. 로버트는 자신과 마음이 맞을 만한 여성을 여러 명 소개받고 아주 만족스러운 사회생활을 즐기기 시작했다. 그는 친구들이 자신을 놀리거나 비꼬지 않고 도움을 주었다는 사실에 놀랐다.

내적 불행이 위와 같이 나타날 때에는 특히 치료가 어렵다. 일반적으로 이런 경우는 내적 불행이 당사자의 눈에 드러나지 않기 때문이다. 그들은 자신이 좋은 관계를 형성하기 위해서 최선을 다하고 있다고 확신한다. 만약 당신이 인간관계에 노력을 기울이고 있는데도 친구나 연인을 만들지 못했다면 내적 불행이 조용히 방해를 하고 있는 것은 아닌지 생각해 보자. 어쩌면 엉뚱한 곳에서 상대를 찾고 있을 수도 있고, 아주 드문 상황을 기다리고 있을 수도 있고, 초대받는 자리에 있을 때 스스로 '관심 없다'는 분위기를 자아내고 있을지도 모른다.

이러한 파괴적인 행동을 중화시킬 한 가지 방법은 조금 더 적극적으로 탐색하는 것이다. 파티에 가면 여러 사람이 모인 자리에 억지로라도 가서 자신을 소개해라. 다른 사람의 이야기를 들으려고 적극적으로 노력해라. 질문을 받으면 단답형으로 대답하지 말고 자유롭게 자신을 표현해라. 사람을 만나는 다양한 방법을 시도하고, 무엇보다도 사회적인 지평을 넓히기 원한다는 사실을 친구, 친척, 직장 동료에게 널리 알려라. 그들을 통해서 사람을 만나면 그 사람에게 호감이 가는지 안 가는지 속단하지 마라. 내적 불행은 잠재적으로 좋은 친구나 연인이 될 수 있는 사람을 간과하거나 거절하도록 만들 수 있다.

관계 형성을 위해 적극적으로 상대를 찾는 노력이 처음에는 고통스럽고 두려울 수도 있다. 하지만 내적 불행은 그 상태 그대로 묶어두려한다는 사실을 잊지 마라. 또한 당신의 모든 노력이 결국 언젠가는 원하는 목표를 달성하게 할 것이라는 사실을 기억해라. 한 번에 모든 단계를 밟을 수는 없으므로 자신이 이룬 향상은 모두 자랑스럽게 느껴도 된다.

요컨대 내적 불행은 관계에 대해 명확하게 생각하지 못하도록 막을 수도 있다. 인간관계에 시간과 노력을 얼마나 들여야 할지, 관계를 향상시키기 위해 어떻게 노력해야 하는지 뚜렷하게 생각하지 못하도록 만들 수 있다. 어떤 관계를 진전시키려고 노력할 때, 내적 불행은 두 사람 모두를 부추겨서 때때로 후퇴의 순간을 맞이할 때 처음의 결심을 잃어버리도록 만들 수 있다는 점을 꼭 기억해야 한다. 관계가 향상되고 있다면 곧이어 발생할 후퇴의 순간은 실패의 신호가 아닌 재정비를 위한 기회라는 사실을 반드시 기억해라.

또한 내적 불행은 비참하고 다툼이 끊이지 않는 관계가 당연하다고 확신시키려고 애쓸지도 모른다. 하지만 인간관계의 목표는 서로 칭찬하고 돌보며 애정과 신의를 쏟는 것이다. 이를 절대로 잊지 말자. 깊은 행복을 제공할 관계는 그것이 어떤 관계든지 유지할 가치가 있다. 이러한 관계를 더 많이 추구하지 못하도록 방해하는 내적 불행에 귀 기울여서는 안 된다.

19
직장에서도
행복하기

인생의 전 영역에서 직장은 삶의 기쁨과 충족의 근원이 될 수도 있고, 반대로 내적 불행을 충족시켜주는 도구가 될 수도 있다. 흔히 직장은 진정한 기쁨의 원천인 동시에 무의식적인 불행의 근원이 되어 그 가치를 완전히 발휘하지 못한다.

직장에서 내적 불행은 다양한 모습으로 드러난다. 자신의 장점보다는 약점을 드러내는 직장을 선택하는 사람들도 있고, 옳은 직장을 선택하더라도 자꾸만 엉뚱한 일을 택하여 붙잡고 있는 경우도 있다. 일이 삶을 온통 지배하도록 놔두는 사람들도 있다. 어떤 사람들은 일을 제대로 완수하거나 제시간에 마치기를 어려워한다. 자신의 노력에 대한 적절한 보상을 요구하지 못하거나 자신에게 부여된 보상을 챙기지 못하는 경우도 있다. 동료나 상사의 성격적인 문제를 개인적으로 받아들여서 비참해하기도 한다.

내적 불행이 그 모습을 숨긴 채 일, 동료, 상사가 문제라고 확신하게 만들고 있지는 않은지 생각해 보자. 사실 엉뚱한 직업을 선택하고, 자신의 노력을 여러 면에서 저해하고, 지나치게 일을 많이 맡고, 동료나 상사 때문에 끊임없이 불쾌한 기분을 느끼는 것은 모두 내적 불행의 영향이다.

물론 상황이 여의치 않아서 할 수 있는 일은 무엇이든 해야 할 때도 있다. 사회경제적인 대변동과 기업 합병, 기업 축소는 사람들을 직장에서 내몰 수도 있다. 내적 불행 이외에 차별, 사회경제적 불평등, 장애 또한 사람들이 원하는 곳에서 즐겁게 일하면서 점점 발전해 나가지 못하게 방해할 수도 있다. 어느 사회든지 불평등한 고용 기회와 압제적인 고용 환경은 오점이 되며, 정당한 사회에서는 사회 정책과 법으로서 이러한 일들을 바로잡으려고 최선을 다하기 마련이다. 하지만 이번 장에서 살펴보려는 것은 자신이 원하는 일을 선택하여 발전할 기회를 얻었지만, 내적 불행 때문에 행복과 충족감을 느끼지 못하는 경우다.

다음의 직업 설문지는 직장생활이 자신도 모르는 사이에 내적 불행을 충족시키는 데 사용되고 있지는 않은지 확인하는 목적으로 설계되었다.

1. 자신의 장점을 끌어내는 직업을 선택했는가 아니면 약점을 드러내는 직업을 선택했는가?

   내적 불행은 자신에게 썩 맞지 않는 직업을 선택하도록 유도해 그들이 얼마나 노력하든지 자신이 추구하는 것을 얻지 못하도록 만들 수도 있다. 이런 사람들은 설사 자신에게 맞는 직업을 선택해도 자신을 불행하게 만드는 일을 하거나 그 분야에서 자신의 잠재력을 충분히 발휘할 기회를 놓쳐 버린다.

2. 일이 곧 당신의 인생인가?

   내적 불행은 일이 완벽해야 한다거나 사무실을 떠나기 전, 또는 집에 도착했을 때 모든 일이 완수되어 있어야 한다고 확신하게 만들어 개인적인 삶을 누리지 못하게 한다.

3. 일을 제대로 완수하거나 제시간에 마치기가 어려운가?

많은 사람들이 마지막 순간까지 프로젝트를 마치지 못하고, 일에 집중하거나 분명하게 사고하지 못한다. 또한 일의 우선순위를 제대로 세우지 못하며, 일을 완수하는 데 필요한 노력을 다 기울이지 않는다. 그래서 종종 일이 늦어지고 그 결과 또한 자신의 노력을 반영하지 못한다. 결국 직장에서 만족을 누리지 못하고 타인의 인정도 받지 못한다.

4. 마땅한 보상을 받아내기가 어려운가?

어떤 사람들은 고용주에게 보상과 관련된 주제를 꺼내기를 꺼려서 마땅히 받아야 할 것보다 훨씬 적은 보수를 받는다. 내적 불행은 일하는 사람들을 유도하여 충분한 보상을 받아내기 어렵게 만들 수도 있다.

5. 함께 일하는 사람이 대하기 어려운 인물일 때 그 문제를 개인적으로 취급하고 넘어가는가?

직장 동료, 상사, 고객들이 인생의 친구가 될 수 없다는 것은 안타까운 현실이다. 하지만 내적 불행은 직장에서 타인의 성격 문제를 개인적으로 취급하도록 유도하여 결과적으로 끊임없이 상처받고 불쾌한 기분을 느끼게 만든다. 다른 직장 동료의 알 수 없는 성격 문제를 개인적으로 받아들이면 그들과 함께 지내기도 어렵고 그들을 현명하게 다루는 방법을 배우기 어렵다.

지금의 직업이 과연 최선인가?

다행히도 직업을 선택할 기회가 있는 사람들은 삶의 동반자를 선택하듯 직업과 일을 선택하여 지속적인 보상과 행복을 얻을 수도 있지만, 반면에 잘못된 선택으로 끝없는 좌절과 비탄을 경험할 수도 있다. 내적 불행은 당신이 항상 어렵다고 느끼는 기술, 소유하지 않은 재능, 늘 싫어했던 활동과 관련된 직업을 선택하게 만들 수 있다. 그 결과 다른 사람에게는 수월한 일인데도 당신은 오랜 시간을 투자해야 하고 훨씬 더 힘들게 노력해야 할 수도 있다. 직업을 결정하는 데 내적 불행이 영향을 끼치지 않았다면 좀 더 자신에게 잘 맞는 직업을 선택하여 즐겁게 일했을 것이다.

때로는 적절한 직업을 선택했으면서 발전 가능성이 적거나 불필요하게 불쾌한 일을 맡는다. 예를 들어 다른 곳에서 일할 수도 있는 사람이 서툴고 학대적인 상사 밑에서 적은 보상을 받으면서 일하거나, 위험한 작업 환경에서 고통받으며 오랫동안 일하기도 한다. 자신이 느끼는 좌절감이 무의식적으로 내적 불행을 충족시켜주기 때문에 그들은 수준 이하의 불쾌한 일에서 벗어나지 못할지도 모른다.

자신에게 맞지 않는 직업을 선택했다면 당신은 지금 아무리 노력해도 원하는 성공을 이룰 수 없다는 사실을 확신하며 내적 불행을 만족

불행 중독

시키고 있는 것이다.

재능 없는 일을 놓치 못할 때

이튼은 고등학교부터 대학교 때까지 매일 바이올린을 연습했고 프로 바이올리니스트가 되겠다는 목표를 가지고 있었다. 그는 바이올리니스트만이 자신을 행복하게 만들어줄 유일한 직업이라고 확신했다. 하지만 이튼은 음조를 잘 구별하지 못한다는 문제가 있어 일관적으로 음조를 맞추어 연주하지 못했다. 그 결과 주변으로부터 인정받지 못했고, 연습하는 데 어마어마한 노력을 쏟아부어도 좋은 결과가 따르지 않았다. 이튼의 내적 불행은 그의 노력이 보상받지 못할 때 이를 받아들이도록 유도했기 때문에 이튼은 자신이 처한 곤경을 그대로 수용했다.

이튼의 부모님은 많은 노력을 요하는 직업을 가지고 있어서 자녀와 함께 시간을 보낼 수 없는 분들이었다. 이튼은 둘째였는데, 형과 남동생이 부모님의 주목을 거의 독차지했고 이튼의 노력은 등한시되었다. 그래서 이튼은 다른 형제들이 성취를 이루고 받는 인정을 자신이 받는 것은 합당하지 않다고 자연스럽게 결론지었고, 무의식적으로 자신의 수고가 인정되지 않을 때 편안하고 행복한 느낌이 들도록 배우게 되었다. 대학 시절 교수가 그에게 바이올린은 취미로 남겨두고 다른 직업을 찾아보는 게 어떻냐고 제안하지 않았다면, 이튼은 아마 정말 바이올리니스트가 되려고 고군분투하며 평생을 보냈을 것이다.

이튼은 바이올리니스트라는 직업을 포기해야 한다는 생각에 슬펐지만, 교수를 믿었고 그의 조언을 뿌리칠 수 없었다. 하지만 그는 계속 음악과 관련된 일을 하고 싶었기 때문에 결국 음악 역사 분야의 박사 학위를 취득하기로 결심했다. 그 이후로도 그는 취미로 바이올린을 연주했고, 자신의 연주 실력에 생계를 기대지 않아도 된다는 생각에 행복은 훨씬 커졌다.

내적 불행 때문에 지긋지긋하고 어마어마한 시간을 드는 직업을 선택할 수도 있다. 그래서 아무리 노력해도 자기 일을 즐길 수 없고 잘할 수도 없게 된다. 어떤 사람들은 고객들이 짜증나는 질문을 던지면 분노하면서도 계속 판매업에 종사한다. 그런가 하면 사교적인 활동을 좋아하는 사람이 혼자서 해야 하는 일을 선택하기도 한다. 이러한 사람들은 자기가 선택한 직업에 어느 정도 재능이 있어도 하루하루 직업을 즐기가 어렵다.

내적 불행이 직업 선택에서 위의 경우보다 훨씬 더 미묘하게 작용하는 경우도 있다. 사람들이 자신에게 잘 맞는 직업에서 멀어지게 만드는 것이다. 사람들은 너무 쉬운 일은 추구해서는 안 된다고 확신하면서 성공의 가능성이 보이면 혐오 반응을 나타낸다. 그런가 하면 내적 불행은 정말 자기가 가진 재능이 필요한 직업은 싫어하게 만들고, 자신에게 없는 능력을 요하는 일을 선택하게 유도한다.

불행 중독

재능을 제대로 활용하지 못할 때

제이슨은 아주 어렸을 때부터 무리를 조직하고 운영하는 일을 좋아했다. 그는 학교에서 줄곧 임원을 맡았고, 졸업 이후에는 컨설팅 회사에 취직했다. 그는 사업가들에게 변화의 방법을 조언하며 자신이 제안하는 개선안을 그들이 따를 수 있도록 도우면서 엄청난 성공을 거두었다. 그는 회사 자선 행사에 참여하는 것을 좋아해 수많은 자선 모금 행사를 계획하고 운영했다.

하지만 놀라운 성공에도 불구하고 성취감을 느낄 수가 없었다. 문제에 당면할 때마다 해답과 전략이 쉽게 떠올랐지만, 모든 것이 아무런 가치가 없다고 느껴졌다. 여러 회사가 성공적으로 운영되도록 돕고 있었지만, 그는 그 일들이 도무지 가치 있다고 여겨지지 않아서 자신의 성취를 자랑스러워할 수 없었다. 그러한 불만족은 자신에게 딱 맞는 일을 훌륭하게 해내면서 얻는 행복에 대한 혐오 반응으로 나타나는 것이라는 점을 그는 알지 못했다. 그래서 그는 직장을 그만두고 그동안 모은 돈으로 학교 사회사업 분야의 학위를 이수했다.

제이슨은 학생들과 함께 일하면서 그들이 더 나은 삶을 위해 올바른 길을 찾도록 도와준다면 훨씬 더 만족감을 느낄 수 있을 것이라고 생각했다. 하지만 그는 얼마 되지 않아 새 직장도 실망스럽다고 느꼈다. 학생들은 무엇을 해야 할지 정확히 알면서도 제이슨의 제안을 자주 무시했고, 그가 잔소리한다고 느끼면 더 이상 그를 찾아오지 않았기 때문이다. 제이슨은 학교 사회사업 분야가 일반 사업 세계와는 대조적으로 변화 속도가 더디고 불규칙적이며 당사자들에게 강제로 부과할 수 없다는 사실을 알게 되었다. 학생들이 자신의 조언을 경시하고 향상을 보이지 않자 제이슨은 그들에게 자꾸만 화를 내는 자신을 발견했다. 결국 제이슨은 자신이 헌신하여 돕겠다고 생각했던 사람들에게 분노를 느끼는 것 때문에 우리와 상담을 시작하게 되었다.

제이슨은 세 형제 가운데 첫째였다. 밝은 성격이었던 그는 정리정돈을 잘하는 아이였고, 학업과 기타 활동 사이에서 균형을 잘 유지하고 있었다. 제이슨의 부모님은 다른 두 형제만큼 그를 염려할 필요가 없었다. 제이슨은 두 동생은 좋은 성적을 받으면 부모님에게 후한 칭찬을 받는데 자신은 당연한 듯 여겨진다는 것을 알게 되었다. 그가 성공은 오직 엄청난 수고와 땀방울이 요구되는 일 속에서만 가치 있다고 확신하며 자란 것은 이해할 만한 일이었다. 결국 그는 자신이 쉽게 잘할 수 있는 일에 기울이는 노력은 무조건 과소평가하는 내적 불행에 사로잡혔다.

제이슨은 지금까지 대체로 자신의 재능에 그다지 기쁨을 느낄 수 없었다는 생각에 매우 놀랐다. 그는 자신의 직업 선택을 다시 생각해 보았다. 그는 다른 사람들을 돕는 일을 진정 원했지만, 문제를 해결하는 자신의 특별한 능력을 활용하여 도울 때에 훨씬 더 행복할 것이라는 점을 깨달았다. 그래서 그는 대규모 종합사회복지회사의 이사로 취직했다. 이후 그 회사의 기부금도 높이고 서비스 조달 범위도 확장하며 서비스의 질도 향상시킬 수 있었다. 여전히 자신의 성공을 자랑스러워하기는 힘들었지만, 그는 이러한 부정은 자신의 내적 불행에서 일어난다는 사실을 알았기 때문에 점차 그것을 무시할 수 있게 되었다. 시간이 지나면서 그는 자신이 놀라운 재능을 가졌다는 사실에 행복을 느꼈다.

나에게 딱 맞는 직업인데도 자꾸만 맞지 않는다고 느껴지는가? 그것을 뒷받침할 증거가 있는가? 아마 거의 없을 것이다. 오히려 그 직업에 잘 맞는다는 객관적인 증거가 더 많을 것이다. 한 주식 중개인은 재무 분야를 굉장히 사랑했고, 실적 또한 훌륭했다. 하지만 불운한 일들이 찾아오자 그는 자신에게 그 책임이 있고 이 일이 자기에게 맞지 않는다고 결론지었다. 다행히 고객들은 그의 능력을 굳건히 믿어주었고 끝까지 그와의 거래를 놓지 않았다. 그는 고객들을 실망시키고 싶지 않았기 때문에 계속 일을 진행했다. 그다음 분기가 되었을 때 그는 훨씬 더 나은 업적을 달성했고, 다른 직업을 찾아 방황하지 않게 되었다.

내적 불행은 성공하기 위해서 오랫동안 공들인 일에서 흥미를 잃어버리도록 유도한다. 직업적인 목표를 성취하기 위해서 열심히 일하다가 갑자기 지루하고 불안한 기분이 드는데 그 기분과는 관계없이 일은 아주 잘 진행되고 있고, 아무것도 변한 것이 없을 때가 있다. 그렇다면 이것은 성공을 통해 얻는 행복에 대한 혐오 반응이다.

직업 선택과 이직

어떤 직업을 추구할 것인지 고심하는 단계라면 지금이 바로 자신의 선택에 내적 불행이 끼어들지 않는지 확인할 절호의 기회다. 나의 강점을 이끌어내고, 내가 즐길 수 있고, 또한 내가 가치 있다고 여기는 결과물을 얻어내는 직업을 선택하려고 노력해라. 내적 불행은 당신에게 잘 맞는 직업을 '너무 쉽다'는 이유로 제외시키고, 평생 고군분투해야 할 도전적인 직업에 몸담고 싶은 유혹에 빠지게 만든다. 모든 에너지와 지성을 다 쏟아야 하기 때문에 어려운 것과 내게 없는 재능이나 흥미가 필요하기 때문에 어려운 것은 매우 다르다. 전자는 그 일이 어렵긴 해도 아주 매혹적이고 나를 들뜨게 하며 그에 따르는 보람도 크다. 하지만 후자는 대부분 나의 내적 불행을 만족시키는 역할을 할 뿐이다.

이미 자신에게 맞지 않는 직업에 몸담고 있더라도, 변화할 기회는 충분하다(그동안 저축을 해두었거나, 식구 가운데 직장 생활을 하는 사람이 있거나, 부양할 사람이 없는 경우). 그렇다면 현재의 직업에 평생 갇혀 있어야 한다고 생각하게 만드는 것은 내적 불행뿐이다.

"일이 다 힘들고 그런 거지 뭐."

"자기 일 좋아하는 사람이 어디 있나."

"바깥에서 재미있는 시간을 보내면서 스트레스 풀면 되지."

이런 생각은 모두 내적 불행에 그 뿌리를 두고 있다. 이런 생각은 당신의 재능을 더 활용할 수 있는 즐거운 직업을 찾았을 때 누릴 수 있는 행복을 방해한다.

경제적인 이유 등으로 현재의 직업을 떠날 수 없는 상황이라고 해도 시도해 볼 방법은 있다. 지금 일하고 있는 직장에서 자신이 측면을 더욱 강조하고, 하기 싫은 일은 최소로 줄여서 직장 생활을 조금이라도 더 보람되게 만드는 것이다. 그리고 앞으로 내게 맞는, 더 나은 직장으로 이직할 수 있을 때(학자금 대출이나 저당의 상환이 모두 끝난 경우, 자녀들이 모두 직업을 가진 경우, 배우자가 함께 직장 생활을 하는 경우)를 위해 계획을 세울 수도 있다.

직업은 좋으나 정작 내가 하고 있는 일은?

만족할 만한 직업을 선택했으나 내적 불행의 간섭으로 원치 않는 일을 맡아서 직장에서 즐겁게 지내지 못하는 경우가 자주 발생한다. 더 이상의 학습 기회가 없는 일, 수입이 별로 좋지 못한 일, 작업 환경이 나쁜 일, 휴식 시간이 적은 일, 또는 상사가 학대적이고 체계적이지 못하거나 무능해서 그 아래에서 일하는 사람이 할 수 있는 일을 못 하게 만드는 일이 그 예다.

이럴 때는 직장을 바꾸기보다 일을 바꾸는 것은 훨씬 쉬운 일이다. 내적 불행은 여러 면에서 영향을 끼쳐서 그만두는 편이 더 나을 것 같은 일을 계속하도록 만들 수 있다. 예를 들어 다른 곳에 가봐야 더 나을 것도 없다고 생각하게 만들거나, 이미 익숙해져서 새로운 일을 찾는다는 생각만으로도 불안해지게 하거나, 무능한 상사의 현상 유지를 위해서라도 남아 있어야 한다는 책임감을 느끼게 만들 수도 있다.

다니던 회사가 다른 목표나 경영 스타일 때문에 더 큰 회사에 흡수되는 경우도 있고 시장 상황이 변해 더 이상 이익을 얻지 못하게 되어 일이 싫어지기도 한다. 내적 불행은 더 이상 즐겁지도 않고, 이익도 남기지 못할뿐더러 불안하기까지 한 그 일에 계속 남아 있어야 한다고 당신을 부추긴다.

가치를 인정해주지 않는 회사에서 떠나기

랜디는 최첨단 작업 환경과 높은 보수, 풍부한 복지를 제공하는 의류회사에서 광고 사진작가로 일했다. 그런데 대기업에서 그 회사를 인수해 새 상사들이 들어왔다. 그들은 고지식한 사람들로 랜디의 미적 능력에 박수 쳐 주지 않았다. 랜디는 기대했던 봉급 인상이나 보너스를 더 이상 받을 수 없었고, 자신보다 창의적이지 않은 사진작가들이 좋은 업무를 맡는 것을 지켜보아야만 했다. 하지만 그는 자기 자리를 떠나기 싫었다. 물론 예전처럼 직장 일이 즐겁지는 않았지만, 랜디는 다른 직장도 마찬가지로 창의적이지 못할 테고 이보다 규모가 큰 회사도 찾기 힘들 것이기 때문에 그냥 이곳에 머무르는 것이 더 안정적이라고 생각했다.

랜디는 업무를 마친 후에 자신이 원하는 사진을 찍으려고 애써 봤지만 집에 돌아올 때쯤이면 너무 지치고 힘들어서 더 일할 에너지가 없었다. 시간이 지나자 랜디는 서서히 삶에 짜증이 났고, 이대로는 못 살겠다는 생각이 들었다. 그래서 마침내 아내에게 모두를 위해 일자리를 바꾸겠다고 말했다. 랜디의 아내는 그가 광고 사진을 찍는 독창적인 소규모 회사를 찾도록 도와주었다. 랜디는 예전에 일했던 회사만큼 좋은 회사를 다시 찾을 수 있을 거라고는 생각지 못했고, 아내가 그의 시도를 응원해준 것도 의외였다고 말했다.

충분한 탐색 끝에 랜디의 아내는 적당한 거리에 있는 회사 두 곳을 찾아냈다. 랜디는 두 회사에서 면접을 보았고, 한 회사가 매우 마음에 들었다. 랜디는 망설였지만 새 직장에서 흥미를 되찾았다.

일이 곧 당신의 인생이라고 생각하는가?

내적 불행은 직장에서 보내는 시간의 양을 적절히 조절하지 못하게 만들 수 있다. 물론 보통 일주일에 60~70시간가량을 일해야 하는 의과 수련의, 법률 회사들의 경우를 말하는 것은 아니다. 우리는 지금 개인에게 시간 조절의 선택권이 존재하는 일을 언급하고 있는 것이다. 일에는 뚜렷한 시간제한이 없다. 따라서 내적 불행은 퇴근 시간에 맞춰서 집에 가거나 사무실을 벗어날 만큼 일을 완수하지 못했다고 확신하게 만든다.

완벽주의의 문제점

어린 시절에 지나친 기대를 받고 자란 사람들은 성인이 되어도 모든 일을 자기 방식대로 해야 직성이 풀린다고 생각한다. 완벽주의란 어떻게든 자신이 완벽해야 한다고 생각하는 비논리적인 신념으로, 자신이 맡은 프로젝트에 전혀 만족할 수 없거나 좀처럼 만족할 수 없는 모습으로 드러난다. 이러한 문제로 고통받는 학생들은 리포트를 마무리하는 데 많은 어려움을 겪는다. 그러다가 끝마치지 못한 일들이 쌓이면 당황 끝에 결국 모든 것을 포기한다.

완벽주의자라면 일을 마치고 집에 돌아가 친구나 가족을 만나는 것이 어렵게 느껴질 수 있다. 아니면 업무를 더 진전시키려고 일거리를 집에 가져오기도 한다. 그러면 개인적인 삶은 거의 없거나 아예 없게 된다. 완벽주의는 내적 불행의 한 방법이다. 자신이 완벽해질 수 있고, 또 완벽해져야 한다는 생각이 마치 도덕적으로 옳은 것처럼 포장되어 나타나기 때문에 정복하기가 특히 어렵다.

완벽주의에서 벗어나기

산드라는 항상 A 학점을 받는 학생이었다. 친구들이 깊이 잠든 시간에도 산드라는 공부했다. 미국 역사 분야에서 박사 학위를 수여한 산드라는 명성 있는 대학에 자리를 얻었다. 그녀는 그 이전에도 모든 일에서 최고 수준의 성과를 보였지만 이제는 더 이상 그럴 수가 없었다. 매 학기마다 3개 코스를 지도해야 했고, 종신 재직권을 따기 위해 향후 몇 년간 각종 기사와 책을 출판해야 했다. 게다가 박사 학위를 이수하고 있는 학생들을 지도하며 학술 위원회의 일도 해야 했다. 때문에 산드라에게는 개인 생활이 별로 없었다. 하지만 하루에 몇 시간밖에 못 자면서 일을 하는데도 도무지 할 일을 다 해내지 못했다. 아무리 준비해도 수업 준비가 부족하게 느껴졌고, 출판 일정도 계획대로 진행되지 않았으며 박사 과정 학생들의 논문을 읽어볼 시간도 없었다.

산드라의 어린 시절을 돌아보면 그녀가 했던 것은 모두 뭔가 부족한 듯 보였다. 산드라가 아무리 열심히 공부해도 부모님은 그녀를 칭찬하기보다는 더 잘하려면 어떻게 해야 하는지를 알려주었다. 게다가 산드라는 끝도 없는 집안일을 해야 했고, 남동생을 돌봐야 했고, 동시에 우수한 성적까지 받아야 했다. 산드라는 부모님의 기대가 합리적이라고 생각했기 때문에 거기에 부응하려고 최선을 다했다. 산드라는 가끔씩 자신이 부족하다고 느껴졌지만, 한편으로는 부모님이 자신에게 큰 기대를 갖는다는 사실이 기뻤다. 그녀는 사회생활까지 줄여가면서 노력했지만 늘 자신이 해야 할 일을 겨우 마칠 수 있을 뿐이었다. 대학 교수라는 직업은 산드라가 자신이 세운 기준에 맞추어 완수하지 못한 첫 번째 일이었다.

산드라의 건강은 점점 나빠졌다. 체중은 줄었고 늘 피곤했다. 하루는 심장이 쉴새없이 뛰기도 했다. 심장병 전문의는 병이 있는 건 아니지만 스트레스 때문일 것이라고 말했다. 산드라는 이제 변해야 한다고 결심했다.

산드라는 몸 바쳐 자기 일을 완벽하게 하는 것이 중요한 미덕이라고 생각했지만, 사실은 그것 때문에 자신이 엄청난 불행해졌다는 사실을 깨닫게 되었다. 그녀는 자기가 하던 모든 일들을 재검토하고 완벽주의의 대안으로 과제마다 투자할 시간을 미리 분배해 두는 일일 계획표를 작성하기 시작했다. 한 과제에 부여한 시간을 모두 채우면 그 일을 그만두는 것이 산드라에게는 너무나도 힘들고 고통스러운 일이었지만, 차츰 그녀는 중요한 일들을 모두 끝내는 동시에 자신의 계획을 지키는 데 성공했다. 일을 더 잘하지 못하여 죄책감을 느낄 때에는 다시 일로 돌아가는 대신 이런 고통스러운 감정들을 글로 적어 풀었다.

모든 면에서 완벽주의를 보이는 사람들은 자신의 일 처리 방식 때문에 개인적인 시간도 거의 갖지 못하고, 이러한 자신의 경향에 대항

불행 중독

하여 힘겹게 싸워야 할지도 모른다. 모든 과제에 완벽을 기울이는 경향을 멈추려고 노력하는 것이 처음에는 매우 불편하게 느껴질 수도 있다. 내적 불행은 과제에 몇 시간씩 투자하지 않고 메모나 보고서로 단숨에 써버리는 게으름뱅이가 된 것처럼 느껴지게 만들지도 모른다. 중요한 것은 자신이 기울인 노력이 과제의 목적을 달성했느냐 하는 것이다. 내적 불행의 간섭 때문에 자신의 기준이 터무니없이 높아서 이 질문에 스스로 답할 수 없는가? 그렇다면 의도한 목적을 달성하는 데 자신의 노력이 전적으로 충분한 경우가 언제인지 알 수 있도록 믿을 만한 친구, 연인, 동료에게 도움을 구하길 바란다.

"내가 없으면 일이 안 돼!"

완벽주의의 문제 때문에 일어나는 여파가 있다. 내가 아닌 그 누구도 나만큼 잘할 수는 없다는 확신 때문에 타인에게 일을 맡기지 않는 것이다. 이는 다른 사람에게 내 일을 맡기면 내가 바라는 만큼의 결과를 얻을 수 없다고 생각해서다. 여기에서도 내적 불행은 내가 도덕적으로 옳다는 느낌 뒤에 숨어버리기 때문에 알아채기가 어렵다. 다른 사람에게 일을 맡기지 못하는 사람은 일의 부담 때문에 무척 힘들어하면서도 자기 일의 모든 영역을 통제하고 있다는 데 즐거움을 느낀다.

이들은 탁월함을 유지하기 위해 개인 생활이 전혀 없는 것은 어쩔 수 없이 치르는 대가라고 생각한다.

타인에게 일을 맡기지 못해서 자신의 여가 시간이 거의 없는 사람이라면, 가장 먼저 자신이 모든 것을 스스로 처리해야 한다는 확신 뒤에 내적 불행이 숨어 있다는 점을 먼저 깨달아야 한다.

완벽주의는 해롭다

래리는 큰 회사에서 근무한 경력을 바탕으로 사업을 시작한 회계사였다. 그는 매사에 철저하고 유능하며 용모가 단정한 사람이었다. 직장 일에 허덕이며 어려움을 겪기 전까지는 사업도 꽤 성장하여 파트너를 고용할 수 있을 정도로 소득도 많았다. 하지만 서비스 요청이 많아지자 더 이상 자신이 모든 고객에게 직접 서비스를 제공할 수 없다는 생각이 들었다. 하지만 그는 자기만큼 유능한 사람을 구할 수도 없다고 확신했다. 그 결과 세금 신고를 하기 전까지 3개월 정도를 일주일 내내 하루에 18시간씩 일했고, 그해 내내 그렇게 힘겨운 시간을 보냈다.

결국 적절한 도움을 구하지 못한 래리는 더 이상 버티지 못했다. 지칠 대로 지친 상태에서 세금 신고서 작업을 하던 래리는 고객에게 치명적인 피해를 끼칠 수 있는 심각한 실수를 저지르고야 말았다. 이런 실수는 그에게 이례적인 일이라, 래리는 너무나 놀라고 두려웠다. 고객들의 업무를 자신이 꼭 맡아서 정성을 다하겠다는 그의 결심은 오히려 고객에게 손해를 끼쳤고, 자신의 평판에도 오점을 남겼다. 래리는 또 다른 실수를 피하기 위해서 파트너가 필요하다는 사실을 깨닫고는 우리의 조언을 구했다. 하지만 그는 아직도 파트너를 구할 용기를 내지 못했다.

그동안 자신이 모든 일을 스스로 해결하면서 느껴온 자부심이 실제로는 행복을 가장한 불행이었다는 사실을 깨닫게 되자 래리는 그제야 자신만의 감옥에서 벗어날 수 있었다. 처음에 그는 우리의 도움이 필요하다는 사실 때문에 스스로 무척 화가 났고, 그는 우리도 그가 약한 사람이라고 생각할 것이라고 믿었다. 우리가 개인적인 판단은 피하고 그의 삶의 질을 개선하도록 도와주려고 긍정적인 노력을 기울인다는 것을 경험하면서 그는 도움을 구하는 것은 약점이 아니며 건강하다는 신호라는 점을 알게 되었다. 그 이후로 얼마 되지 않아서 그는 직장 생활에도 동일한 원리를 적용했다. 많은 사람들을 면접한 끝에 그는 유능한 파트너를 고용했다. 그는 예전처럼 그렇게 힘들게 일하지 않아도 고객들이 여전히 그의 서비스에 만족한다는 사실을 알게 되었다. 사무실 환경이 개선되자 업무 결과가 향상되었고 사업도 성장했다.

다른 사람에게 위임하는 능력을 발달시키려면 다른 사람들이 생각보다 더 유능할 수도 있다는 사실을 먼저 깨달아야 한다. 그다음에는, 설령 여러분이 다른 누구보다도 일을 잘할 수 있다고 해도 모든 일을 완벽하게 완수할 필요는 없다. 새로운 시각으로 주변을 둘러보면서 다른 사람들이 과제들을 유능하게 완수하고 있는지 아닌지 살펴보길 바란다. 다른 사람들이 자신처럼 모든 일에서 유능하다고 확신이 들지 않는다면, 일의 우선순위를 세워서 가장 중요한 일은 스스로 처리하고 나머지 일은 다른 사람에게 부탁할 수 있을 것이다. 물론 다른 사람들이 한 일을 어느 정도 검토할 수는 있겠지만 이미 넘겨준 일을 모두 일일이 살펴볼 필요는 없다.

모든 일을 스스로 하면서 느끼는 책임감은 분명 잘못된 즐거움이다. 하지만 여기에 중독된 사람들은 처음에는 다른 사람에게 일 맡기기를 무척 불편할 수 있다. 다른 사람과 함께 일하면서 업무량을 공유하고 개인 생활도 향상시키면서 즐거움을 느끼기보다는 몹시 불안하거나 죄책감을 느낄 수도 있다. 이 경우에 느껴지는 불안이나 죄책감은 과로에서 빚어진 위장된 불행이며, 모두 내적 불행 때문에 일어난 것이다. 다시 말해 당신이 삶을 개선하려고 여러 단계를 밟을 때 내적 불행이 불안이나 죄책감으로 반응한다는 것이다. 하지만 이러한 것을 무시하고 그간 무거운 부담을 안겨주었던 압박을 누그러뜨리겠다는 계획을 착실하게 완수해야 한다.

일을 다른 사람에게 맡기지 못하는 어려움과 더불어 완벽주의의 문제가 드러나는 또 다른 양상이 있다. 바로 내가 자리를 비우면 업무가

불행 중독

마비될 것이라는 생각이다. 어쩌다가 휴가라도 받아서 자리를 비울 때면 모든 사무실 직원에게 휴가 때 일이 생기면 전화를 걸어달라고 부탁하거나 사업상 받아야 하는 전화나 회의를 위해 수시로 이메일을 확인하고 휴대전화를 켜두기도 한다. 그래서 결국 휴가 기간에도 전혀 휴식을 누리지 못하게 된다. 다시 말하지만 이런 경우에 당사자는 하나하나 꼼꼼히 챙기는 자신의 행동이 옳은 것이라고 생각한다. 그래서 이러한 방식으로 나타난 내적 불행은 고치기가 어렵다. 자신이 꼭 필요하고 없어서는 안 될 존재라는 느낌은 잘못된 즐거움이며, 이것은 실제로 자기 시간을 전혀 즐기지 못하는 불행 뒤에 그 모습을 감출 수도 있다.

다음 휴가 때는 사무실 사람들에게 휴가 기간 동안 절대 전화하지 않을 것이라고 말하고, 긴급한 상황이 발생한 경우에만 연락을 취해달라고 부탁해라. 이러한 시도는 다른 사람에게 일을 처음 맡기는 위의 경우와 같이 무척 불편하게 느껴질 수도 있다. 또한 사무실에서 일이 잘 돌아가고 있는 건지 궁금해하면서 많은 시간을 보낼 수도 있는데 이것은 내적 불행이 작용하는 것이다. 다이어트를 하는 사람이 디저트를 뿌리치듯이 이런 생각들을 뿌리치기 위해 노력해야 한다.

마감기한 지키기

내적 불행은 자꾸 일을 미루게 만들거나 한 과제, 프로젝트에서 손을 떼지 못하게 하여 제시간에 업무를 완수하지 못하도록 만들 수 있다. 미루는 버릇이 아마 더 흔한 사례일 것이다. 우리는 이번 장 서두에서 자기 개선 프로젝트를 시작하지 못하는 난제를 언급했다. 프로젝트나 과제의 시작 무렵에도 동일한 과정이 나타난다.

시간에 맞추어 일하는 것이 가장 큰 관심사이며 동시에 자신을 진정으로 행복하게 만드는 역할을 하기 때문에 내적 불행은 어떤 프로젝트를 시작하겠다고 생각할 때마다 지루함, 부담감, 주의 산만, 실망감 등을 유발하여 이 진정한 즐거움을 파괴할 수도 있다. 그 결과 능숙하게 일을 처리하거나 시간에 맞게 일을 완수하기에는 너무 늦는 때가 올 때까지 초기의 노력을 자꾸만 미루게 된다.

습관적으로 일을 늦게 완수하는 경향이 있는 이들은 우선 프로젝트나 과제에 착수할 날짜를 현재 시점으로부터 가까운 날로 정해야 한다. 시작할 날짜가 다가오면 흥미를 잃게 되고 시작을 미룰 만한 이유가 생기거나 갑자기 비참한 기분이 들 수도 있다는 점을 염두에 두길 바란다. 그 어떤 저항을 만나더라도 처음 계획한 그대로 실행하겠다고 굳게 결심해라. 설사 시작일이 지나버렸다고 해도 이제 다 망쳤다고 말하는 내적 불행에게 지지 말고 새로운 시작일을 세워 다시 시도해라. 프로젝트 시작일 전까지 얼마나 더 기다릴 수 있는지 계산하면서 일하기보다는 주어진 임무를 미리 진행함으로써 과제를 미루고 싶은 자신의 성향에 대항하라. 그렇게 하면 생각했던 것보다 어려운 일이 주어지거나 다른 문제들이 발생하더라도 순조롭게 일을 마무리할 수 있는 여유가 생길 것이다.

사람들이 일을 제시간에 완수하지 못하도록 내적 불행이 간섭하는 또 다른 흔한 방법이 있다. 프로젝트나 과제를 완수하고 난 뒤에 거기서 손을 털기 어렵게 만드는 것이다. 대개 어떤 프로젝트나 과제가 마무리되었는지를 측정할 수 있는 간단한 방법은 없다. 그래서 '이만하면 충분해'라고 말할 때를 결정하기가 매우 어렵다. 내적 불행 때문에 일어난 숨은 완벽주의의 기준이 그 결정에 영향을 끼치기 때문이다.

충분하지 않다는 생각

역사학을 공부하던 켄은 논문을 쓰는 데 고전을 면치 못하고 있었다. 리서치를 끝냈으니 이제 논문 쓸 준비가 되었다고 생각할 때마다 조사가 필요한 또 다른 주제가 자꾸만 나타났다. 이렇게 3년이 훌쩍 지나갔고 논문에는 전혀 진전이 없는데도 켄은 철저히 조사해야 한다는 욕심 때문에 더 많은 자료를 찾아야 한다는 생각을 뿌리칠 수가 없었다. 대학교 측에서 최종 마감기한을 제시하자 켄은 우리를 찾아왔다.

켄은 논문을 철저하게 완수하길 원했다. 하지만 그의 내적 불행 때문에 논문을 끝내면 앞으로의 삶을 전진할 능력이 자신에게 없다고 생각하고 있었다. 그 사실을 깨닫자 이제 행동을 취할 때가 왔다는 점을 알게 되었다. 그래서 자료를 더 찾아야 한다는 생각에 더 이상 귀 기울이지 않기로 결심하고, 논문 쓰기에 착수하려고 스스로를 다그쳤다. 리서치의 필요 여부는 지도 교수님께 맡기기로 마음먹었다. 논문을 쓰면서도 케빈은 잠시 쓰기를 중단하고 자신의 논점을 지지해 줄 더 많은 자료를 찾고 싶은 욕구가 들었다. 하지만 이러한 불편한 느낌을 감수하면서 처음 계획대로 논문을 계속 써나갔다. 그래서 결국 마감기한에 맞춰서 논문을 완성할 수 있었고, 논문 지도 교수에게서도 더 이상의 자료는 필요 없겠다는 긍정적인 평가를 받았다.

때때로 사람들이 제시간에 일을 완수하지 못하는 것은 일의 우선순위를 세우지 못하기 때문이다. 우리가 지적한 것처럼 내적 불행은 여러분이 관심을 가지고 이루려는 목표를 향하여 꾸준히 노력하지 못하게 만들 수도 있다. 뚜렷한 마감 기한이 주어진 프로젝트에 열심히 매진하고 있는데, 갑자기 아직 여유가 있는 다른 일을 꼭 해야 한다고 느껴지거나 또는 잠시 일을 멈추고 서류철을 정리하고 싶은 생각이 들 때가 있는가? 내적 불행은 이러한 느낌을 통해 제시간 안에 철저하게 업무를 완수하고 싶은 소망을 파괴한다.

집중의 필요성

내적 불행은 직장 생활에 영향을 미쳐 당신도 모르는 새에 당신의 노력을 훼손할 수 있다. 내적 불행은 집중력, 논리적 사고, 프로젝트를 다루는 적절한 능력을 방해하고 실수를 저지르게 만들어서 진짜 실력을 발휘하지 못하게 만든다.

선명한 사고

누구나 다른 사람의 일이나 주제는 객관적, 분석적으로 생각할 수 있다. 하지만 자신이 직접 결과물을 내야 하는 위치에 있을 때에는 일종의 정신적 마비를 경험하기 십상이다. 중요한 사실들을 놓친다거나, 논리적 흐름이 끊기는 의견을 제시한다거나, 산만해지지 않고 오로지 일에만 집중하기는 어렵다고 느끼기도 한다. 이러한 문제에서 나타나는 최악의 양상은 그런 자신을 스스로 바꿀 수 없다고 느낀다는 데 있다. 대다수가 집중력을 발휘하려고 갖은 애를 쓰거나 하위 기준을 만들어내서 문제를 발생시키며 내적 불행을 충족시키는 역할을 한다. 이런 문제는 내적 불행에 의거하므로 사람들의 생각과는 달리 극복될 수 있다.

뭐든지 잘해야 한다는 생각

가일은 뭐든지 잘해야 한다는 압박 속에서 살았다. 가일의 부모님은 가일이 밤에 몇 시간 자는지 기록한 노트를 다른 부모들과 비교할 정도였다. 그들은 가일에게 가장 좋은 것을 해주고 싶어 했지만, 불행히도 그 방식은 옳지 않았다. 그래서 이러한 부모님의 소망은 가일에게는 이룰 수 없는 것들을 성취해야 하는 압박으로 다가왔고, 그들의 사랑은 조건적이라고 생각했다.

가일의 부모님은 가일이 나날이 발전한다는 것을 정확히 확인하려고 자주 그녀를 시험했다. 가일이 어렸을 때, 그들은 가일에게 물체의 색깔을 물어보거나 손에 쥐고 있는 동전의 개수를 물어보는 식으로 그녀의 학습 정도를 확인했다. 가일이 조금 더 자라자 그들은 물건을 사고 거스름돈은 얼마나 받아야 하는지, 자동차가 시속 60마일로 달리고 있는데 목적지까지 37마일이 남아 있을 때 시간은 얼마나 걸리는지 등을 물어보았다. 결국 가일은 이러한 고통스러운 감정들이 자신에게 좋은 것이며 자신이 마땅히 느껴야 할 것이라고 결론짓게 되었다.

좀 더 자라자 가일은 스트레스를 받을 때면 초점을 잃고 흐리멍덩한 마음 상태에 의존하여 위로를 얻으려고 했다. 이러한 습관 때문에 가일은 특히 중

불행 중독

요한 시험을 앞둔 상황에서 어려움에 처했다.

고등학교 시절에 가일은 부지런히 공부하여 나름대로 좋은 학업 성취를 보였다. 물론 테스트 상황에서는 심한 고통을 받고 한 번도 자신의 진정한 능력을 전부 발휘하지 못했지만, 숙제를 열심히 해서 부족한 시험 성적을 대부분 메울 수 있었다. 가일은 항상 의사가 되길 원했지만, 의과대학교 시험을 볼 때 자신의 내적 불행이 의과대학교 입학에 필요한 점수를 받지 못하도록 막고 있다는 사실을 깨달았다.

결국 가일은 교내 학생생활상담소의 한 상담사에게 도움을 청했는데, 그는 우리의 심리치료 접근법을 훈련한 사람이었다. 가일은 자신이 테스트를 잘 치를 능력이 없다는 사실이 두려워서 무의식적으로 자신이 익숙하다고 느끼는 고통스러운 불안과 흐릿한 정신 상태에 의존하려 위안을 찾으려 했다. 상담사는 이 점을 가일에게 이해시키기 위해 노력했다.

상담을 하면서 가일은 자신에게 무슨 일이 일어나고 있는지, 그 일들이 왜 일어나는지 이해하게 되었다. 하지만 여전히 시험 상황에 부딪히면 꼼짝 못 하고 얼어버릴까 봐 두려워했고, 자기 마음을 더 잘 조절하기 위해 시간이 좀 더 필요하다는 생각이 들었다. 그래서 한 학기를 휴학하고 모의시험을 도와주는 개인 교사와 긴밀히 함께 공부했다. 하지만 모의시험은 실제 시험이 아니었기 때문에 문제에 답할 수 있다는 자신감을 유지할 마음의 여유가 있었다. 가일은 꼼짝 못 하게 마비된 느낌이 들 때면 그러한 감정이 지나가고 자신감이 돌아올 때까지 기다렸고, 그리고 자신을 불안하게 만들었던 질문을 다시 한번 살펴보았다.

가일은 자신이 아는 내용을 시험에 적용하는 과정을 점점 즐기기 시작했다. 개인 교사의 변함없는 지지를 받으며 다시 학교로 돌아간 가일은 점차 시험 시간에도 내면 건강을 지킬 수 있게 되었다.

말짱한 마음 상태를 유지하다가 직장에서 담당한 프로젝트를 가만히 생각해 보려고 하면 갑자기 몸이 얼어붙고 어찌할 줄 모른다면, 어린 시절에 이러한 방식으로 위로를 찾으려고 했었기 때문에 그런 고통스런 감정에 의지하는 것은 아닌지 생각해 보아야 한다. 여러분의 정신이 잘못된 것도 아니며, 자신의 마음을 효과적으로 다스릴 수 없는 특별한 생리적인 이유도 존재하지 않는다. 선명하게 생각하기가 어려운 것이 내적 불행을 충족시키는 데 사용된다는 사실을 알고 나면 이에 대항하여 싸울 수 있고, 하나의 과제를 분석하고 생각하는 데 사용할 여러 가지 기술을 효과적으로 활용할 수 있다. 보고서나 업무를 더 용이하게 만들기 위해 일을 세분화하기, 믿을 만한 친구나 동료와 함께 업무를 분석하고 계획하기, 일의 각 단계에서 친구나 동료에게 자신의 성과를 보여주고 필요한 정보를 얻기, 자신의 일을 마치 다른 사

불행 중독

람에게 일의 진행 방법을 조언하듯 생각하기 등이 그러한 기술이다.

내적 불행이 여러분을 후퇴하도록 만들 것이라는 사실을 알면, 갑자기 과제가 압도적으로 보이거나 다시 정신이 흐려질 때도 모든 게 끝이라는 느낌은 들지 않을 것이다. 향상에 대항하여 내적 불행이 자신의 존재를 다시금 확고히 지키려고 한다는 사실을 깨닫는다면 후퇴의 순간들도 치유 과정의 일부라고 생각할 수 있을 것이다.

때때로 실수는 내적 불행 때문에 일어난다

내적 불행은 실수를 저지르게 만들어서 스스로를 훌륭하다고 생각지 못하게 하고 성공할 수 있는 능력을 저해할 때도 있다. 여기서 말하는 실수는 자신이 열심히 공들인 보고서에서 몇 페이지를 빼먹는 것에서부터 배선을 설치할 때 전기선을 적절히 연결하지 못하는 것에 이르기까지 다양하다. 실수는 잠재적으로 자신과 타인에게 해로울 뿐만 아니라 직업을 잃게도 하고 직업상 발전을 지체시키기도 한다. 이러한 실수들은 미처 깨닫지 못하는 가운데 발생하며 그동안 애써온 모든 수고와 노력을 파괴시키기 때문에 심한 좌절감을 불러일으킨다.

신체적으로도 건강하고 그 어떤 정신적 충격도 없는 건강한 사람에게서 나타나는 실수는 부주의나 판단 부족 때문이며, 이러한 실수는 대체로 내적 불행과 타협하여 나타나는 현상이다. 이는 다이어트나 운동을 할 때 나타나는 실수를 포함하여 다른 상황에서도 나타날 수 있는 실수와 매우 비슷하다. 양심적으로 열심히 업무에 매진할 때, 내적 불행은 평소에 충족 받던 고통이 부족하다고 느껴서 산만해지고 실수를 저지르도록 격렬한 반발을 일으키기도 한다.

내적 불행으로 인한 실수

폴은 자신의 일을 사랑하는 약사였다. 그는 동네 약국에서 일했기 때문에 고객들의 이름을 거의 외우고 있을 정도였다. 손님들은 폴에게 찾아와 좋은 감기약이나 안약이 무엇인지를 물어보곤 했다. 폴은 사람들을 도울 수 있다는 사실에 굉장한 자부심을 느꼈고, 남다른 식견과 더불어 주의 깊고 매사에 정확한 자신을 자랑스럽게 생각했다. 그러던 어느 날 한 손님이 가게로 돌아와 그가 준 처방이 제대로 된 것인지를 물었다. 그 손님은 새로 받아간 약이 그전에 받았던 약과 다른 색이라고 말했다. 폴은 자신이 손님에게 잘못된 약을 주었다는 것을 발견하고 충격에 휩싸였다. 그리고 매사에 좀 더 주의를 기울이려고 노력을 더했지만, 1년이 지나자 비슷한 실수를 또 저질렀다. 이번에는 첫 처방에서부터 잘못된 약을 넣은 것이다. 그때부터 폴은 직업을 바꿔야 할지 고민하기 시작했다.

폴의 내적 불행이 그의 삶 여러 방면에 영향을 끼치고 있다는 사실은 금세

불행 중독

드러났다. 그는 과속 운전을 일삼았고, 운동으로 인해 심각한 부상도 여러 차례 입었다. 세금 신고도 늘 늦었고, 그 결과 벌어들인 소득의 많은 부분을 벌금과 과태료를 지불하는 데 사용했다.

폴은 자신이 고객을 잘 모시며 훌륭한 일을 하겠다는 의도를 가졌지만, 이와 함께 내적 평정심을 유지하려고 불행에 의존하고 있었다는 사실을 깨닫게 되었다. 이 문제를 이해한 폴은 자기파괴 욕구를 좌절시킬 방법을 스스로 고안하려고 했다. 그가 돌이켜보니 지난 1년간 그는 한 번도 실수를 저지른 적이 없었다. 그래서 이제 그만 경계를 늦춰도 되겠다고 생각했을 때 실수를 저질렀고 그것이 최근에 일어난 일이었다. 이제 그는 남은 직업 인생에서 자신이 내리는 모든 처방을 확인하고 또 확인해야겠다고 다짐했다. 그는 이러한 특별한 노력이 충분히 가치 있다고 생각하고 받아들였다. 이후로도 한두 번 더 실수를 저지를 뻔했지만 그 상황을 금방 포착했고, 그럴 때마다 더 주의를 기울여야겠다는 자신의 결심을 확실히 다졌다. 시간이 지나면서 폴은 예전처럼 자신이 유능하고 책임감 있는 사람이라고 느끼기 시작했다.

어떤 과제를 위해 열심히 일할 경우에도 실수할 가능성은 있다. 이 사실을 알게 되면 여러 방법을 통해 내적 불행을 미리 알고 손쓸 수 있을 것이다. 예를 들어 친구나 동료에게 여러분의 일을 검토하게 하거나, 일을 더 일찍 끝내서 주의 깊게 검토할 수 있는 시간을 벌 수도 있다. 더불어 자신이 가장 저지르기 쉬운 실수가 어떤 종류이며 언제 그런 실수를 저지르는지 지속적으로 체크하여 미래에 나타날 실수를 사전에 대비할 수 있다. 절대로 경계를 늦추지 않는 것이 가장 중요하다. 내적 불행이 항상 이런 식으로 삶 속에 나타난다면 항상 조심할 필요가 있다.

건설적인 비판을 편안하게 받아들이기

타인의 건설적인 비판에 귀 기울여 활용할 수 있는 능력은 나의 일을 최상으로 끌어올릴 수 있는 유익한 방법이다. 하지만 내적 불행에 사로잡히면 다른 사람이 건설적인 비판으로 진정한 도움을 주려고 해도 방어, 분노, 우울 등으로 반응하게 된다. 그 결과 자신이 노력한 일의 결과물을 향상시켜줄 타인의 지혜를 사용하지 못하게 된다.

때로 아무에게도 의지해서는 안 된다고 느끼는 잘못된 즐거움은 사람들이 처음부터 다른 사람들에게 조언을 구하지 못하게 만드는 요인이다. 많은 회사와 대부분의 학교에서는 프로젝트나 과제의 개념을 명시하고, 보고서를 작성하여 발표하는 일에 도움을 줄 사람들을 배치하고 있다. 내적 불행의 영향 아래 눌려 있는 사람들은 외부의 도움이 필요 없다고 스스로 확신하며, 자기만큼 그 일을 이해하는 사람은 없다고 믿기도 한다. 또는 누군가에게 조언을 구하면 자기가 하기 싫은 부수적인 일을 더 해야 된다는 말을 듣게 될까 봐 이를 꺼린다. 도움을 구하지 못하는 경향 때문에 사람들은 자신이 진정으로 할 수 있는 일의 질을 떨어뜨릴 수도 있다.

자신의 의사와 관계없이 지도 교수나 직장 상사에게 조언을 받을 때, 자신이 충분히 활용하지도 못할 조언을 받아야 한다는 고통으로 무척 괴로워하는 사람들이 있다.

혼자 모든 걸 해결해야 한다는 착각

헬렌은 회계 프로그램을 판매하는 한 기술 회사의 외판원으로 일하고 있었다. 그녀는 공인 회계사 자격도 땄고, 자회사의 프로그램과 그 프로그램이 고객에게 어떤 이익을 제공하는지 잘 이해하고 있었다. 하지만 헬렌은 주어진 자료의 핵심을 요약하여 흥미롭게 발표하는 데 어려움을 겪었다. 그녀는 해당 프로그램의 작동 방식을 지나치게 세세하게 설명하여 구매를 담당하는 재정 책임자의 흥미를 떨어뜨리곤 했다.

자신의 판매 할당량을 채우지 못하고 있음에도 불구하고 그녀는 상사에게 도움을 구하러 가지 못했다. 그녀는 자신의 문제는 스스로 해결해야 한다고 느꼈고, 다른 사람에게 도움을 구하면 상사의 눈에 안 좋게 보일 것이라고 생각했다. 어느 날 상사가 헬렌을 불러서 그녀가 기대했던 것만큼의 판매 실적을

올리지 못하고 있다는 점을 지적했다. 그는 헬렌이 사무실에서 다른 사람에게 프레젠테이션 발표를 했던 것을 녹화하도록 지시해 두었다고 말했다. 그는 이 방법을 통해 헬렌의 프레젠테이션 기술을 향상시키고 더 성공적으로 발표할 수 있도록 도와줄 것이라고 확신한다고 말했다.

그러나 헬렌은 이러한 도움에 안심하지 못하고 오히려 굴욕감을 느꼈다. 그녀는 녹화 내내 매우 고통스러워했고, 발표를 압축하여 짧게 하여 보는 이들이 따라가기 쉽게 만들라고 상사가 여러 가지 방법들을 제시하자 그것을 도움이 아닌 비판이라고 느꼈다. 그래서 헬렌은 상사에게 자신의 판매 방식이 올바른 접근이라고 애써 확신시키면서 고통스러운 감정을 누그러뜨리려고 애썼다. 그녀의 상사는 판매 방식은 자신의 선택이지만 판매 실적은 향상되어야만 한다고 부드럽게 말했다.

상사와의 회의를 마치고 헬렌은 너무도 화가 나서 처음으로 자신의 친구이자 직장 동료인 캐리에게 자신의 어려움을 털어놓았다. 캐리는 그 상사가 1년 전에 자신의 프레젠테이션도 녹화했었다고 말하면서 그의 제안이 얼마나 도움이 되었는지를 헬렌에게 말해주었다. 캐리는 자신의 프레젠테이션을 간소화하지 못해서 무척이나 고생했다고 말하면서 그 상사가 기꺼이 자기 시간을 할애하여 판매 직원과 그렇게 긴밀히 일해준 것에 고맙게 생각한다고 말했다. 캐리는 그의 도움으로 판매 실적이 20퍼센트에서 40퍼센트로 두 배 가까이 올랐다고 말했다.

불행 중독

헬렌은 어린 시절에 자주적인 사람이 되어야 하며, 타인의 도움은 오직 최후의 수단으로만 사용해야 한다고 배우며 자랐다. 그녀는 스스로 일할 때 옳다고 느끼고 도움이 필요할 때 죄책감을 느끼는 내적 불행을 키우게 되었다. 캐리의 말을 들으면서 헬렌은 그 친구가 타인에게 유용한 피드백을 받았을 때 수치스러워하기보다는 오히려 기뻐한다는 사실을 발견했다. 그 이후로 며칠간 헬렌은 새롭게 깨달은 사실을 바탕으로 상사가 제안했던 여러 가지 방법들을 재검토했다. 그리고 결국 그의 생각들이 시도해 볼 만한 가치를 지닌다고 결론지었다.

상사의 제안에 따라 고객에게 보이는 자신의 발표 방식을 수정한 헬렌은 판매 기록이 향상하는 것을 발견했다. 하지만 가장 중요한 수확은 따로 있었다. 바로 문제가 발생했을 때 외부에 도움을 요청하는 새로운 태도를 가지게 되었다는 것이었다.

학교나 직장에서 경험이 풍부한 사람에게 도움을 요청하기가 힘들었다고 생각한다면, 아마 독립적인 느낌이 주는 잘못된 즐거움을 추구하도록 내적 불행이 간섭했을 것이다. 이러한 잘못된 즐거움 때문에 자신의 능력과 일의 결과물을 향상시키며 일을 더욱 즐기도록 만들 수 있는 타인의 도움을 받는 진정한 즐거움의 자리를 빼앗긴다. 이런 형태의 자기파괴는 당연하고 옳다고 느껴질 수 있다. 따라서 직장 환경에 존재하는 모든 자원, 친구나 식구들 가운데 남다른 식견을 보유한 사람들에게 자신을 충분히 열어두겠다고 미리 결심하는 편이 좋다. 어떤 일을 할 때에 기획, 조사, 실행, 평가의 각 단계마다 다른 사람들에게 자신의 업무 상황을 보여주자. 미처 떠올리지 못했던 제안을 받는 경우, 마음속으로는 내가 부족한 사람이 되는 것 같은 느낌이 들지도 모른다. 하지만 이러한 자신의 반응에 맞설 준비를 해야 한다. 도움을 받으면서 즐거움 대신 고통을 느낀다면 내적 불행이 작용하고 있는 것이라고 스스로 상기하고, 좀더 전문적으로 배우고 성장하기 위해서는 그러한 수치감을 무시하도록 노력해야 한다고 자신을 일깨워라. 시간이 지남에 따라 직장 생활이 향상되고 타인의 지혜를 구하는 것이 확실히 도움을 준다는 사실을 발견하게 되고, 수치감도 힘을 잃는다는 사실을 알게 될 것이다.

개선을 위해 노력할 때마다 성공과 더불어 후퇴의 순간들도 경험하게 될 것이다. 도움을 받았어야 하는 상황에 도움을 구하지 않았거나 누군가 조언할 때 주의 깊게 듣지 않고 방어적인 태도를 취했다는 사실을 발견했을 수도 있다. 그러나 후퇴의 순간이 치유 과정의 일부라는 점을 기억한다면 다시 이전 자리로 돌아가 필요한 도움을 구할 수 있다.

불행 중독

마땅히 받아야 할 보상 얻기

사람들이 돈보다 섹스 이야기를 더 편안하게 느낀다는 진부한 표현은 직업 세계에도 빈번히 적용된다. 훌륭하게 일을 처리하는 사람들 가운데 꽤 많은 수가 자신에게 합당한 급료를 청구하는 것을 어려워한다. 또한 자신이 누려야 할 혜택을 요구한다거나 봉급을 인상해달라고 요구하는 것 역시 힘들어한다. 일반적으로 공정한 보상을 받기 어려워하는 것은 훌륭한 업무를 하는 즐거움에 혐오 반응의 한 형태라고 볼 수 있다. 내적 불행은 훌륭한 노력에 수반되어야 하는 보상을 받아 누리지 못하도록 막는다.

자영업자의 경우

열심히 일하는 자영업 종사자들이 자신이 제공하는 서비스에 충분한 보상을 청구하기 어려워하는 것은 드문 일이 아니다. 그들은 항상 업무를 완수하는 것을 우선시하기 때문에 송장 배부를 잊어버리거나, 청구서를 송부하지 못할 수도 있다. 그들은 자신의 서비스가 높은 가격을 받을 수준이 아니라고 생각하거나, 또는 가격을 너무 많이 요구했을 때 돌아올 부정적인 반응이 두려워서 가격을 지나치게 낮게 책정한다. 물론 이 모든 경우에 수고한 일의 열매를 거두지 못하게 막고 있는 것은 내적 불행이다.

비용을 청구하는 데 어려움을 느끼는 경우

심리치료사인 케이트는 부분적으로 문제를 보이는 내담자를 돕는 최상의 방법이 무엇인지를 알고자 했다. 그녀는 자신의 일에서 금액 청구 부분에서는 전혀 문제가 없다고 생각했기 때문에 일 이야기는 전혀 하지 않았다. 하루는 사무실 임대료와 집 양도세를 먼저 지불해야 해서 우리에게 줄 돈은 조금 늦게 지불하겠다고 말했다. 우리가 알기로 케이트는 여유롭게 살 수 있을 정도로 바쁘게 일했기 때문에 비용을 늦게 지불하겠다는 그녀의 말은 매우 놀라웠다. 이 점에 대해 그녀에게 묻자 케이트는 금액을 지불하지 않은 고객이 너무 많고, 자신이 금액을 청구하지 않은 사람들도 있기 때문에 그렇게 되었다고 답했다. 케이트는 고객들에게 청구서를 건네거나 큰 금액을 요구해야 할 때 마음이 편해 본 적이 거의 없었다고 말했다.

케이트의 부모님은 자녀들이 콧대 높은 아이로 자랄까 봐 무척 염려하는 분들이었다. 아이들이 그림 그리기, 재주넘기, 좋은 성적으로 칭찬을 받고 싶어 하는 것은 그 나이에 맞는 행동이었는데도 그들은 아이들의 이러한 요구에 부정적으로 반응했다. 케이트의 부모님은 케이트가 어떤 일을 성취했을 때 부모님께 인정을 요구하지 않거나 심지어 자신이 한 일을 가지고 다른 사람에게 공을 돌릴 때마다 케이트를 칭찬했다. 그러니 케이트가 자신은 전혀 인정받을 가치가 없다고 생각하면서 그것을 겸손함이라는 잘못된 즐거움과 혼동했다는 점은 이해할 만했다.

케이트의 내적 불행은 전문적인 서비스를 제공하는 대가로 받아야 하는 금액을 요구하지 못하게 방해하고 있었다. 그래서 케이트는 금액을 청구하지 않는 것이 옳은 것이라고 느꼈다. 케이트는 클라이언트에게 보상을 요구한다면 자신의 상담은 진정한 도움이 되지 않을 것이라고 확신했다. 우리는 사실 케이트가 생각하는 것의 정반대가 진실이라는 점을 그녀가 알 수 있도록 도왔다. 금액을 청구하지 않아서 스스로를 해할 뿐만 아니라 실제로 자신이 하는 일의 가치까지 떨어뜨리고 있기 때문에 결과적으로 클라이언트들에게도 부정적인 영향을 끼칠 것이 분명하다고 말해주었다.

대가를 받지 않는 것이 옳다는 느낌은 실제로는 행복을 가장한 불행이라는 점을 케이트는 깨닫게 되었다. 그러자 훌륭한 치료자가 되는 데 헌신했던 케이트는 이제 자신이 받아야 할 금액을 받는 데 주의를 기울이겠다고 생각을 바꿨다. 그래서 매월 마지막 날에 청구서를 작성하고 다음 달 첫날에 모두 발송하여 고객들에게 지불 시기가 지난 금액을 상기시켰다. 처음에는 놀라는 고객도 있었고 불평하는 고객들도 있었다. 케이트는 청구서를 제때 보내지 못하여 자신과 고객을 관리하는 데 문제가 있었다고 설명하면서 그 문제를 어떻게 해결할 것인지 도움을 구했으며 고객들도 자신의 일에 적절한 가치를 부여하는 치료자와 함께하는 것이 낫다는 사실을 알게 되었다고 말해주었다. 고객들도 마음속으로는 치료 초기에 케이트에게 지불하기로 동의했던 금액을 그대로 지불하는 데 안도감을 느꼈다. 그들은 케이트에게 무슨 문제가 있는 것은 아닌지 걱정하지 않아도 되었고, 케이트가 돈을 받지 않을 만큼 자신에게 심각한 문제가 있는 것은 아닌지 염려하지 않아도 되었다.

자영업을 하면서 서비스에 합당한 금액을 부과하고 책정된 금액을 수금하는 데 어려움을 겪는다면 장부 정리를 담당해줄 직원을 고용하는 것도 하나의 해결책이다. 그 사람은 금액 처리하는 데 있어 당신과 같은 갈등을 겪지 않을 것이며, 이렇게 해서 효율적인 수금이 이루어지면 그 사람의 봉급을 지불하면서도 충분히 넉넉한 이윤을 남길 수 있을 것이다. 이러한 방식을 통해 제대로 대가를 받지 못하는 내적 불행을 정복할 수 있고, 동시에 다른 업무들도 완수할 수 있는 여유를 누릴 수 있다.

직장인의 경우

자영업자가 아닌 사람들은 내적 불행 때문에 봉급 인상을 요구하지 못하거나 급료가 너무 적을 때 임금을 더 요구하지 못할 수도 있다. 수년간 힘들게 일했는데 정당한 급료를 지급 받지 못하면서도 상사에게 급료 이야기를 먼저 꺼내기를 매우 불편해하기도 한다. 우리는 여기에서 봉급 문제로 다른 직업을 찾으면서 어려움을 겪는 경우, 임금을 더 요구하면 상사가 인과응보라는 식으로 반응하거나 직장을 그만두라고 할까 봐 염려하는 경우 등을 이야기하는 것이 아니다. 그보다는 현실적으로 더 높은 임금을 받을 수 있거나 더 나은 고용 여건을 찾을 수 있는데도 내적 불행 때문에 효과적으로 급료 인상을 요구하지 못하는 경우를 논하려는 것이다.

업무를 훌륭히 수행하는데도 다른 사람이 요구하고 받는 만큼 급료 인상을 받지 못했다면 여러분은 자신에게 합당한 재정적 보상을 받는 진정한 즐거움을 누리기보다는 '평지풍파平地風波'를 일으키지 말자는 잘못된 행복 속에 더 편안함을 느끼고 있는 것이다. 이 문제는 극복하기 어려울 수도 있다. 직장에서 같은 경력을 지닌 사람들이 어떤 보수를 받고 있는지 통계를 내보는 것도 급료 인상에 관한 자신의 주장을 뒷받침하는 데 도움이 될 것이다. 믿을 만한 친구나 동료를 찾아서 역할 연기를 미리 해본다면 더욱 도움이 될 수도 있다. 상사에게 봉급 인상을 요구하는데 상사 역할을 하는 친구나 동료가 그 제안을 거절하는 연습을 해 보자. 이를 통해 상대방의 부정적인 대응에 불필요하게 자신의 요구를 철회하지 않고 현명하게 대처할 수 있도록 준비하자. 적절한 급료를 받지 못할 때 내적 불행이 충족되며, 단순히 자신이 가장 편안하게 느끼는 것을 기초로 행동할 수는 없다는 점을 깨닫는 것이 가장 중요하다. 당신에게 정말 중요한 것이 무엇인지를 결정하고 그것에 기초하여 행동해야 한다. 하지만 동시에 적절한 보상을 받으면 내적 불행이 이전만큼 충족되지 못하기 때문에 분명히 불쾌한 느낌이 들 것이라는 점에 미리 대비해야 한다.

직장 내 타인의 문제를 개인적으로 받아들이지 마라

직장 동료나 상사와 친구가 되는 경우도 있지만, 직장에는 결코 만나고 싶지 않은 동료나 상사들도 있다. 자신이 별로 좋아하지 않는 사람과 가까운 자리에서 일하기 때문에 직장 생활이 불만족스럽다는 사람도 있고, 반대로 상대방이 자신을 별로 마음에 들어 하지 않아서 직장 생활이 힘들다는 사람들도 있다. 함께 일하는 사람들과 즐겁게 일하면 더욱 좋겠지만, 내적 불행은 다른 사람의 문제 속에 머물러 불필요한 실망감을 느끼게 만든다. 그 결과 마찰이 계속되고, 직장 동료의 '특이한 성격' 때문에 자신에게 잘 맞는 직업을 떠나는 경우도 생긴다.

여기서 말하는 '특이한 성격'이란 다른 사람에게 짜증과 불쾌감을 유발하기는 하지만 학대적이지는 않은 경우를 말한다. 학대적인 상사나 동료는 결코 가만히 두어서는 안 된다. 학대 상황이 계속된다면 반드시 그 사람을 회사에서 퇴직시키거나 이직시키고, 가능한 한 빠른 시일내에 다른 직업을 찾도록 유도해야 한다.

직장 동료가 다가와서 오늘은 왜 이리 운이 나쁜지 불평하고, 집과 직장에서 경험하는 온갖 문제들을 늘어놓는 경우, 그전까지는 정말 좋은 기분을 느끼고 있었는데 갑자기 몹시 불쾌하고 처지는 기분일 때, 내적 불행은 그 동료와 자신의 정서적 상태의 경계를 흐리게 만들고 있는 것이다.

이러한 내적 불행은 타인의 가치관을 개인적으로 받아들이도록 유도할 수도 있다. 이렇게 느낀 나쁜 감정은 계속 머물면서 기분 좋은 날을 망치게 할 수도 있다. 동료나 상사가 투덜대거나 부정적일 때, 실제로는 당신에게 불쾌한 것이 아니라 그저 그들의 성격을 드러내는 경우일 수도 있다.

모든 것이 당신의 문제는 아니다

대규모 인쇄 회사의 회계 주임으로 일하던 그레첸은 유능하고, 자신의 일을 즐기던 사람이었다. 적어도 상사가 은퇴하여 마이클이라는 사람이 오기 전까지는 그랬다.

전 상사가 그레첸을 높이 평가해주고 그녀의 업무를 자주 칭찬해주었던 반면, 마이클은 왠지 그레첸을 의심스럽게 바라보는 등 싫어하는 것처럼 보였다. 그레첸은 직장 생활을 하면서 처음으로 직장에 가기가 두려워졌다. 일요일 밤만 되면 점점 우울해지는 것을 경험하면서 이직을 생각하기 시작했다. 그래서 그녀는 함께 일하는 동료 한두 사람에게 직장을 그만둘 것이라고 하소연하기까지 했다. 한 동료는 이렇게 말하며 그레첸의 말을 대수롭지 않게 웃어넘겼다.

"야, 마이클은 그냥 바보 같은 사람이잖아. 그걸 그렇게 개인적으로 심각하게 받아들이면 안 되지. 그 사람 웃는 거 본 적 있어? 만나는 사람마다 못마땅하다는 듯이 노려보고 말이야. 똥이 더러워서 피하지 무서워서 피하니?"

그레첸은 동료의 이런 말에 놀랄 수밖에 없었다. 그레첸의 어머니는 술을 마시면 화가 나서 학대적으로 변하는 알코올 중독자였다. 그래서 어린 시절부터 그레첸은 엄마의 기분이 어떻게 변할지 늘 신경을 곤두세우며 지켜보았다. 엄마가 화를 낼 기미를 보이면 그레첸은 급히 침대로 돌아가서 잠자는 척을 했다. 하지만 이 방법이 늘 효과적인 것은 아니었다. 때때로 엄마는 그렇게 자는 척하는 그레첸에게 다가와서 이불을 걷어내고 그녀를 몹시 혼냈다.

그레첸은 지금껏 마이클의 기분이 좋지 않은 것은 자신 때문이라고 생각해왔지만 이 사실을 알아차리기 시작하면서 그녀는 마이클이 사무실 어디에 있든지 대체로 사람들을 못마땅하게 쳐다보며 화난 표정을 짓는다는 사실을 알게 되었다. 그리고 마이클의 문제를 개인적으로 받아들여서 스스로를 비참하게 만들려는 욕구에 점차 저항할 수 있게 되었다. 그녀는 점점 마이클에서 관심을 거두고 자신의 일에 몰두하면서 동료들과 즐겁게 일할 수 있게 되었다.

직장에는 퉁명스럽거나 화를 내고 흥분하기를 밥 먹듯이 하는 사람, 금세라도 무너질 것 같은 감정을 드러내는 사람이 한두 명씩은 존재한다. 그 사람들이 투덜대는 문제가 나 때문이 아니라 그들 자신의 문제 때문인데도 내적 불행은 그 문제들을 개인적으로 받아들이게 유도할 수도 있다. 이렇게 대하기 힘든 동료나 상사가 모든 사람을 같은 방식으로 대한다면 그 사람들이 당신에게만 그렇게 공격적이라고 느낄 아무런 이유가 없다. 그들의 행동을 개인적으로 받아들이는 것은 내적 불행을 충족시키고 좋은 하루를 망치는 것이다.

직장에서 제자리를 유지하기 위한 길잡이

직장 설문지를 검토하면서 어떤 문제 영역이 가장 큰 어려움을 일으키고 있는지 확인하자. 우선 심각해 보이지 않고 처리하기 쉬운 문제부터 초점을 맞춰라. 반대로 가장 다루기 어려우면서도 중요한 문제에 먼저 뛰어들 수도 있다. 어떠한 방법을 선택하든지 간에 변하겠다는 결심에 영향을 끼칠 수 있는 내적 불행의 작용을 줄이려면 구체적인 목표를 비롯해 탄탄한 계획을 설정해야 한다. 예를 들어 자신의 가장 심각한 문제가 늑장 부리는 버릇이라면, 어떤 과제를 맡는 즉시 처리하도록 시도할 수 있다. 과제의 규모가 크다면 여러 조각으로 나누고 원래 계획보다 하루 이틀 정도 먼저 끝마쳐서 검토해 볼 시간을 확보하도록 계획해라.

그다음 할 일은 후퇴를 대비하여 경계를 유지하는 것이다. 위에서 제시한 예를 그대로 이어보자. 어떤 과제를 맡았는데 다음날 바로 그 과제에 돌입하는 대신 동료와 이야기를 나누고 싶은 욕구가 들 수도 있다. 이러한 실수는 자신의 변화가 쓸모없다는 신호가 아니라 과제를 맡은 당일에 시작해 보겠다는 그 변화에 반응으로 나타나는 모습이라는 점을 상기해라.

직장에서 생기는 문제를 해결하려고 할 때 처음의 결심이 흐지부지될 수도 있다. 늑장 부리는 버릇과 힘겨운 싸우면서 맡겨진 과제를 제시간에 마무리하고 나면, 너무 빡빡한 계획을 다 실행하는 것이 지나치게 많은 일처럼 느껴져서 다음에는 더 여유롭게 시간을 보내고 싶을 수도 있다. 하지만 계획에 틈이 생기면 그 과정에 다시 내적 불행이 주도권을 잡아서 다음 계획이 늦어지도록 만들 가능성이 크다.

마지막으로 직장에서 벌어지는 문제를 개선하는 데 성공했다면 이제 경계를 지키면서 조심해야 할 필요가 있다는 사실을 기억하자. 지난 7개의 과제를 제시간에 완수했다고 해서 늑장부리는 습관과의 싸움이 완전히 끝났다는 것을 의미하는 것은 아니다. 혹시 그렇게 생각하고 있다면 막판에 가서 또다시 같은 문제를 또 겪을 수도 있다. 과거에 실행했던 세부적인 계획을 또다시 세울 필요는 없겠지만, 제때 일을 시작하고 있는지, 목표를 달성하는 데 다른 일들로 초점을 잃지는 않은지 자신을 확인해야 한다.

요약

직장 생활에 나타나는 내적 불행의 효과를 생각할 때, 먼저 여러 질문을 통해서 자신이 선택한 직업과 일이 잘 맞는지를 확인하고, 마지막에는 하루하루 직장 생활의 질은 어떠한지 고려해 보길 바란다. 내적 불행 외에도 세계 경제 동향, 지역 경제, 자신이 몸담고 있는 산업과 같이 직장 생활에 부정적인 영향을 줄 수 있는 다른 변수가 많다. 회사가 얼마나 성공적이고 잘 운영되고 있는가도 중요한 변수이며, 연령차별, 성차별, 인종차별, 기타 차별의 형태들도 또 다른 변수다. 직장 설문지를 통해 직장에서 마땅히 누려야 할 즐거움을 누리지 못하도록 내적 불행이 막고 있는 것은 아닌지를 알아보자. 그리고 스스로 유발한 불행을 직장 생활에서 성공적으로 제거하기 위해 이번 장에서 제시하는 지침을 적용하길 바란다. 우리는 삶의 대부분을 직장에서 보낸다. 때문에 직장에서 작용하는 내적 불행을 정복할 수 있다면 하루하루가 훨씬 더 즐겁고 만족스러울 것이다.

에필로그

이 책을 통해 내적 불행이 왜, 어떻게 일어나는지 배우고, 이것이 인생을 즐기지 못하도록 어떠한 방법들을 동원하는지 알게 되었을 것입니다. 지금쯤 여러분은 자신의 통제를 넘어서는 이해할 수 없는 행동, 불쾌한 행동, 자기를 파괴하는 행동들이 대부분 무의식적으로 추구해 온 불행의 표현이라는 사실도 알게 되었을 것입니다. 이러한 지식은 자신의 감정을 조절하고, 인간관계와 여가 생활, 신체적 안녕, 직장 생활의 만족과 기쁨을 누리기를 배우는 데 그 열쇠가 되어 줄 것입니다.

우리는 내적 불행을 극복하는 데 필요한 여러 가지 전략과 지침들을 소개했고, 회복의 단계마다 마주칠 수 있는 함정들도 설명했습니다. 예를 들어 사람들은 양립할 수 없는 ①진정한 즐거움을 위한 동기 ②오래전에 진정한 즐거움과 혼동했던 불행을 위한 동기, 이 두 가지를 모두 가지고 있기 때문에 나의 관심을 끄는 선택이 진정 나를 행복하게 만들어 줄지는 장담할 수가 없다는 점도 배웠습니다. 그 선택이 내적 불행을 충족시키기 때문에 흥미를 끄는 것인지 아니면 진정한 즐거움을 제공하기 때문에 흥미를 끄는 것인지를 스스로 물어보아야 합니다.

나아가기 위해 기울이는 모든 노력은 언젠가 풍부하고 충족감 넘치는 삶을 살려는 목표를 달성하게 해줄 것입니다. 이 사실을 염두에 두면서 후퇴의 순간이 약점이나 실패의 신호가 아니라는 점을 이해하는 것이 가장 중요합니다. 오히려 실수나 후퇴는 성공에 대한 반응이며 치유 과정의 일부입니다. 우리가 제시한 설문지에 답하고, 이를 통해 자신의 내적 불행을 드러내고 여러 지침을 사용하여 내적 불행에 대항하면서 삶을 훨씬 더 행복하고 충족감 넘치게 만들 수 있게 되기를 희망합니다.

마지막으로 내적 불행이 삶에서 어떤 부분은 지나치게 강조하고 다른 부분은 무시하도록 유도하여 지금까지 이뤄온 향상을 파괴시킬 수도 있다는 점을 간단히 살펴보고자 합니다. 직장에서 좀 더 성공하는 방법은 배웠을지 모르지만, 일하는 데 너무 많은 노력과 에너지를 쏟아부어 인간관계를 가꾸거나 신체를 건강하게 유지하는 일에는 사용할 시간이 없을 수도 있습니다. 또한 인간관계를 개선하는 데는 성공했을지 모르지만, 잦은 감정 기복과 번번이 찾아오는 우울증은 피할 수 없는 삶의 일부라고 믿고 있을지도 모릅니다. 건강한 신체를 유지

불행 중독

하는 즐거움을 발견했지만 운동에 몰두해 너무 많은 시간을 쏟은 나머지 직장 생활이나 중요한 인간관계를 무시할 수도 있습니다.

관심을 요했던 구체적인 삶의 영역을 개선하고 나면 마지막으로 이제 한 걸음 물러서서 인생의 여러 양상이 서로 잘 조화를 이루고 있는지 평가해야 합니다. 삶의 서로 다른 영역의 목록을 작성해 보자. 삶의 어느 영역에서 즐거움을 누리기 위해서 다른 영역들을 무시하거나 그 영역에서는 불행을 받아들이도록 내적 불행이 간섭하고 있지는 않습니까? 만약 그렇다면 책의 앞부분에 제시했던 전략과 지침으로 돌아가서 무시되거나 불만족스러운 삶의 영역을 찾아 다루시길 바랍니다. 삶의 한 부분에서 성공을 거두지만 동시에 다른 부분에서는 불행하도록 만드는 것도 진정한 즐거움을 앗아가려는 내적 불행의 또 다른 방법이 될 수도 있다는 사실을 염두에 두어야 합니다.

태어나면서부터 소유했던 선천적인 기쁨과 낙관주의가 내적 불행 때문에 사라지는 일은 절대로 없다는 점을 강조하면서 이 책을 마무리 지으려 합니다. 아주 어렸을 때 만족되어야 했던 정서적 욕구가 어떠한 이유로든 다 채워지지 않았다면, 그때 행복과 불행을 혼동할 수밖에 없었고 결과적으로 자신도 모르게 내적 불행을 발달시켰을 것입니다. 하지만 성인이 되었다고 해서 내적 불행이 무엇인지 규명하고 회복하기가 결코 늦은 것은 아닙니다. 여러분은 내적 불행에서 회복되어 만족감과 진정한 즐거움, 확고부동한 내면의 안녕으로 가득 찬 삶을 시작할 수 있습니다.

우연한 일이 각 사람에게 끼치는 영향은 저마다 다릅니다. 하지만 우연한 일들이 반드시 우리의 진정한 삶의 질을 결정할 필요는 없습니다. 여러분에게는 내적 불행을 정복할 능력이 있으며, 내적 불행을 정복하고 나면 가장 불행한 일들도 내적 평정심을 무너뜨리지 못할 것입니다. 그리고 자신과 타인을 화나게 해서 위안을 찾도록 유도할 필요도 없습니다. 시간이 지남에 따라 풍부하고 충족감 넘치는 인생을 만들어가는 진정한 즐거움을 경험하며, 자신이 유도하는 불행의 모든 형태를 피하는 데 성공한다면 오랫동안 여러분을 끌어당겼던 불행도 무력해질 것입니다. 최소한의 경계심을 유지한다면 삶의 모든 영역에서 긍정적이고 보람된 선택을 할 수 있을 것이며, 타고난 행복과 충족감을 발견하게 될 것입니다.

불행 중독

불행 중독

초판 1쇄 발행	2023년 06월 19일

지은이	마사 하이네만 피퍼, 윌리엄 J. 피퍼
옮긴이	김미정
펴낸이	최현준

편집부	구주연, 이가영
표지디자인	홍민지
내지디자인	롬디

펴낸곳	빌리버튼

출판등록	제 2016-000166호
주 소	서울시 마포구 월드컵로 10길 28, 201호
전 화	02-338-9271
팩 스	02-338-9272
메 일	contents@billybutton.co.kr

ISBN	979-11-92999-02-9 (03180)